Inhaltsverzeichnis

Impressum:

Die Zeitschrift „wir selbst“ erscheint mit jährlich mindestens zwei Ausgaben.

Redaktion: Siegfried Bublies (V.i.S.d.P.) und Hanno Borchert

Anschrift:
ZEITSCHRIFT
„wir selbst“, Bergstraße 11,
56290 Schnellbach

E-Brief:
wirselbst-redaktion@web.de

Internet:
www.wir-selbst.com

Tel. 06746 / 730046

Einzelbestellungen auch über:
www.lindenbaum-verlag.de

Das Einzelheft kann für 15,00 Euro zzgl. Versandkosten bestellt werden.

Abonnenten erhalten nach Erscheinen und mit der Zusendung einer Ausgabe eine Rechnung und können jederzeit mit sofortiger Wirkung kündigen.

Sie können unsere redaktionelle Arbeit auch durch ein Förderabonnement nach eigener Einschätzung (Mindestbetrag: 30,00 Euro für jede Ausgabe) unterstützen.

wir selbst – Zeitschrift für nationale Identität

„wir selbst" ist ein Zeitschriftenprojekt, das sich vorrangig für die Bewahrung, Stärkung und Weitergabe unserer nationalen Identität einsetzt. Erst wenn wir uns der Bedeutung und des Wertes unserer Identität als Volk wieder bewußt werden, gibt es eine Grundlage für den gemeinsamen politischen Willen zur Wahrnehmung und Durchsetzung unserer nationalen Interessen.

Die Redakteure der Zeitschrift „wir selbst" bekennen sich zu rechtsstaatlichen und demokratischen Werten, die in den vergangenen Jahrhunderten immer wieder gegen dynastische Interessen und unterschiedliche Ausformungen der Obrigkeitsstaatlichkeit, Willkürherrschaft und Tyrannei erkämpft werden mußten. Wir setzen uns dafür ein, die freiheitlichen und demokratischen Traditionen unseres Volkes wachzuhalten und wieder neu zu beleben, um den Gefahren, denen unser Rechtsstaat im Inneren durch eine immer unkontrollierbarere Parteienherrschaft und immer dreistere mediale Manipulationen ausgesetzt ist, begegnen zu können. Bedroht sind die Demokratie und unsere nationale Souveränität und Selbstbestimmung aber auch von außen: durch Tendenzen zu einem EU-Zentralstaat, durch die kritiklose Hinnahme und Förderung einer Globalisierung, die ausschließlich Konzern- und Kapitalinteressen dient.

Die Zeitschrift „wir selbst" fühlt sich der Grundeinsicht verpflichtet, daß Völker als geschichtlich gewachsene Sprach-, Kultur- und Abstammungsgemeinschaften die Menschen in besonderer Weise zur Solidarität befähigen und sie zu politischen Einheiten streben lassen (Katalonien, Schottland, Südtirol, Kurdistan). Im Idealfall politisieren und formieren sich ethnische Identitäten zu Nationalstaaten.

Die Vielfalt der Völker dieser Erde bedeutet nicht nur einen enormen kulturellen Reichtum, den wir für erhaltenswert halten, sondern zugleich auch den besten Schutz gegen Anmaßungen universalistischer Ideologien mit imperialistischen Machtansprüchen. Wir lassen uns von dem Gedanken leiten, daß jedes Volk einzigartig und alle Völker gleichwertig sind. Somit lehnen wir jede Form der ethnischen Hierarchisierung ab.

(Die Langfassung unseres Selbstverständnisses finden Sie auf unserer Internetseite: www.wir-selbst.com)

Der deutsche Totentanz – unser Volk ohne Identität und Souveränität

Editorial von Siegfried Bublies

Tod und der Abt (Hans Holbein der Jüngere, 1497/1498–1543)

Unser Titelbild zeigt die Darstellung eines Totentanzes mit der Germania, einer Allegorie unserer deutschen Nation. Totentanz-Motive prägten seit dem 14. Jahrhundert die spätmittelalterliche christliche Darstellung der menschlichen irdischen Endlichkeit. Eine Ikonographie, die den Tod als das Unvermeidliche, Unentrinnbare zum Ausdruck brachte, natürlich stets mit der religiösen Grundierung und dem christlichen Fingerzeig auf das Jüngste Gericht. Der Tod sollte in diesem christlichen Deutungshorizont als allgegenwärtige Mahnung und sittliche Orientierung für eine gemeinschaftsbildende Moralerziehung durch die katholische Kirche dienen. Aber auch jenseits der katholischen Intentionen lassen sich auch durchaus archaische mythische Motive auf der volkskulturellen Ebene in Totentanz-Darstellungen erkennen. Der Tanz als Form des Gegenwärtigen, dem Leben freudig-lustvoll zugewandt, bewegter Hedonismus des Augenblicks und doch immer auch Symbol von Anfang und Ende, von Geburt und Sterben und Wiedergeburt. In vielen Totentanz-Darstellungen des Spätmittelalters finden sich bereits kritische Untertöne, die soziale Ungerechtigkeit und Machtmißbrauch der Herrschenden anprangern. Dabei spielt das urchristliche Versprechen, daß vor Gott alle Menschen gleich seien, hinein. Aber auch die egalisierende Wirkung des Todes führt zur existentiellen Erkenntnis, daß das „letzte Hemd keine Taschen hat". In Kombination mit der christlichen Lehre entwickelte sich eine für das gesamte Abendland prägende Sozialethik, die im ausgehenden 18. und beginnenden 19. Jahrhundert wesentlich zur Entstehung europäischer Nationalstaaten beigetragen hat. Daß über die individuelle und stammesmäßige Sinn- und Glückssuche hinaus Solidargemeinschaften entstehen, die auf gemeinsamen kulturellen Werten und dem Bewußtsein der Zusammengehörigkeit gründen, ist ein spezifisch abendländisches Phänomen des 19. Jahrhunderts. Dieses Bewußtwerden der jeweils eigenen Identität der europäischen Völker mündete in einem Nationalisierungsprozeß von bis dahin nicht gekanntem Ausmaß. Bis in unsere Tage sehen wir die politische Brisanz dieser Entwicklung in den ethnisch motivierten kollektiven Selbstfindungen und Staatsgründungen: Flamen, Basken, Korsen, Sarden, Schotten und viele andere Völker ohne eigenen Staat kämpfen weiter für ihr Recht auf Selbstbestimmung und nationale Unabhängigkeit. In diesen Völkern ist der Freiheitswille ungebrochen. Diese selbstbewußten und freiheitshungrigen Völker werden den Zentralisten der EU und den Globalisten weltweit, deren ökonomische und machtpolitische Interessen auf kulturelle Planierung und Egalisierung ethnischer Unterschiede gerichtet sind, noch lange Widerstand entgegensetzen.

Der Staatsrechtler Carl Schmitt formulierte in aller Schärfe: „Dadurch, dass ein Volk nicht mehr die Kraft oder den Willen hat, sich in der Sphäre des Politischen zu halten, verschwindet das Politische nicht aus der Welt. Es verschwindet nur ein schwaches Volk."

Aber auch Völker leben nicht unendlich, sie unterliegen den natürlichen Gesetzen von Werden und Vergehen. Als Abstammungs-, Kultur- und Sprachgemeinschaften sind sie von den politischen und auch gesellschaftlichen Rahmenbedingungen abhängig, leben in Konkurrenz mit anderen Völkern und müssen sich in internationalen Machtkonstellationen behaupten. Der Staatsrechtler Carl Schmitt formulierte in aller Schärfe: „Dadurch, dass ein Volk nicht mehr die Kraft oder den Willen hat, sich in der Sphäre des Politischen zu halten, verschwindet das Politische nicht aus der Welt. Es verschwindet nur ein schwaches Volk." Es verdichten sich gegenwärtig die Anzeichen, daß das deutsche Volk diesen Weg der Selbstauflösung beschreitet, sich geradezu einem irre taumelnden Totentanz hingibt, in immer aberwitzigeren Verrenkungen. Ein Volk, das einst weltweit wegen seiner Tatkraft, seines Leistungswillens und seiner geistigen und technischen Fähigkeiten höchste Verehrung erfuhr, wird nur noch als Lachnummer, bestenfalls als Zahlmeister für wahnsinnige Projekte – wie die pseudoreligiöse Weltklimarettungspolitik – wahrgenommen.

Als 2010 der Ökonom Thilo Sarrazin sein Buch „Deutschland schafft sich ab. Wie wir unser Land aufs Spiel setzen" veröffentlichte, wurden seine Warnungen vor einer unkontrollierten Zuwanderung aus überwiegend islamisch geprägten Ländern in Kombination mit dem Geburtenrückgang der Deutschen zwar von vielen Menschen wahrgenommen, auch als düstere Untergangsstimmung mitempfunden

Tanz der Gerippe, Holzschnitt von Michael Wolgemut in Hartmann Schedels Weltchronik von 1493

Der Rassismusvorwurf gehört seit vielen Jahren zum Standardrepertoire einer „woken" linken Schickeria, die damit jeden Einsatz für die eigenen nationalen Interessen als unmoralisch und sogar als verbrecherisch diskreditieren wollen.

und machten sein Werk zu einem Millionen-Bestseller. Der herrschende politisch-mediale Komplex, bestehend aus der engsten Verzahnung der etablierten Parteien und der von ihnen auf verschiedene Weise abhängigen Medien, sah in seiner mit Fakten und Statistiken untermauerten Kritik jedoch einen Angriff auf den antinationalen bundesrepublikanischen Grundkonsens. Ideologisch verschleierten die Vertreter des Parteien- und Medienkartells ihre Nations- und Geschichtsvergessenheit mit nebulösen Verweisen auf ein allgemeines „Menschenwürde"-Postulat, das über allen nationalen Interessen stünde und zu beachten sei. Die SPD, die Thilo Sarrazin nach jahrelangem Parteiordnungsverfahren im Jahr 2020 aus der Partei ausschloß, begründete dies damit, die islam- und migrationskritischen Äußerungen Sarrazins in seinen Büchern seien rassistisch und mit den Grundwerten der SPD nicht zu vereinbaren. Der Rassismusvorwurf gehört seit vielen Jahren zum Standardrepertoire einer „woken" linken Schickeria, die damit jeden Einsatz für die eigenen nationalen Interessen als unmoralisch und sogar als verbrecherisch diskreditieren will. Diese Denkweise ist die radikalisierte Konsequenz einer in den Genen der Bundesrepublik bereits von Anfang angelegten „Entpolitisierung par excellence" (Rolf Peter Sieferle). Ob den Deutschen dies von den Siegermächten des Zweiten Weltkrieges aufgezwungen wurde oder ob die Deutschen sich dem hedonistischen und weltfremden Taumel selbstvergessen hingaben, braucht nicht entschieden zu werden. Wir müssen damit leben, daß wir als Nation heute „fett und impotent" sind, nur noch eine Ansammlung atomisierter Individuen, geführt von einer Regierung und manipuliert von Medien, die nationale, gemeinwohlorientierte Tugenden verhöhnen und das Festhalten an unserer nationalen Identität als „ewiggestrig" und „rechts" verunglimpfen und sogar kriminalisiert. Eine psychotische, kollektiv suizidale Gesellschaft!

Nun stehen wir vor dem Scherbenhaufen unserer nationalen deutschen Existenz. Die Industrienation Deutschland wird durch eine verantwortungslose Energiepolitik, die die weltweit höchsten Energiekosten verursacht, abgewickelt, Unternehmen sterben oder wandern ins Ausland ab. Die Massenmigration aus überwiegend islamischen Ländern Afrikas und Asiens zerstört bereits heute unser Sozialsystem, das Gesundheitswesen kollabiert, die innere Sicherheit kann bei steigenden Kriminalitätsraten der Ausländer, der hier bereits mit deutschen Pässen beschenkten Migranten und auch wegen des fehlenden Respekts Einheimischer vor Recht und Gesetz nicht mehr gewährleistet werden. Eine dreiste Kriegsrhetorik gegenüber Rußland von Vertretern aller etablierten Parteien und der ihnen hündisch ergebenen Medien – verbunden mit finanziellen Hilfen an die Ukraine in Höhe von derzeit bereits 76 Milliarden Euro – treiben uns in den Staatsbankrott und in eine Konfrontation mit Rußland, die sogar eine Kriegsteilnahme mit apokalyptischen Auswirkungen nicht mehr undenkbar erscheinen läßt. Geopolitischer Nutznießer dieser Kriegstreiberei sind die USA, die sich mittlerweile sogar ihre Waffenlieferungen an die Ukraine von uns Europäern und Deutschen bezahlen lassen. Vor dem Hintergrund der militärischen, energiepolitischen und finanziellen Abhängigkeit Deutschlands von der atlantischen Führungsmacht USA kann der Gedanke an eine nationale Souveränität getrost beerdigt werden. „Souverän ist, wer über den Ausnahmezustand entscheidet", definierte einst der Staatsrechtler Carl Schmitt und meinte damit, daß Souveränität keine institutionelle Frage sei, sondern eine der konkreten Machtausübungsfähigkeit.

Voraussetzung jeder politischen Besinnung auf eine nationale Selbstbestimmung ist jedoch in erster Linie das Bewußtwerden des Eigenen. Wer sind die Deutschen überhaupt? Eine amorphe, beliebig manipulierbare Masse der in Deutschland lebenden Menschen? Oder sind wir als Volk eine Kultur-, Sprach- und Schicksalsgemeinschaft, die ihre Identität und ihr Zusammengehörigkeitsgefühl über Generationen hinweg entwickelt hat und bewahren will. Da das deutsche Volk gegenwärtig weder über den Willen zur Wahrung der eigenen nationalen Identität verfügt noch dazu in der Lage ist, die nationalen Interessen durchzusetzen, die zum Erhalt der deutschen ethnischen Substanz erforderlich wären, noch die machtpolitischen Möglichkeiten besitzt, sich aus den Fesseln der US-amerikanischen Hegemonie zu lösen, werden wir den deutschen Totentanz wohl vollenden müssen. Oder gelingt es doch noch in letzter Minute, das Totentanz-Bild auf unserer Titelseite als Menetekel zu erkennen und die Verhältnisse selbst zum Tanzen zu bringen? Das wäre dann eine Revolution!

Der Präsident des Parlamentarischen Rates, Dr. Konrad Adenauer, bei der Unterzeichnung des Grundgesetzes am 23. Mai 1949 genau um 17 Uhr in Bonn. Es trat allerdings erst am 24. Mai 1949, 00:00 Uhr in Kraft.

75 Jahre Bundesrepublik: Begrenzte Souveränität in den Köpfen

Prof. Dr. Felix Dirsch

Verfassungspatriotismus – Integrationskraft jenseits der Prinzipien Abstammung und Herkunft?

An Gedenktagen anlässlich der Gründung der Bundesrepublik herrschte lange Zeit Euphorie vor. So hielt 1979 der Politologe Dolf Sternberger in Tutzing zum 30-jährigen Geburtstag der Republik eine viel beachtete Rede, in der er als adäquate Identitätskonzeption für den inzwischen weltweit angesehenen Staat den „Verfassungspatriotismus" anempfohlen hatte. Dieser sollte die Integrationskraft des Gemeinwesens jenseits der Prinzipien Abstammung und Herkunft fundieren. Ins Schwärmen kam der Politologe Kurt Sontheimer zum 50. Geburtstag der mittlerweile wiedervereinigten Republik. „So war Deutschland nie", betitelte er seine panegyrischen Einlassungen.[1] Der Zeithistoriker Axel Schildt verfasste im gleichen Jahr einen „Essay zur Erfolgsgeschichte der Bundesrepublik".[2] Lange Zeit konnte man in der Tat der Narration von der „geglückten Demokratie" (Edgar Wolfrum) in der besten aller möglichen konstitutionellen Welten kaum widersprechen.

---

1 Kurt Sontheimer: So war Deutschland nie: Anmerkungen zur politischen Kultur der Bundesrepublik, München 1999.

2 Axel Schildt: Ankunft im Westen. Ein Essay zur Erfolgsgeschichte der Bundesrepublik, Frankfurt/M. 1999.

Zum 75. Geburtstag hört man indessen leisere Töne. Die Autoren Friedrich Kießling und Christoph Safferling legen in ihrer Schrift „Der Streitfall“ ein Programm zur Neubelebung der durchaus nicht mehr nur bejubelten Demokratie vor. Deutschland müsse resilienter werden.[3]

Hintergründe solcher nüchternen Betrachtungen sind die bekannten Krisentendenzen: Deindustrialisierung und Abwanderung vieler Unternehmen; eine verfehlte Energiepolitik; zeitweise hohe Inflationsraten; größtenteils illegale Massenmigration mit Kosten in Höhe von geschätzten 50 Milliarden Euro jährlich; ungünstige Demografie; ein tendenziell niedrigerer Lebensstandard im Vergleich zu Bürgern in anderen europäischen Ländern.

Die eher ungünstigen Entwicklungen der letzten Zeit weiten den Blick auf Strukturdefizite des Grundgesetzes und jahrzehntelanger politischer Praxis. Im Wohlstandstaumel und eingehegt in internationale Organisationen wie der Europäischen Gemeinschaft und der Nato konnte man über real- und machtpolitische Beschränkungen folgenlos hinwegblicken. So gesehen verwundert nicht, dass eine fundiert-realistische Alternativgeschichte der Bundesrepublik bis heute fehlt. Die Linke, deren Repräsentanten einst die „fdGO“ veräppelten, feuert schon länger keine kritischen Salven mehr ab. Deren angepasstes Erscheinungsbild in Corona-Zeiten spricht Bände.

Auffallend ist in den letzten über 70 Jahren die Kontinuität der Souveränitätsbeschränkungen. Sie wurden in der Frühzeit von den Siegermächten oktroyiert. Man sprach vom BRD-Provisorium als „Okkupationsdiktatur“ (Ernst-Rudolf Huber), von einem Gebilde, dem es an Selbstbestimmtsein (Carlo Schmid) ermangele, von einem „Staat ohne Verantwortung“ (Winfried Martini), von einem „Konstrukt, welches im Vatikan gezeugt und in Washington geboren worden war“ (Martin Niemöller). Das 1949 von den Lizenzmächten genehmigte Dokument könne, so der Konsens, aufgrund fehlender Legitimation nicht als Verfassung bezeichnet werden.

Auffallend ist in den letzten über 70 Jahren die Kontinuität der Souveränitätsbeschränkungen. Sie wurden in der Frühzeit von den Siegermächten oktroyiert. Man sprach vom BRD-Provisorium als „Okkupationsdiktatur“ (Ernst-Rudolf Huber), von einem Gebilde, dem es an Selbstbestimmtsein (Carlo Schmid) ermangele, von einem „Staat ohne Verantwortung“ (Winfried Martini), von einem „Konstrukt, welches im Vatikan gezeugt und in Washington geboren worden war“ (Martin Niemöller).

Die meisten Souveränitätseinschränkungen wurden im Laufe der Jahrzehnte schrittweise aufgehoben – jedenfalls formal: 1955 endete im so genannten Deutschland-Vertrag das Besatzungsstatut zum größten Teil; weitere Limitierungen fielen 1968 weg. Die durch solche Änderungen notwendige Grundgesetzänderung damals ermöglichte jedoch eine flächendeckende Abhörung und die Aushebelung der Gewaltenteilung. Der Zwei-plus-Vier-Vertrag 1990 gilt als Meilenstein auf dem Weg zur vollständigen Souveränität. Allerdings existieren erhebliche Restbestände an ausländischen Einflussmöglichkeiten, fixiert in geheimen Zusatzabkommen, deren Inhalt die wenigen Kundigen gern zu dem Hinweis veranlasst, Deutschland sei immer noch ein besetztes Land.[4] Die Gefahren für Deutschland und Europa, gerade im Fall einer Ausweitung des Ukraine-Krieges zum Weltkrieg, lässt die existenzielle Dimension dieses Zustandes erahnen. Geregelt ist in diesen Zusatzvereinbarungen auch die „Übernahme von Lasten im Zusammenhang mit dem Aufenthalt bzw. Abzug von ausländischen Streitkräften“.

Noch gravierender dürfte die Gültigkeit von US-Recht auf deutschem Boden sein, von der die Bundeskanzlerin Angela Merkel wohl nichts wusste, als sie im Kontext der NSA-Affäre verlautbaren ließ: Auf deutschem Boden gelte deutsches Recht! Der Historiker Joseph T. Foschepoth, einer der besten Kenner des Rechts ausländischer Mächte hierzulande, hätte sie eines Besseren belehren können. Allein der Problemkomplex „Ramstein und der Drohnenkrieg der USA“ sowie die folgenreiche Involvierung Deutschlands in US-Kriege füllt Regalreihen. Ein eigenes Kapitel von Souveränitätslimitierungen ist die Fortgeltung der Feindstaatenklausel in der UN-Charta, deren praktisch-politische Relevanz allerdings umstritten ist.

---

3 Friedrich Kießling / Christoph Safferling: Der Streitfall. Wie die Demokratie nach Deutschland kam und wie wir sie neu beleben müssen, München 2024.

4 Die Brisanz heben meist nur Autoren aus dem so genannten Alternativ-Milieu hervor, so Grandt, Michael: Deutschland und der Zwei-plus-Vier-Vertrag: Hintergründe – Wortbrüche – Lügen, Rottenburg/N. 2024.

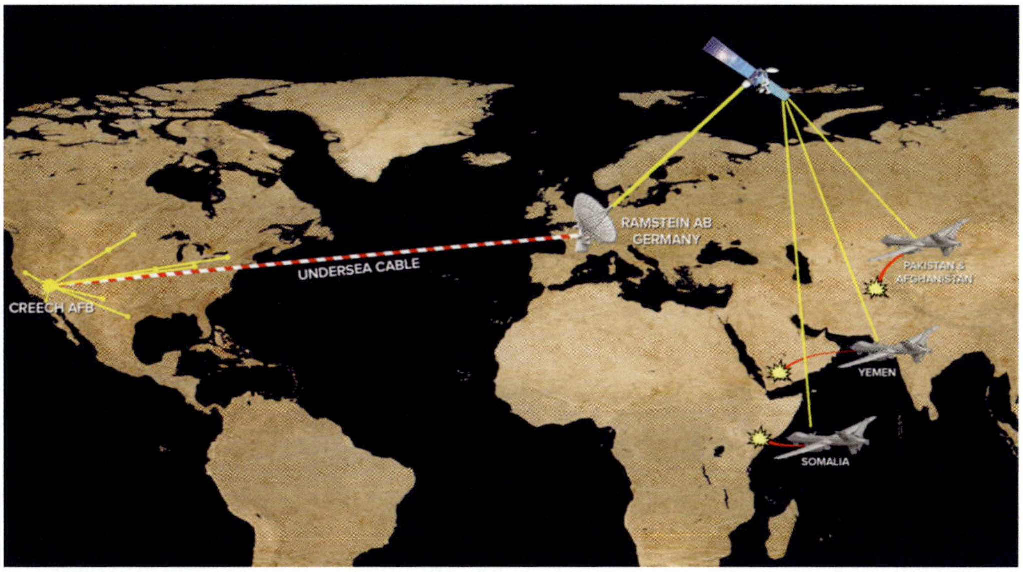

Die Ramstein Air Base liegt in Rheinland-Pfalz in der Nähe von Kaiserslautern. In Stuttgart, 200 Kilometer südöstlich, sitzt das amerikanische Oberkommando für Afrika AFRICOM. Aus einer Präsentation der US-Luftwaffe (vermutlich von 2009) geht hervor, dass die Air Force zur Steuerung von Drohnen über Kontinente hinweg das Konzept „Remote Split Operations" entwarf: Von Kontrollstationen in den USA wird die Kommunikation mit den Drohnen über ein Glasfaser-Kabel nach Ramstein geleitet und von dort via Satellit in die Einsatzgebiete. Laut dem Dokument ermöglichten solche „Remote Split Operations" noch mehr Einsätze von noch mehr Drohnen auch in Afghanistan und dem Irak. Die Satellitensteuerung einer „Remote Split Operation" wird am Beispiel einer Drohne des Typs „Shadow" erklärt. (Quelle: netzpolitik.org)

Studien des Erlanger Verfassungsjuristen Karl-Albrecht Schachtschneider über die „Souveränität Deutschlands" und die „nationale Option" könnten Angehörige der classe politique belehren, inwiefern Souveränität nach wie vor Teil moderner Staatlichkeit ist. Demnach sind Bürgerlichkeit, Republik und Souveränität grundsätzlich nicht von Freiheit und Gesetzesbindung zu trennen. Schachtschneider bringt es auf den Punkt: „Souverän ist, wer frei ist"

Während Politiker in der Frühzeit der Bundesrepublik die aufgezwungenen Modalitäten der „Fremdherrschaft" (Carlo Schmid) bedauerten, führten die im Laufe der Zeit einschneidenden Wertewandel-Prozesse, besonders die grassierende „Machtvergessenheit" (Hans-Peter Schwarz), zu einer neuen Bewertung. Die Not mutierte zur Tugend. 2011 stellte der damalige Finanzminister Wolfgang Schäuble vor Vertretern der Bankenwelt beinahe frohlockend fest: Deutschland sei „seit dem 8.Mai 1945 zu keinem Zeitpunkt mehr voll souverän gewesen".[5] Wer aber bedient dann die Schalthebel staatlicher Gewalt hierzulande, nachdem es ja kein Machtvakuum geben kann?

Die Lust an Abhängigkeiten ist groß. Frau Merkel stehe an der Spitze als „Geschäftsführerin einer neuen Nichtregierungsorganisation in Deutschland" und lenke somit keinen Staat, gab der damalige SPD-Vorsitzende Sigmar Gabriel 2010 zu Protokoll. Diese brisante Aussage relativierte er jedoch bald als ironisch.

Abgesehen davon, dass man natürlich reflektieren muss, was Souveränität in der globalen Welt bedeutet, kann man über ein solches oberflächliches Verständnis von Souveränität im Verfassungsstaat nur verwundert sein.

Studien des Erlanger Verfassungsjuristen Karl-Albrecht Schachtschneider über die „Souveränität Deutschlands" und die „nationale Option" könnten Angehörige der classe politique belehren, inwiefern Souveränität nach wie vor Teil moderner Staatlichkeit ist. Demnach sind Bürgerlichkeit, Republik und Souveränität grundsätzlich nicht von Freiheit und Gesetzesbindung zu trennen. Schachtschneider bringt es auf den Punkt: „Souverän ist, wer frei ist".[6]

Außenpolitisch markiert Souveränität Eckpfeiler der Rechtsordnung der Völkergemeinschaft. Gerade die von Teilen des globalitätstrunkenen politmedialen Komplexes favorisierte Weltgemeinschaft ist nicht weit von Despotie und Rechtlosigkeit

5 Zitiert bei Karl-Albrecht Schachtschneider: Die Souveränität Deutschlands. Souverän ist, wer frei ist, Rottenburg/N. 2012

6 Vgl. ebd.

Kein Autor hat den Verfall Deutschlands klarer konturiert als Thilo Sarrazin, dessen Abschaffungsszenario schneller verläuft als prognostiziert.

entfernt. Philosophische Klassiker, wie Montesquieu und Kant, sind auch in diesem Kontext horizonterweiternd.

Viele Zeitkritiker haben den „Niedergang Deutschlands" (Christian Graf von Krockow), den „Abstieg eines Superstars" (Gabor Steingart), die „Liquidierung" (Frank Hills) des eigenen Landes und seine Abwrackung (Frank W. Haubold) beschrieben. Kein Autor hat diesen Verfall indessen klarer konturiert als Thilo Sarrazin, dessen Abschaffungsszenario schneller verläuft als prognostiziert. Für diese Entwicklungen lassen sich verschiedene Gründe finden. Das Netz von besatzungs-, europa- und völkerrechtlichen Interventionsgelegenheiten, die die Handlungsfähigkeit Deutschlands beeinträchtigen, steht jedoch ganz oben.[7]

Zu berücksichtigen ist, dass Souveränität nicht ohne ein identitätsstiftendes Subjekt, nämlich das Volk, welches diese ausführt, zu denken ist. Wer die Entwicklungen der letzten Jahrzehnte verfolgt hat, weiß, wie sehr der politmediale Komplex die verbliebene Volkssubstanz zunehmend liberalkapitalistisch wie multikulturell auflöst. Ja sogar aktiv bekämpft wird jeder vom politisch instrumentalisierten Verfassungsschutz, der Volk als mehr betrachtet denn eine Summe willkürlich zusammengewürfelter Individuen, die zusammengehalten werden durch diffuse, relativistische und vielfältig auszulegende Werte.

Zu berücksichtigen ist, dass Souveränität nicht ohne ein identitätsstiftendes Subjekt, nämlich das Volk, welches diese ausführt, zu denken ist. Wer die Entwicklungen der letzten Jahrzehnte verfolgt hat, weiß, wie sehr der politmediale Komplex die verbliebene Volkssubstanz zunehmend liberalkapitalistisch wie multikulturell auflöst. Ja sogar aktiv bekämpft wird jeder vom politisch instrumentalisierten Verfassungsschutz, der Volk als mehr betrachtet denn eine Summe willkürlich zusammengewürfelter Individuen, die zusammengehalten werden durch diffuse, relativistische und vielfältig auszulegende Werte.

Was „existenzielle Staatlichkeit" (Schachtschneider) und ihre sukzessive Depotenzierung im Zuge weitreichender Internationalisierung von Recht und Politik bedeuten, zeigt sich pointiert am Beispiel der Zuwanderungsthematik. Wer als „Flüchtling" an den Grenzen Europas Einlass sucht, kann sich auf EU-Recht, die Europäische Menschenrechtskonvention sowie die Genfer Flüchtlingskonvention berufen. Die rechts- und sozialstaatlichen Bastionen der einzelnen Staaten werden durch die dadurch bewirkten Überlastungen nachhaltig geschleift, ohne dass effektiver Widerstand möglich ist. Ob neue Wege wie die „Albanien"- und „Ruanda"-Lösung rechtlich wie politisch gangbar sind, wird sich zeigen.

Ein gravierendes Beispiel für die Tangierung existenzieller Staatlichkeit durch Souveränitätsverzicht stellt der Umgang staatlicher Stellen mit dem Anschlag auf die deutsch-europäische Energieversorgung dar. Das Attentat auf Nord Stream 2 im Herbst 2022 wird seitens der Bundesregierung nicht nur nicht verfolgt, sondern sogar billigend hingenommen. Anfragen beantwortet man ausweichend.

Die markanten Souveränitätseinbußen sind nicht nur in fortdauernden vertraglichen Restriktionen, sondern auch in weitreichenden Wandlungen der Kollektivmentalitäten begründet. Diese Veränderungen waren vor 70 Jahren bereits absehbar. Der Verfassungsjurist Werner Weber bemerkte in der 1951 erstmals erschienenen Schrift „Spannungen und Kräfte im westdeutschen Verfassungssystem":[8] Das Grundgesetz greife „nicht in die Zukunft des deutschen Volkes. Es lebt von der Reaktion auf die unmittelbare Vergangenheit", die in wohlbestimmter Hinsicht nicht vergangen ist. Weber konstatiert die Tendenz, den Justizstaatsgedanken mit dem Ziel der Entpolitisierung zu favorisieren. Dieser Logik folge ebenfalls die gigantische Ausgleichs-, Verteilungs-, Betreuungs-, Fürsorge- und Versorgungsapparatur. Bedenkenswert ist auch der Hinweis auf die Entmachtung des Volkes, das durch die (konstitutionell nunmehr aufgewerteten) Parteien mediatisiert werde.

1978 legte der Politologe Hans-Joachim Arndt eine Studie über die „Besiegten von 1945" vor.[9] Als Quintessenz strich er heraus: Der inflationäre „Normativismus" des Grundgesetzes erschwere den „Zugang zur Ebene der konkreten Identität der

---

7 Dazu eindringlich Stefan Schubert: Der geheime Krieg gegen Deutschland. Unser Land im Fadenkreuz globaler Eliten, Rottenburg/N. 2024.

8 Werner Weber: Spannungen und Kräfte im westdeutschen Verfassungssystem, 3. Auflage, Berlin 1970.

9 Hans-Joachim Arndt: Die Besiegten von 1945. Versuch einer Politologie für Deutsche samt Würdigung der Politikwissenschaft in der Bundesrepublik Deutschland, Berlin 1978.

Ruine des Reichstags nach der Schlacht (Juni 1945)

Deutschen" und perpetuiere die „Lage der Besiegten von 1945". „Die Psychologie der Niederlage" (Thorsten Hinz) dechiffriert bis heute viele deutsche Befindlichkeiten. Arndt traf den Nagel auf den Kopf. Sein Urteil fällte er lange vor einem einschneidenden Beschluss des Bundesverfassungsgerichts aus dem Jahre 2012, der die Garantie der Menschenwürde zu einer Eintrittskarte in den Sozialstaat umfunktionierte. Die Folgen liegen auf der Hand.

Schon lange wird darüber gerätselt, ob es den so genannten „geheimen Staatsvertrag" und die „Kanzlerakte", die auch der ehemalige MAD-Chef Gerd-Helmut Komossa in seinem Buch „Die deutsche Karte" erwähnt, überhaupt gibt.[10] Angeblich muss jeder Kanzler vor Ablegung seines Amtseides die „Kanzlerakte" unterschreiben und so US-Vorbehalte bestätigen. Ob Legende oder Wirklichkeit: Praktische Politik in Deutschland sieht so aus, als wären die formellen Begrenzungen der Souveränität längst in die Köpfe der politisch Verantwortlichen übergegangen. Dort sind sie freilich noch gefährlicher als auf dem Papier!

Der Politologe Hans-Joachim Arndt: Der inflationäre „Normativismus" des Grundgesetzes erschwere den „Zugang zur Ebene der konkreten Identität der Deutschen" und perpetuiere die „Lage der Besiegten von 1945".

10 Gerd-Helmut Komossa: Die deutsche Karte: Das verdeckte Spiel der geheimen Dienste. Ein Amtschef des MAD berichtet, 12., korr. Auflage, Graz 2014.

Klaus Kunze

Staatsfeind Liberalismus

Von der totalitären Versuchung des Globalismus

ISBN: 978-3-949780-03-5, 244 Seiten, gebunden, Festeinband, 19,80 Euro

Klaus Kunze, Jurist und politischer Publizist, präsentiert eine Generalabrechnung mit der Ideologie des Liberalismus, die dem ungezügelten Finanzkapitalismus und dem Globalismus unserer Tage die geistigen Grundlagen und das metaphysische Rechtfertigungssystem liefert.

Was harmlos als Frühliberalismus begonnen hatte, steht über zweihundert Jahre nach Adam Smith als realer Finanzkapitalismus vor unser aller Augen. Als angeblicher Schlüssel zur Lösung aller Menschheitsprobleme ist er gescheitert, ebenso wie bereits Ende des 20. Jahrhunderts der real existierende Sozialismus. Die Auswirkungen von Jahrzehnten sozialistischer Planwirtschaft zerstörten im 20. Jahrhundert unzählige ökonomische und menschliche Existenzen. Die des ungezügelten Finanzkapitalismus durchlöchern gegenwärtig die Biosphäre des Planeten. Sie zersetzen die Völker, Kulturen und die Staaten mit ihren historisch gewachsenen Identitäten und lassen die Welt als ausgeplünderten Planeten zurück, mit abgeholzten Wäldern, dezimierter Artenvielfalt, vergifteten Meeren und Böden.

Wo die liberale Ideologie sich in Reinform durchsetzt, leitet sie alle sozialen Regeln ausschließlich aus der Perspektive des Individuums als Marktteilnehmer ab. In ihrer Extremform vertritt sie mit missionarischem Eifer die Glaubenssätze, die der rein finanzkapitalistischen Ordnung als Rechtfertigung dienen. Daran gehen erst die solidarischen Familienbande, die staatlichen und kulturellen Institutionen und mit ihnen schließlich die Völker zugrunde. Die Menschen werden dann aus atomisierten Massen einzelner, identitätsloser Individuen bestehen, zu jeder politischen Gegenwehr unfähig und auch unwillig. Alle ethischen Bindungen an Gemeinschaften – Grundlage auch der innerstaatlichen Solidarität – löst der Liberalismus auf. Damit wird er zum Feind jeder sozialen Ordnung und mutiert letztlich zum eigentlichen Staatsfeind.

Christian Böttger

Ethnos.

Der Nebel um den Volksbegriff

ISBN 9783938176504, 408 Seiten, Paperback, 24,80 Euro

Was ist eigentlich ein Volk? Als Wissenschaft von den Völkern müßten hier eigentlich Ethnologie und Volkskunde Auskunft geben können. Warum der Fall nicht so einfach liegt, davon handelt dieses Buch.

Der Autor, ein promovierter Ethnologe und Volkskundler, vor der Wende wissenschaftlicher Mitarbeiter an der Akademie der Wissenschaften der ehemaligen DDR, beschäftigt sich mit dem „Nebel", der gegenwärtig um den Volksbegriff erzeugt wird, konkret mit seinem nicht ganz zufälligen Verschwinden aus dem wissenschaftlichen Diskurs und dem allgemeinen Sprachgebrauch.

Als zentrales ideologisches Instrument zur Verbreitung dieses Nebels entlarvt er in dieser überwiegend „populärwissenschaftlich" gehaltenen, gut lesbaren Darstellung die völlig harmlos daherkommende amerikanische Kulturanthropologie. Demgegenüber präsentiert der Autor mit der „historisch-systemischen" Methode der russischen Ethnos-Theorie überzeugend eine Alternative dazu. Dabei kann er den Nachweis erbringen, daß sich diese Ethnogenese nicht nur in unseren Gehirnen, im intellektuellen Diskurs als „Erfindung" von Volkskundlern und Ethnologen abgespielt hat, wie uns die „Konstruktivisten" heute einreden wollen, sondern ein realer Prozeß der Weltgeschichte war.

Lindenbaum Verlag GmbH – Bergstraße 11 – 56290 Beltheim-Schnellbach
Internet: www.lindenbaum-verlag.de – E-Brief: bestellung@lindenbaum-verlag.de

Erwachende Germania, 1848/49; Kunstdruck / Gemälde von Christian Köhler (1809-1861)

Legende und Wirklichkeit unserer Souveränität

Klaus Kunze

Der Hinweis auf unsere eingeschränkte Souveränität hatte jahrzehntelang zu den beliebtesten Methoden gehört, die Legitimität unseres staatlichen Handelns anzuzweifeln. Wären wir nur erst voll souverän, hieß es unterschwellig, dann hätten wir freie Hand, unsere Existenzprobleme zu lösen.

Eingeschränkte Souveränität und die Legitimität unseres staatlichen Handelns.

Als das Bundesverfassungsgericht die Sozialistische Reichspartei SRP verboten hatte, zitierte es deren Funktionär, den früheren Generalmajor Otto Ernst Remer:

> *„Dieselben Männer und dieselben Parteien, die damals bis 1933 nicht in der Lage waren, die siebeneinhalb Mill. Arbeitslosen von der Straße zu bringen, und die somit schuld waren, daß es überhaupt zu einem 1933 kommen konnte, sind heute wieder dabei, das politische Leben allein zu gestalten ... Wir brauchen keinen Klub der 75-Jährigen, keine alten Tattergreise ... Wir brauchen*

keine Emigranten, die auf dem Gepäcktroß der Alliierten, nicht auf der Panzerspitze, als Nutznießer der Niederlage gekommen sind.“

(BVerfG, Urteil vom 23. Oktober 1952 – 1 BvB 1/51 –, BVerfGE 2, 1-79, Rn. 220).

Auf dem Papier ist also seit Jahrzehnten alles klar und geregelt. Aus juristischer Sicht ist kaum nachvollziehbar, wie an Deutschlands formaler Souveränität gezweifelt werden kann. Souveränität ist die höchste, von nicht anderem abgeleitete Herrschaftsmacht über ein bestimmtes Volk auf einem bestimmten Gebiet. Sie setzt also die Existenz eines Staates zwingend voraus.

Dabei war nie strittig, daß Deutschland bis zu den Pariser Verträgen von 1955 unter Besatzungshoheit stand. Mit dem Deutschlandvertrag von 1955 wurde der Bundesrepublik „die volle Macht eines souveränen Staates über ihre inneren und äußeren Angelegenheiten, vorbehaltlich einiger Vertragsbestimmungen“ eingeräumt. Für Deutschland als Ganzes bestätigte der Zwei-plus-Vier-Vertrag von 1990:

Die Französische Republik, die Union der Sozialistischen Sowjetrepubliken, das Vereinigte Königreich Großbritannien und Nordirland und die Vereinigten Staaten von Amerika beenden hiermit ihre Rechte und Verantwortlichkeiten in bezug auf Berlin und Deutschland als Ganzes. Als Ergebnis werden die entsprechenden, damit zusammenhängenden vierseitigen Vereinbarungen, Beschlüsse und Praktiken beendet und alle entsprechenden Einrichtungen der Vier Mächte aufgelöst. Das vereinte Deutschland hat demgemäß volle Souveränität über seine inneren und äußeren Angelegenheiten.

Zwei-plus-Vier-Vertrag vom 12.9.1990.

Seit dem 2. Weltkrieg gilt die äußere Souveränität völkerrechtlich nicht mehr als absolut. Nur wenige Politikbereiche werden nicht wenigstens teilweise vom Völkerrecht geregelt. Das im klassischen Völkerrecht anerkannte Recht jedes souveränen Staates, Krieg zu führen, wird jetzt nicht mehr anerkannt. Das Gewaltverbot hat der staatlichen Souveränität die Spitze gebrochen, und die Menschenrechte begrenzen die staatliche Macht sozusagen von unten her.

Auf dem Papier ist also seit Jahrzehnten alles klar und geregelt. Aus juristischer Sicht ist kaum nachvollziehbar, wie an Deutschlands formaler Souveränität gezweifelt werden kann. Souveränität ist die höchste, von nicht anderem abgeleitete Herrschaftsmacht über ein bestimmtes Volk auf einem bestimmten Gebiet. Sie setzt also die Existenz eines Staates zwingend voraus. Gäbe es irgendwelche geheimen Abkommen, würden sie uns als Staat nicht binden. Völkerrechtliche Verträge werden ratifiziert, vom Bundestag beschlossen und im Bundesgesetzblatt verkündet. Für alles andere gälte der alte Grundsatz des Reichskammergerichts des alten (Heiligen Römischen) Reiches: Quod non est in actis, non est in mundo (Was nicht in den Akten steht, ist nicht in der Welt): Es wäre null und nichtig.

Seit dem 2. Weltkrieg gilt die äußere Souveränität völkerrechtlich nicht mehr als absolut. Nur wenige Politikbereiche werden nicht wenigstens teilweise vom Völkerrecht geregelt. Das im klassischen Völkerrecht anerkannte Recht jedes souveränen Staates, Krieg zu führen, wird jetzt nicht mehr anerkannt. Das Gewaltverbot hat der staatlichen Souveränität die Spitze gebrochen, und die Menschenrechte begrenzen die staatliche Macht sozusagen von unten her.

Pacta sunt servanda[1]

Im Radio hörte ich neulich ein Interview, in dem jemand befürchtete, wenn Deutschland der Ukraine Waffen liefert, die auch in Rußland eingesetzt werden, dürfte Rußland den 2+4-Vertrag kündigen und kraft früheren Besatzungsrechts einfach mal eben so in seine früheren Besatzungszonen einmarschieren. Völkerrechtlich liegen dem Fehlvorstellungen zugrunde.

Verträge muß man einhalten, auch völkerrechtliche. Wie im bürgerlichen Recht auch erfordern sie zwei Rechtssubjekte: Personen im bürgerlichen Recht, souveräne Staaten im Völkerrecht. Einen Verstoß Deutschlands gegen den 2+4-Vertrag könnten andere Vertragsstaaten zwar sanktionieren, mehr aber auch nicht. Der 2+4-Vertrag enthält keine Kündigungsklausel. Gemäß Art.56 des Wiener Übereinkommens vom 23.5.1969[2] ist er darum unkündbar. Nach Art.60 Abs.2b) kann ein Staat den Ver-

1 So Artikel 26 des Wiener Übereinkommens vom 23.5.1969 über das Recht der Verträge (WÜRV): Verträge müssen gehalten werden. Teils wird das abkommen auch zitiert als „Wiener Vertragsrechtskonvention von 1969 (VRK)“

2 Bundesgesetzblatt Teil II vom 3.8.1985

DDR-Ministerpräsident Lothar de Maizière ist dabei, den Zwei-Plus-Vier-Vertrag zu unterzeichnen. Der Zwei-Plus-Vier-Vertrag wird zwischen den beiden deutschen Staaten und den vier Siegermächten des Zweiten Weltkriegs geschlossen und regelt die äußeren Aspekte der deutschen Einigung.

(v.l.n.r.): Roland Dumas (Frankreich), dahinter stehend Michail Gorbatschow (UdSSR), Lothar de Maizière (DDR), Hans-Dietrich Genscher (Bundesrepublik Deutschland) im Hotel Oktjabrskaja/Moskau.

trag suspendieren, wenn Deutschland den Vertrag erheblich verletzt. Doch legte sich Rußland den 2+4-Vertrag wegen deutscher Waffenlieferungen an die Ukraine so zurecht, würde das keineswegs die zentrale Regelung des Vertrags beeinträchtigen: Deutschlands Souveränität. Diese würde eine russische Strafexpedition völkerrechtlich verbieten.

Völkerrechtlich ist die Bundesrepublik nach der Rechtsprechung des BVerfG und übereinstimmender internationaler Ansicht rechtsidentisch mit dem Deutschen Reich. Seine souveräne Staatlichkeit wurde nicht erst durch den 2+4-Vertrag begründet. Sie war nur nach seiner Eroberung durch die Feindmächte lange überlagert durch deren Besatzungsrecht. Diese Rechte haben sie durch den 2+4-Vertrag aufgegeben, und darum kann die „Besatzungshoheit" auch bei einer Vertragsverletzung nicht wieder aufleben.

Souveränität ist nicht alles

Nachdem wir uns vergewissert haben, ein souveräner Staat zu sein, wird die Sache leider erst richtig spannend. Mit der völkerechtlchen Souveränität fangen nämlich die tatsächlichen Probleme erst richtig an.

Eine Rechtsanalogie hilft uns, das Problem zu verstehen: Im Römischen Reich wurden Sklaven gehalten. Sie galten rechtlich als Sache, nicht als Person. Sie waren keine „Rechtssubjekte", konnten also keine Verträge schließen und keine rechtsgültigen Entscheidungen treffen. Damit ähnelten sie den Kolonien, Schutzgebieten oder Provinzen des 19. Jahrhunderts, die von einem Gouverneur verwaltet wurden.

Die Römer kannten aber die Freilassung eines Sklaven. Mit seiner Freilassung wurde er als römischer Bürger zum Rechtssubjekt. Ganz ähnlich gewannen Kolonien und Schutzgebiete ihren völkerrechtlichen Subjektstatus, wenn sie in die Unabhängigkeit entlassen und damit souverän wurden.

Den Freigelassenen ging es aber nicht automatisch besser als zuvor als Sklaven. Sklaven wurden von ihren Herren als wertvolle Wirtschaftsgüter beschützt und versorgt. Als Freigelassene standen viele vor dem wirtschaftlichen Nichts und verdingten ihre Arbeitskraft zuweilen unter elenderen Umständen als vorher als Sklaven. Ganz ähnlich verwandelten viele überseeische souveräne Staaten sich nach ihrer Unabhängigkeit schnell in verelendete Bananenrepubliken. Sie tauschten die rechtliche

Amerikanische Soldaten auf der US-Luftwaffenbasis in Wiesbaden

Abhängigkeit von der früheren Kolonialmacht ein gegen eine wirtschaftliche und damit zugleich eine politische Abhängigkeit.

Es genügt keineswegs, stolz auf den Rechtsstatus „souverän“ zu pochen, wenn man wirtschaftlich und politisch abhängig ist von der früheren Kolonialmacht als „Patron“.

Es genügt keineswegs, stolz auf den Rechtsstatus „souverän“ zu pochen, wenn man wirtschaftlich und politisch abhängig ist von der früheren Kolonialmacht als „Patron“. Diese hatte zumeist die „Elite“ der früheren Kolonie geistig ausgebildet in der Hauptstadt des Kolonialreichs, zum Beispiel in London oder Paris, legte ihr die Macht in ihrer Heimat in die Hände und band sie in ein Wirtschaftsgeflecht ein, das die Eigeninteressen der neuen Machthaber mit den Interessen der alten Kolonialmacht verflocht. Briten erzählten in überseeischen Ländern, wie dringend die Eingeborenen und Bewohner doch eine Infrastruktur benötigten. Das war listig, denn diese war vor allem eine unbedingte Voraussetzung für den Warentransport. „Britisches Kapital baute die Eisenbahnen, die Hafenanlagen und entwickelte die Schiffahrt. London diktierte aber die Kreditbedingungen so, daß sie die Kleinstaaten finanziell strangulierten und zu wirtschaftspolitischen Gefangenen britischer Handelshäuser und Banken machten. Indem sich die Nationen auf diese Handels- und Finanzbedingungen einließen, traten sie die Kontrolle über ihre Volkswirtschaft an die Handelshäuser und Banken ab. Die Länder wurden damit viel wirksamer und nachhaltiger unterworfen, als wenn britische Soldaten die Hauptstadt erobert und für das Britische Empire Tribute und Steuern eingetrieben hätten.“[3]

So ist es nicht in jedem Fall zugegangen, aber in vielen. Trotz formaler Souveränität blieben die neuen Staaten abhängig im Rahmen eines globalen „Commonwealth“.

Ein Schelm, wer jetzt wieder an die böse Formulierung Otto Ernst Remers dächte, die Politiker der jungen Bundesregierung seien als frühere Emigranten im Gepäcktroß der Alliierten remigriert. Wir wollen ja hier nicht, wie Remer, unseren Staat delegitimieren. Nehmen wir als Beispiel doch lieber die Gruppe Ulbricht, die als kommunistische Emigranten nach 1945 aus Moskau zurückkehrte und das SED-Regime installierte – stets offen und dienstbeflissen für Moskauer Wünsche, schließlich war Sibirien keine verlockende Option. Ihre Macht gründete sich bis zu ihrem Zusammenbruch 1989 nur auf die Spitzen der sowjetischen Bajonette. Gar nicht vergleichbar damit war hingegen die Präsenz der Amerikaner in Westdeutschland, denn diese waren schließlich unsere lieben Befreier, Freunde und Beschützer, sicherten den Frieden und förderten die Einheit unseres Landes.

---

3 F. William Engdahl, Mit der Ölwaffe zur Weltmacht, Wiesbaden 1992, S.18 f., eingehend Klaus Kunze, Staatsfeind Liberalismus, 2022, S.66.

Machtlose Souveränität ist wertlos

Mit seiner formalen Souveränität kann ein Staat nichts anfangen, wenn er ökonomisch, militärisch und politisch von einem übermächtigen anderen beherrscht wird. Nehmen wir doch zur Vermeidung von Mißverständnissen wieder die DDR. Ihre strebsame junge Intelligenz wurde jahrzehntelang ausgebildet und auf stramm roten Kurs gebracht auf Schulen und Parteihochschulen. „Freundschaft mit der Sowjetunion ist so wichtig wie der Pulsschlag unseres Herzens!“ An diese Losung auf einem 20 Meter langen roten Banner in einer Stadt kann ich mich noch gut erinnern.

Mit seiner formalen Souveränität kann ein Staat nichts anfangen, wenn er ökonomisch, militärisch und politisch von einem übermächtigen anderen beherrscht wird.

Die Söhne und Enkel früherer Häuptlinge englischer Kolonien hatten oft in London studiert und saßen nach der Unabhängigkeit in Luxusvillen ihrer Hauptstädte, regierten ihre Länder und verstanden es, die Geldströme aus dem internationalen Handel in ihre Taschen zu leiten. Ähnlich privilegiert saßen in ihren Datschen und Villen die Herren Genossen der SED. Sie spürten die Freundschaft mit der Sowjetunion als Herzschlag ihres Lebens. Solche hündischen Charaktere handeln höchst rational, wenn sie ein lebhaftes Interesse daran haben, einen bestimmten machtpolitischen Status quo aufrechtzuerhalten. Nachdem die Sowjets aus Deutschland abgezogen waren, nahm es mit ihnen auch ökonomisch ein schnelles und trauriges Ende.

Solche Zustände hat es in Westdeutschland natürlich niemals gegeben. Unsere politischen „Atlantiker“ haben ganz uneigennützig und von selbst erkannt, daß unserem Land nichts besseres widerfahren konnte als eine tiefgreifende Amerikanisierung. Freundschaft mit den USA ist für sie so wichtig wie der Pulsschlag ihrer liberalen Herzen. Es sollte ihr Schaden nicht sein. Mit bis unter die Zähne bewaffneten Amerikanern vor der Haustür ersparten sie sich lange Zeit gern die eigenen Vertedigungsanstrengungen. Unsere geliebten Befreier beschützten uns schließlich. Die junge Bundeswehr hatte jahrzehntelang nur für zwei oder drei Tage Treibstoff. Der Witz ging um, im Fall der Fälle brauchten sie die Russen nur solange aufzuhalten, bis richtiges Militär käme.

Für einen Staat aber, der inmitten einer von Waffen starrenden Welt existieren muß, ist die formale Souveränität keinen Fetzen Papier wert, wenn er im Zweifelsfall nicht die Fähigkeit hat, diese Souveränität auch zu verteidigen.

Für einen Staat aber, der inmitten einer von Waffen starrenden Welt existieren muß, ist die formale Souveränität keinen Fetzen Papier wert, wenn er im Zweifelsfall nicht die Fähigkeit hat, diese Souveränität auch zu verteidigen.

Die Erzliberalen

Winston Churchill wird zugeschrieben, seine Wunschdeutschen seien „satt, aber impotent“. Die Bundesdeutschen in seiner Besatzungszone wurden das mehrheitlich gern. Souverän zu handeln und selbständig dem Weltgeschehen zu trotzen, war ihnen zu anstrengend geworden. Wer das anders sah, war gefallen oder in Lagerhaft halb verhungert und gebrochen. Es schlug die Stunde der Liberalen.

Es hatte sie in Deutschland schon lange gegeben. Sie bildeten nur eine von vielen politischen Richtungen des Vorkriegsdeutschland, aber bis Kriegsende nicht die Mehrheit. Die von ihnen inspirierte Generation der „Betroffenen“ klammerte sich gern an die USA und flüchtete sich dann nach „Europa“. Sie brach alle historischen Brücken hinter sich ab. Hier sieht sie die letzte Zuflucht vor ihrem ungeliebten Schicksal, als Deutsche auch deutsche Politik machen zu müssen. Es irrt aber, wer meint, durch eine Freundschaftserklärung an alle Welt oder durch Aufgabe der eigenen Selbstbestimmung das Politische aus der Welt schaffen zu können. „Wenn ein Volk die Mühen und Risiken der politischen Existenz fürchtet,“ bemerkte kühl Carl Schmitt, „so wird sich eben ein anderes Volk finden, das ihm diese Mühen abnimmt, indem es seinen ‚Schutz gegen äußere Feinde‘ und damit die politische Herrschaft übernimmt; der Schutzherr bestimmt dann den Feind, kraft des ewigen Zusammenhanges von Schutz und Gehorsam.“ So marschierten die politischen Großväter Helmut Kohls 1812 unter der Trikolore zum Ruhme Frankreichs gegen Rußland, und so werden deutsche Söhne dereinst unter „europäischem“ Kommando sterben, in Somalia, im Irak, in Libyen oder anderswo. „Dadurch, daß ein Volk nicht mehr die

Kraft oder den Willen hat, sich in der Sphäre des Politischen zu halten, verschwindet das Politische nicht aus der Welt. Es verschwindet nur ein schwaches Volk.“[4]

Es entspricht liberaler Ideologie, das Politische zu leugnen oder doch zu überwinden. Der Liberale möchte die Feindschaft in ewigem Gespräch überwinden und den Feind in einen Handelspartner verwandeln. Treiben wir mit der ganzen Welt regen Handel, haben wir nach der liberalen Doktrin keine Feinde mehr, für die sich ein Krieg mit uns lohnte. „Wandel durch Handel“ lautete gerade auch unter sozialliberalen Regierungen lange Zeit die Devise. So hoffte man, vielleicht auch die Sowjets fett und impotent zu machen. Das gelang aber nicht dauerhaft, weil ein mentaler Wandel nur durch generationenlange Umerziehung gelingen kann.

Staatsrechtler Carl Schmitt (1888 - 1985)

Uns Deutschen ist er hervorragend gelungen dank der überzeugenden Volkspädagogik unserer westlichen Befreier und ehemaligen Mitbürger der Frankfurter Schule, die aus Liebe zu Deutschland nach dem Krieg remigrierten und uns moralisch leicht zurückgebliebenen Landsleuten erklärten, der autoritäre deutsche Mann sei eine der giftigen Wurzeln der deutschen Erbübel.

Sie wollen gar keine Souveränität

Es irrt aber, wer meint, durch eine Freundschaftserklärung an alle Welt oder durch Aufgabe der eigenen Selbstbestimmung das Politische aus der Welt schaffen zu können. „Wenn ein Volk die Mühen und Risiken der politischen Existenz fürchtet,“ bemerkte kühl Carl Schmitt, „so wird sich eben ein anderes Volk finden, das ihm diese Mühen abnimmt, indem es seinen ‚Schutz gegen äußere Feinde‘ und damit die politische Herrschaft übernimmt; der Schutzherr bestimmt dann den Feind, kraft des ewigen Zusammenhanges von Schutz und Gehorsam.“

Die fett gewordenen Deutschen wollten gar keine Souveränität mehr. Betroffenheitsbesoffene Gutmenschen flüchteten sich in einen umfassenden Moralinrausch und vergaßen die Welt: „Wir sind doch die Guten, also wird uns ja niemand etwas tun!“ Sie wähnten Deutschland als nur noch von Freunden umzingelt. Gähnend erwachten sie erst wieder 2022 beim russischen Angriff auf die Ukraine, einer Zeitenwende für ihre ideologieverkleisterten Gehirne. Tatsächlich hatten sie jahrzehntelang nichts besseres zu tun gehabt, als sich von der Besatzungsherrschaft so schnell wie möglich in ein supranationales Europa zu retten, das ihnen die Last unserer souveränen Existenz abnehmen sollte.

Ihrer Doktrin zufolge werde die Welt umso friedlicher, je stärker alle Staaten durch Handel und Verträge miteinander vernetzt und ökonomisch voneinander abhängig seien, bis Krieg sich für keinen Staat mehr lohne: Man zerstört schließlich nicht seinen besten Kunden.

So untergruben sie systematisch alle Faktoren, die unser Land halbwegs autark gemacht hatten: Ganze Industrien waren im Freihandel dem Konkurrenzdruck nicht mehr gewachsen, weil man in Übersee wenig Lohnkosten hatte. Kernbereiche unserer Großindustrie gehören ausländischen Investoren. Die Bundeswehr wurde heruntergewirtschaftet, fast abgewickelt und ihre Reste mit anderen Armeen so verzahnt, daß sie nicht mehr eigenständig operieren kann. Die Gesetzgebung wurde in großen Bereichen nach Brüssel abgegeben und wird im Bundestag nur noch formal abgesegnet. Selbst die Energieerzeugung ist mittlerweile zeitweise vom Ausland abhängig. Die Kontrolle unserer Grenzen wurde aufgegeben und ihre Regelungen der EU überlassen.

In welchem Bereich sind wir eigentlich noch autark, können also unsere Lebensgrundlagen aus Kräften unseres eigenen Landes erwirtschaften und aufrechterhalten? Ohne weitgehende Autarkie ist Souveränität nämlich ein Papier ohne Wert.

Das ist von den herrschenden linksliberalen Eliten unseres Landes so gewollt und wird seit vielen Jahren aktiv betrieben. Wer als Jungspund hinter einem Transparent „Nie wieder Deutschland“ herrennt oder in die Welt posaunt, Vaterlandsliebe sei für ihn eine schreckliche Vorstellung, der wird sich erst in einer rundum globalisierten Welt wie im Elysium fühlen. Er vergißt dabei aber, daß auch eine globale „One World“ nicht die herrschaftsfreie Gesellschaft sein kann, von der die marxistisch fanatisierten 1968er immer faselten. Eine One World kann nämlich nur einen Machtnukleus haben, eine beherrschende Person, Personengruppe oder Macht, und nicht mehr wie bisher deren viele. Unermeßliche Macht aber wird unermeßlich korrumpieren.

4 Zitate: Carl Schmitt, Der Begriff des Politischen, S.53, 54.

Ungarn zeigt, wie man die staatlichen Grenzen schützen kann: Die Zahl der illegalen Grenzübertritte auf der Migrationsroute durch den Westbalkan ging in Ungarn durch Schutz der Grenzen erheblich zurück.

Mit unserer staatlichen deutschen Freiheit wird es dann vorbei sein. Darum hatte einst Carl Schmitt als letzten Wunsch publiziert, die Welt möge immer größer bleiben als die Vereinigten Staaten von Amerika, und sie ist auch heute noch groß genug für mehrere Großräume, in denen freiheitsliebende Menschen ihre geschichtliche, wirtschaftliche und geistige Substanz und Eigenart zu wahren und zu verteidigen wissen.[5]

Auch eine globale „One World" kann nicht die herrschaftsfreie Gesellschaft sein, von der die marxistisch fanatisierten 1968er immer faselten. Eine One World kann nämlich nur einen Machtnukleus haben, eine beherrschende Person, Personengruppe oder Macht, und nicht mehr wie bisher deren viele. Unermeßliche Macht aber wird unermeßlich korrumpieren.

Ausblick

Eine relative Souveränität wäre ein Widerspruch in sich. Wir haben die Herrschaftsmacht über ein Gebiet als Wesensmerkmal der Souveränität angesprochen. Eine bloß formale Herrschafts*macht de jure* erfüllt diese Voraussetzung nicht, wenn sie eben nicht mit der nötigen *Macht* verbunden ist, den eigenen Willen auch effektiv durchzusetzen. Darum stellt die Autarkie eine notwendige Voraussetzung jeder Souveränität dar, ohne die Deutschland an souveränes Handeln, also ohne einen dominanten Patron, gar nicht erst zu denken braucht.

Ein europäisches Geflecht von Handelsverträgen und Abkommen hindert unsere Souveränität dagegen nicht, solange wir diese rechtlich noch kündigen dürfen, falls wir das wollen, und solange wir nicht in die Lage einer nominell souveränen Pazifikinsel kommen, der zwar beim Bananenpflücken niemand hineinredet, die aber auf wöchentliche Wasserversorgung auf dem Seeweg angewiesen ist. Der 2.Weltkrieg wurde in Europa wie im Pazifik ganz wesentlich um die strategisch entscheidende Frage geführt, wer die Rohstoffquellen kontrolliert. Eine national denkende Bundesregierung sollte über die Perspektiven unserer Souveränität kein verdächtig lautes

5 Carl Schmitt, Die letzte globale Linie, in: Staat, Großraum, Nomos, Arbeiten aus den Jahren 1916-1969, Hrg. Günter Maschke, Berlin 1995, S.448.

Heute erleben wir die amerikanisch-russische Konfrontation, hinter der schon die amerikanisch-chinesische droht. Wir benötigen an ausreichendes Maß an Souveränität, unsere Söhne und Töchter da rauszuhalten.

Eine national denkende Bundesregierung sollte über die Perspektiven unserer Souveränität kein verdächtig lautes Geräusch machen, solange sie unser Land nicht durch weitgehende Autarkie wieder befähigt hat, für sich selbst zu sorgen und darum von keiner Seite erpreßbar zu sein.

Geräusch machen, solange sie unser Land nicht durch weitgehende Autarkie wieder befähigt hat, für sich selbst zu sorgen und darum von keiner Seite erpreßbar zu sein.

Unsere Souveränität war schon zu oft in der deutschen Geschichte unsere Schicksalsfrage. Das Kurfürstentum Hannover wurde im 18.Jahrhunderts in Personalunion durch den König von England regiert mit der Folge, daß hannoversche Regimenter in Übersee für englische Hegemonialinteressen bluteten und starben, zum Beispiel auf Gibraltar ab 1755[6], und ab 1781 in Ostindien.[7] Die Rheinbundstaaten waren eine Generation später nicht souverän, sondern französische Vasallen. Ihre Soldaten mußten mit Napoleons Armee nach Moskau marschieren, fielen, erfroren und verhungerten erbärmlich.

Heute erleben wir die amerikanisch-russische Konfrontation, hinter der schon die amerikanisch-chinesische droht. Wir benötigen ein ausreichendes Maß an Souveränität, unsere Söhne und Töchter da rauszuhalten. Dazu benötigen wir eine hinreichend abschreckende Armee, gern verbündet mit unseren europäischen Nachbarn, aber keinen Patron, sei es in Washington oder Moskau. Wie auch Friedrich der Große sein kleines Preußen inmitten mächtigerer Nachbarn unabhängig gehalten hatte, kann uns das wieder gelingen, irgendwann. Dazu brauchen wir unbedingte Souveränität - um unseres lieben Friedens willen.

Vasallen müssen mit in die Kriege ihres Patrons ziehen oder diese doch mit bezahlen, sei es mit ihrem Geld oder mit dem Blut ihrer Kinder. Unsere „Freundschaft" mit den USA öffnet uns da keine Ausnahme, und auch unsere Souveränität schützt uns davor nicht. Wer Amerika zum Freund hat, braucht keine Feinde mehr. Die souveräne Ukraine merkt jetzt, was wir Deutschen schon lange wissen oder wissen müßten. In Wirklichkeit haben Völker nämlich keine Freunde, sondern nur Interessen.

---

6 5. Hannoversches Infanterieregiment, 1. oder Gibraltarsches Bataillon (Rgt.5A), Klaus Kunze, Soldatenlexikon Südniedersachsen, 2022, ISBN 978-3-933334-31-2, Band 1, S.622-625.

7 14. Hannoversches Infanterieregiment, aufgestellt in Hameln, 1781-1789 in Ostindien, siehe a.a.O., Band 2, S.1043, 16. Hannoversches Infanterieregiment unter der Führung von Christoph August von Wangenheim, 1783 in Madras, siehe a.a.O., Band 2, S.1043.

Der deutsche Michel, August 1842, Karikatur von Johann Richard Seel

Souveränitätsdefizit?

Dr. Winfried Knörzer

Die nachfolgenden Überlegungen wurden angestoßen durch die von Torsten Hinz seit vielen Jahren vertretene These, daß das Souveränitätsdefizit im Äußeren zur Deformation des Politischen im Inneren geführt habe. Die fehlende Möglichkeit eigenständiger Außenpolitik bedinge eine ungesunde Konzentration auf das Innere. Bildlich gesprochen: Man schmort im eigenen Saft, aus dem dann schädliche Dämpfe aufsteigen.

„Jede Nation, die ohne Abhängigkeit von einem Fremden sich selbst, gleichviel in welcher Form, regiert, ist ein souveräner Staat.“ (Emer de Vattel: Le Droit des Gens, S. 32)

Die Konstatierung eines Souveränitätsdefizits erfordert zunächst eine Klärung des Begriffs der Souveränität. Hierbei ist zu unterscheiden zwischen der Souveränität nach innen und nach außen. Die innerstaatliche Souveränitätstheorie von Bodin bis Schmitt ist machtbezogen. Souverän ist, wer in der Lage ist, allein nach eigenem Willen selbständig zu entscheiden, ohne auf andere Instanzen, Akteure aber auch Gesetze Rücksicht nehmen zu müssen. Idealtypisch verkörpert diese intensive, machtbezogene Souveränität der absolute Monarch. Gegenüber diesem sozusagen radikalen Souveränitätsbegriff nimmt sich der völkerrechtliche vergleichsweise bescheiden aus. Klassisch ist die Formulierung Vattels: „Jede Nation, die ohne Abhängigkeit von einem Fremden sich selbst, gleichviel in welcher Form, regiert, ist ein souveräner Staat.“ (Emer de Vattel: Le Droit des Gens, S. 32) Ein Abhängigkeitsverhältnis wird dabei rein formaljuristisch bestimmt. Nur derjenige Staat gilt als abhängig und damit nicht souverän, der einem anderen Staat per Vertrag das Recht zur Bestimmung über innere Angelegenheiten einräumt. Daher ist auch ein Staat, der sich dem militärischen Schutz eines stärkeren Staates unterstellt, aber weiterhin über die inneren Angelegenheiten selbst bestimmen kann, nach Vattel ein souveräner Staat.

Der Souveränitätsbegriff ist eng mit der Entstehung des modernen Staates verknüpft. Wie alle politischen Begriffe nimmt auch er auf eine konkrete politische Lage Bezug und muß daher im Lichte dieser Bezugnahme verstanden werden. Diese Lage ist durch die Auseinandersetzung mit dem mittelalterlichen Feudalsystem gekennzeichnet, das in einem komplexen und mitunter konfligierenden Zusammenspiel wechselseitiger Abhängigkeiten und abgestufter Kompetenzen bestand. Der Souveränitätsbegriff richtete sich gegen die relative, faktisch aber teilweise sehr weitgehende Selbständigkeit der Vasallen, die verhinderte, daß der Lehensherr in allen Belangen über die Verhältnisse in den jeweiligen Vassallenterritorien und hinsichtlich bestimmter Funktionsbereiche (z. B. Münzwesen, Bodenschätze) bestimmen kann. Er richtete sich aber auch gegen die metaphysisch legitimierte Suprematie überstaatlicher Mächte: des römisch-deutschen Kaiserreichs und des Papsttums. Der Souveränitätsbegriff entstand im Kampf des Monarchen gegen die intermediären feudalen Gewalten. Aus dem Chaos kleinteiliger, buntscheckiger Machtverhältnisse erhob sich der Monolith des modernen Staates. Erst nachdem die Souveränität im Inneren gefestigt war, konnte auch der vom Monarchen beherrschte und nunmehr einheitlich zentralisierte Staat als auch nach außen hin unabhängige Größe sui generis in Betracht kommen. Betrachten wir kurz das spätmittelalterliche Burgund. Das im Herzog von Burgund vereinte Ensemble von territorialen Herrschaftsrechten bewirkte, daß dieser als Lehensträger einiger westlicher Territorien dem französischen König verpflichtet war und als Lehensträger einiger östlicher Territorien dem deutschen König. Was bedeutet das für die Grenzen Frankreichs? Enden sie an den Grenzen der burgundischen Territorien, verlaufen sie mitten hindurch, indem sie die Lehen des französischen Königs umfassen oder enden sie an der Ostgrenze der burgundischen Territorien? In mittelalterlichen Personenverbänden verschwimmt die Unterscheidung von Innen und Außen. Erst mit der Zurückdrängung des Feudalismus und der Durchsetzung des Territorialprinzips wird Souveränität als zentrale Eigenschaft des Staates überhaupt möglich. Innere und äußere Souveränität bedingen einander, wobei die Souveränität nach außen durch die ihr vorangegangene Souveränität nach innen ihre Färbung erhält.

Der völkerrechtliche Souveränitätsbegriff ist ein rein formaler Begriff. Er bezeichnet nur das Fehlen vertraglich fixierter Abhängigkeitsverhältnisse, die einem anderen Staat ein wie auch immer geartetes Interventionsrecht einräumen. Er sagt nichts aus über die realen Machtchancen eines Staates.

Der völkerrechtliche Souveränitätsbegriff ist ein rein formaler Begriff. Er bezeichnet nur das Fehlen vertraglich fixierter Abhängigkeitsverhältnisse, die einem anderen Staat ein wie auch immer geartetes Interventionsrecht einräumen. Er sagt nichts aus über die realen Machtchancen eines Staates. Vor allem bedeutet außenpolitische Souveränität nicht die Lizenz, alles das tun zu können, was man tun will. Die weitverbreitete Vorstellung, daß ein Staat umso souveräner sei, je autonomer er handeln könne, entstammt einer unangemessenen, aber historisch motivierten (s.o.) Übertragung innenpolitischer Verhältnisse auf außenpolitische. Ein innerstaatlicher Souverän ist dann tatsächlich souverän, wenn er seinen Willen gegen den Widerstand aller anderen konkurrierenden Machtträger durchsetzen kann. Dies ist wahrscheinlich und historisch häufig auch der Fall, sofern er die Legitimität und das Militär auf seiner Seite hat. Das Mehr an Macht bildet die Basis der Souveränität. Ein solches machtmäßiges Übergewicht läßt sich in der Weltpolitik nicht realisieren. Seit der Entstehung des modernen Staates, seit also ca. 1700, haben sich stets Koalitionen gegen das Dominanzstreben des jeweils mächtigsten und immer mächtiger werdenden Einzelstaates herausgebildet. Auch der mächtigste Staat kann nicht das tun, was er an sich tun will. Durch aggressives und/oder erratisches Handeln stellt er sich selbst ins Abseits, wodurch er seine Einflußmöglichkeiten verliert und langfristig seine Machtbasis unterminiert. Auch der mächtigste Staat muß also auf andere Staaten Rücksicht nehmen, selbst wenn es kein Völkerrecht gäbe, das dem internationalen Verkehr Regeln auferlegt.

Diese einleitenden theoretischen Bemerkungen machen darauf aufmerksam, daß zwischen formaljuristischer Souveränität und effektiven Machtchancen unterschieden werden muß. Die formaljuristische Souveränität ist nur eine unter vielen Komponenten einer konkreten Machtkonstellation. Ein nur teilsouveräner, abhängiger Staat besitzt, wenn er sich im Einklang mit seinem Hegemon befindet, einen viel größeren Handlungsspielraum als ein schwacher vollsouveräner Staat in einer komplexen und gefährlichen Machtkonstellation. Das Vereinigte Königreich und Frankreich waren in den 1950er Jahren noch echte Großmächte. Trotzdem konnten sie ihr Kolonialreich nicht halten und wurden 1956 in der Suezkrise explizit von den

Plakat zur Stalin-Note 1952, Herausgeber: Amt für Information der DDR

USA, die eine Eskalation des Konflikts verhindern wollten, in die Schranken gewiesen. Formale Souveränität nützt also nichts, wenn sich der eigene Willen gegenüber einem Mächtigeren nicht durchsetzen läßt. Die BRD hat nach den friedensvertragsanalogen 2plus4-Verträgen im Gefolge der Wiedervereinigung die volle Souveränität erlangt. Inwiefern immer noch geheime Besatzungsvorbehalte bestehen, wie ernstzunehmende Gerüchte besagen, sei dahingestellt. Jedenfalls hat sich durch diese Statuserhöhung keine Veränderung der Außenpolitik ergeben. Sie folgt nach wie vor den Richtlinien der „westlichen Wertegemeinschaft". Dies steht in bemerkenswertem Kontrast zur Aufsässigkeit gegenüber den Besatzungsmächten während des Tiefpunkts staatlicher Souveränität in der unmittelbaren Nachkriegszeit. Ob bei den Beratungen zum Grundgesetz, bei der Einführung der Währungsreform oder bei der Wiedereinführung des humanistischen Gymnasiums in Württemberg gingen die verantwortlichen Politiker einer Konfrontation mit den Besatzungsmächten nicht aus dem Weg. Gewissermaßen als Gegenstück zur gerade angeführten relativen Machtlosigkeit vollsouveräner Großmächte läßt sich sagen: fehlende Souveränität hindert nicht an der Durchsetzung des eigenen Willens – vorausgesetzt, ein solcher ist vorhanden. Es läßt sich festhalten: Formale Souveränität ist nicht ausschlaggebend für die Handlungsmöglichkeiten eines Staates. Entscheidend sind das Machtquantum und der Wille zum Gebrauch dieser Macht.

Ein nur teilsouveräner, abhängiger Staat besitzt, wenn er sich im Einklang mit seinem Hegemon befindet, einen viel größeren Handlungsspielraum als ein schwacher vollsouveräner Staat in einer komplexen und gefährlichen Machtkonstellation.

Natürlich hat der anfangs erzwungene Verzicht auf eine eigenständige Außenpolitik im Laufe der Zeit dazu geführt, sich an diesen Zustand zu gewöhnen und diesen Verzicht gar nicht mehr als solchen zu empfinden. Darum muß man den Blick zurückwenden auf die fünfziger Jahre, als das Souveränitätsdefizit noch schmerzhaft bewußt war, und fragen, worin denn eine solche eigenständige Außenpolitik hätte bestehen können. Eine echte Alternative zur Einbindung in die westlichen Bündnissysteme wäre die Neutralität gewesen. Diese Alternative halte ich aus zwei Gründen für nicht realistisch. Es ist höchst zweifelhaft, ob die ominöse Stalinnote von 1950 (?), die ein neutrales Gesamtdeutschland in Aussicht stellte, ernstgemeint war. Wenn ja, wäre angesichts der Erfahrung mit kommunistischen Machtstrategien zu fürchten

Formale Souveränität ist nicht ausschlaggebend für die Handlungsmöglichkeiten eines Staates. Entscheidend sind das Machtquantum und der Wille zum Gebrauch dieser Macht.

gewesen, daß der Neutralitätsstatus als Sprungbrett zur allmählichen Bolschewisierung Deutschlands genutzt worden wäre. Die Reise Adenauers und Zehrers nach Moskau, die diesbezüglich noch einmal sondieren wollte, erwies sich als erfolglos, was wohl nachträglich bestätigt, daß Stalins Angebot nicht mehr war als ein der aktuellen Lage geschuldeter taktischer Schachzug, um Verwirrung im westlichen Lager zu stiften. Abgesehen davon, wäre ein neutrales Deutschland (ob Gesamtdeutschland oder nur die Westzone) niemals geduldet worden. Bedenkt man den erbitterten Widerstand Frankreichs und Großbritanniens gegen die Wiedervereinigung unter den wesentlich günstigeren Umständen einer jahrzehntelangen friedlichen und vertrauensvollen Zusammenarbeit, so kann man sich vorstellen, wie diese beiden Staaten so kurz nach dem Krieg reagiert hätten. Eine grundsätzliche Alternative zur Einbindung in die westlichen Bündnissysteme hat also nie bestanden. Man mag nun kritisieren, daß der innerhalb dieses Rahmens mögliche Handlungsspielraum hätte stärker ausgereizt werden können. In gewissem Umfang wurde dies aber durchaus getan. Die sozialliberale Ostpolitik, was man auch immer inhaltlich von ihr halten mag, diente ausschließlich deutschen Interessen bzw. bezog sich zumindest auf eine nur sie betreffende Problematik. Zuvor war mit der Hallstein-Doktrin, die die staatliche Anerkennung der DDR zu verhindern suchte, eine spezifisch auf die Belange der BRD zugeschnittene Außenpolitik betrieben worden. Von einem grundsätzlichen Verzicht auf eine eigenständige Außenpolitik, die nicht um die Zustimmung der Siegermächte buhlte, kann also nicht die Rede sein. Des weiteren muß auch berücksichtigt werden, daß innerhalb eines substantiellen Bündnissystems jeder Staat auf Souveränitätsrechte zugunsten des Gemeinschaftszwecks verzichtet. Zwar hätte die BRD aufgrund ihrer wirtschaftlichen Stärke und der damaligen Größe der Bundeswehr ein stärkeres Gewicht innerhalb von NATO und EWG/EG beanspruchen und französischen Hegemonialwünschen entschiedener entgegentreten können, aber eine solche robustere Außenpolitik hätte sich innerhalb des gleichen Rahmens vollzogen. Die deutsche Stimme wäre lauter gewesen, aber die Melodie wäre dieselbe geblieben.

Die heutige stiefmütterliche Behandlung der Souveränitätsidee im Völkerrecht deutet darauf hin, daß die Souveränität nicht mehr als erörterungswertes Problem empfunden wird. Alle Staaten sind formal gleichermaßen souverän und alle Staaten sind mehr oder weniger eng in politische, militärische und wirtschaftliche Zusammenhänge eingebunden und damit voneinander abhängig.

Im zeitgenössischen völkerrechtlichen Schrifttum (ich beziehe mich dabei auf die beiden in meiner Bibliothek befindlichen Standardwerke von Verdross und Ipsen) taucht der Begriff der Souveränität nur noch als historische Reminiszenz auf. Dieser ist nur dann aktuell und relevant, wenn eine Unterscheidung zwischen verschiedenen rechtlichen Lagen getroffen werden muß. Er antwortet auf eine reale Problematik. In der Epoche zwischen Bodin und Vattel mußte im Spannungsfeld zwischen dem noch nominell bestehenden Lehensrecht und dem sich faktisch durchgesetzten modernen Staat geklärt werden, wieviel Eigenständigkeit den Vasallenterritorien zukommt. Dies traf insbesondere auf das Heilige Römische Reich zu: Sind Preußen, Sachsen, Bayern souveräne Staaten oder rechtlich unselbständige Teile des Reiches? Die Frage ist für Dritte wichtig: Ist ein beispielsweise mit Sachsen geschlossener Vertrag rechtlich bindend und für den Vertragspartner verläßlich oder kann er durch den Kaiser kassiert werden? Nach der Etablierung des modernen Staates stand dessen Souveränität nicht länger in Frage, was sogar dazu führte, die Idee eines Völkerrechts zu verwerfen, weil zwischen souveränen Staaten keine verbindlich und erzwingbaren Rechtsverhältnisse existieren können. Eine erneute Thematisierung der Souveränität wurde in der Spätphase des Imperialismus notwendig, als völkerrechtlich problematische Zwittergebilde wie Dominions, Protektorate und Halbkolonien auftauchten. Die heutige stiefmütterliche Behandlung der Souveränitätsidee im Völkerrecht deutet darauf hin, daß die Souveränität nicht mehr als erörterungswertes Problem empfunden wird. Alle Staaten sind formal gleichermaßen souverän und alle Staaten sind mehr oder weniger eng in politische, militärische und wirtschaftliche Zusammenhänge eingebunden und damit voneinander abhängig, weshalb kein Staat wie ein absoluter Monarch im Innern ungestraft aus eigener Machtvollkommenheit handeln kann. Mit dem Entzug des ius ad bellum, des Rechts zur Kriegführung, ist das Kernelement der Souveränität herausgebrochen worden. Dieses Recht, selb-

Ernennung der ersten 101 Soldaten am 12. November 1955. Bundesverteidigungsminister Theodor Blank überreicht die Ernennungsurkunden.

Das Recht, selbständig über die Auslösung eines Krieges bestimmen zu können, hat in der klassischen Epoche des Völkerrechts souveräne von nicht-souveränen Staaten unterschieden.

ständig über die Auslösung eines Krieges bestimmen zu können, hat in der klassischen Epoche des Völkerrechts souveräne von nicht-souveränen Staaten unterschieden. Darum auch hat der Souveränitätsbegriff an Bedeutung verloren. Das Recht zur Kriegführung ist damit freilich nicht erloschen, seine Inanspruchnahme ist nur komplizierter geworden. Es setzt voraus, den Feind ins Unrecht zu setzen, um für die Ergreifung von gegen diesen gerichteten Maßnahmen völkerrechtskonform internationale Zustimmung zu erlangen. Dies aber ist keine Frage der Souveränität, sondern des dipolomatischen und strategischen Geschicks.

Woran macht man überhaupt ein Souveränitätsdefizit fest? Als Antwort liegt nahe: an der mangelnden Fähigkeit zur Durchsetzung eigener Interessen.

Woran macht man überhaupt ein Souveränitätsdefizit fest? Als Antwort liegt nahe: an der mangelnden Fähigkeit zur Durchsetzung eigener Interessen. In dieser Hinsicht scheint die BRD – im Gegensatz zu vergleichbar mächtigen und gleichermaßen in Bündnissystem integrierte Staaten – in der Tat an einem Souveränitätsdefizit zu leiden. Was aber sind „eigene Interessen“? Aus rechter Sicht sind dies unter anderem: Wohlstand, Respekt und Ansehen, vor allem auch die Fähigkeit, in der Konkurrenz um internationale Einflußnahme andere Nationen zu übertrumpfen. Die in der BRD herrschende Linke sieht dies naturgemäß anders. Sie identifiziert die eigenen nationalen Interessen mit der Durchsetzung einer linken Agenda: humanitaristischer Universalismus, egalitaristischer Moralismus und neuerdings eine ökosozialistische Transformation. Die Vehemenz, mit der die BRD die politischen Ziele ihrer herrschenden Klasse vorantreibt, geht etlichen europäischen Partnerstaaten gehörig auf die Nerven. Von deren Warte aus setzt die BRD geradezu rücksichtlos ihre Interessen durch. Die Interessen der herrschenden Linken sind zwar falsche und für die eigene Nation schädliche Interessen, aber dennoch die eigenen. Von einem Souveränitätsdefizit kann also eigentlich nicht die Rede sein. Vom missionarischen Eifer des politischen Radikalismus beflügelt, geriert sich die BRD vielmehr als moralische Vormacht Europas, die sich dazu berufen fühlt, die anderen Nationen zur Tugend und zum Glück zu zwingen. Was not täte, wäre daher nicht ein Mehr an Souveränität, sondern im Gegenteil ein Weniger, was mit der Bereitschaft einherginge, nicht mehr zu wollen als es der allgemeine Konsens gebietet.

Was aber sind „eigene Interessen“? Aus rechter Sicht sind dies unter anderem: Wohlstand, Respekt und Ansehen, vor allem auch die Fähigkeit, in der Konkurrenz um internationale Einflußnahme andere Nationen zu übertrumpfen.

Die Linke hingegen identifiziert die eigenen nationalen Interessen mit der Durchsetzung einer linken Agenda: humanitaristischer Universalismus, egalitaristischer Moralismus und neuerdings eine ökosozialistische Transformation.

Hinzes Souveränitätsthese gehört zum Komplex einer Neuauflage der Sonderwegskonzeption unter anderen Vorzeichen, der zufolge spezifisch bundesrepublikanische Gegebenheiten, die in ursächlichem Zusammenhang mit dem Schicksal einer total besiegten Nation stehend, wie Reeducation oder Frankfurter Schule, zu einer spezifisch bundesrepublikanischen politischen Mentalität geführt haben. Schaut man aber in die Welt hinaus, wird man feststellen, daß es in anderen Nationen, vor allem auch in den Siegermächten des Zweiten Weltkriegs, genauso, wenn nicht sogar schlimmer zugeht. Antifaschismus, Antirassismus, Gender, Klimahysterie, Haß auf das Eigene, die Tradition, Hochkultur, alte weiße Männer usw.: Die Symptome einer grassierenden politischen Pathologie sind überall die gleichen. Die spezifisch bundesrepublikanische Gegebenheiten haben sicherlich in der BRD zur Ausprägung dieser Pathologie beigetragen, aber die anderen Nationen sind auf anderen Wegen zum selben üblen Ziel gelangt. Die Linke will überall dasselbe, weshalb auch die Ergebnisse gleichen, sobald sie in der Lage ist, langanhaltend Macht über die Gesellschaft auszuüben. Die Wege unterscheiden sich, aber nur insofern, als sie von unterschiedlichen historischen Anlässen ihren Ausgang nehmen. Was den Deutschen der Nationalsozialismus, ist den Engländern und Franzosen der Kolonialismus und den Amerikanern die Sklaverei. Jedesmal bedient sich die Linke einer ressentimenthaften Ausbeutung historischer Schuld, um ihre Feinde zu delegitimieren und ihnen die Gewißheit zu rauben, sich wehren zu dürfen.

Die absolute und grundsätzliche Orientierung an einem transnationalen Konsens, die weit über die je nur spezifische Rücksichtnahme auf völkerrechtliche Verpflichtungen hinausgeht, ist das eigentliche Problem. Es verweist auf das Fehlen eines spezifisch nationalen Staatszieles, das etwas Eigenes und Zusätzliches zum transnationalen Konsens beinhaltet. Es fehlt das Bewußtsein, mehr zu sein als Teil einer internationalen Staatengemeinschaft.

Souveränität ist ein sowohl staats- wie völkerrechtlicher Begriff. In völkerrechtlicher Hinsicht bezeichnet er das Recht einer Nation, selbständig Entscheidungen zu treffen, gleich welchen Inhalts sie sein mögen. Sollte die BRD beschließen, die Bundeswehr abzuschaffen, was ja tatsächlich vor einiger Zeit eine Forderung der Grünen war, und könnte sie dieses Vorhaben gegen den Widerstand beispielsweise der USA und Frankreichs durchsetzen, so hätte sie souverän gehandelt. Eine solche Entscheidung wäre zweifelsohne dumm und schädlich, gleichwohl aber souverän. Wenn sie diese Absicht nicht verwirklichen kann, so liegt damit noch nicht ohne weiteres ein Souveränitätsdefizit vor. Ein solches ist nur gegeben, wenn die USA und Frankreich bislang geheimgehaltene besatzungsrechtliche Vorbehalte geltend machen. Denn diese schränken kraft rechtlicher Satzung die Entscheidungsfreiheit ein. Würde auf die geplante Demilitarisierung verzichtet, weil die beiden genannten Staaten Sanktionen ankündigen oder sonstwie massiven Druck ausüben, so ist dies nicht Folge eines explizit die Souveränität einschränkenden Rechtsverhältnisses, sondern eines politischen und wirtschaftlichen Abhängigkeitsverhältnisses. Es mag, wie man vielleicht einwenden will, im Endeffekt auf das Gleiche hinauslaufen, ob man nun kraft formaler rechtlicher Bindung oder durch informellen Druck daran gehindert wird, das zu tun, was man tun will. Aber wie gesagt: Souveränität ist ein staats- bzw. völkerrechtlicher Begriff und nicht die Bezeichnung für den Umfang der Realisierbarkeit von Machtchancen im internationalen Verkehr.

In allen sozialen Interaktionen, ob privater oder staatlicher Art, muß auf die Interessen und Sanktionsmöglichkeiten des Interaktionspartners Rücksicht genommen werden. Zusätzlich zu dieser immer schon bestehenden Rücksichtnahme ist im Laufe des Jahrhunderts die souveränitätseinschränkende, völkerrechtlich verbindliche Einbindung in internationale Zusammenhänge wie UNO, EU und NATO hinzugetreten. Diese Einschränkungen haben einen derartigen Umfang angenommen, daß sie weit über eine situationsbezogene Rücksichtnahme, die nach Kosten/Nutzen-Kalkulationen hinsichtlich der Abwägung von eigenen Interessen und Machtchancen auch ignoriert werden könnte, hinausgehen und den Kern der Souveränitätsidee berühren. Aus diesem Grund hat der Souveränitätsbegriff seine Bedeutung als relevanter Begriff des Völkerrechts an Bedeutung verloren. Er ist nicht mehr geeignet, Wesentliches über den Status einer Nation im internationalen Staatensystem auszusagen.

Ich denke, die These vom Souveränitätsdefizit verweist auf ein tatsächliches und ernstes Problem, kann aber mit dem Begriff „Souveränität" nicht zureichend erfaßt werden. Souveränität ist etwas juristisch Formales, es geht aber um etwas politisch Substantielles. Auffällig im außenpolitischen Handeln der BRD ist eine bei vergleichbaren Nationen nicht anzutreffende Furchtsamkeit. Bevor sich ein Handlungsimpuls hinsichtlich Angelegenheiten, die vom business as usual abweichen, konkretisiert, stellt man sich ängstlich die Frage, was wohl die anderen dazu sagen werden.

Potsdamer Konferenz: Winston Churchill, Harry S. Truman und Josef Stalin, 25. Juli 1945

Dieser vorauseilende Gehorsam gegenüber dem vermuteten allgemeinen Konsens hemmt jegliches Handeln, wobei man freilich (s.o.) gelegentlich, wenn man sich im Einklang mit dem allgemeinen Konsens wähnt, wie etwa in der Flüchtlingspolitik, klassenprimushaft auftrumpft und diesen Konsens auf Biegen und Brechen buchstabengetreu exekutiert, auch wenn die anderen es lieber etwas ruhiger angehen ließen. Diese absolute und grundsätzliche Orientierung an einem transnationalen Konsens, die weit über die je nur spezifische Rücksichtnahme auf völkerrechtliche Verpflichtungen hinausgeht, ist das eigentliche Problem. Es verweist auf das Fehlen eines spezifisch nationalen Staatszieles, das etwas Eigenes und Zusätzliches zum transnationalen Konsens beinhaltet. Es fehlt das Bewußtsein, mehr zu sein als Teil einer internationalen Staatengemeinschaft. Vielleicht fürchtet man anläßlich Gelegenheiten, die eine eigenständige Willensbekundung erfordern, weniger die Mißbilligung anderer Staaten als vielmehr den Zwang zu einer Entscheidung, weil kein Wille da ist, der sich bekunden könnte. Darum ist man dankbar, wenn andere ein Ziel setzen, wodurch einem die Last der Entscheidung abgenommen wird.

Eigenart und Eigenständigkeit deutschen Daseins endeten mit der Niederlage im Zweiten Weltkrieg. Dieser radikale Traditionsbruch wurde nicht sogleich auffällig, weil Menschen und Mentalität noch von der Tradition geprägt waren und daher auch versucht wurde, Bestände der Tradition dem Oktroi der Besatzungsmächte zu entziehen. Der Traditionsbruch vollzog sich nicht während der ominösen Stunde Null als ein einmaliger Einschnitt, der Vorher und Nachher durch einen unüberwindlichen Graben trennte, sondern als Erosion, die immer tiefer reichte, je mehr Menschen der älteren Generation starben oder sich anpaßten. Was war der Motor dieser Totaltransformation? Ohne Zweifel spielt hierbei die alliierte Umerziehung eine entscheidende Rolle. Meine intellektuelle Sozialisation durch Marxismus, Psychoanalyse

Entscheidend für die Aufzwingung eines fremden Willens war die Installation von Personal und Institutionen wie Parteien, Medien, neuen Studiengängen wie Politologie, Kultureinrichtungen, die die Etablierung eines demokratischen, vulgo: besatzerkonformen Weltbildes ermöglichten.

KZ-Dokus waren nicht sonderlich erfolgreich bei der Umerziehung, weil die Absicht der Aufzwingung eines fremden Willens zu offensichtlich war.

Plakat zum Reeducation-Einsatz des Films „Lager des Grauens" in Österreich.

Die Souveränitätsfrage, ob ein Staat unabhängig vom Willen eines anderen Staates handeln kann, wird belanglos, wenn in diesem Staat Menschen den Ton angeben, die sich verpflichtet fühlen, den Willen eines anderen Staates zu repräsentieren.

Materiell hat Bundeskanzlerin Merkel aber die Souveränität der BRD im September 2015 preisgegeben, als sie das Staatsgebiet für unbegrenzte Einwanderung freigab. Sie hat durch einen souveränen Akt auf Souveränität verzichtet. In diesem logischen Paradoxon manifestiert sich die Dialektik des Souveränitätsdefizits.

und Strukturalismus, deren gemeinsamer Nenner in der Annahme besteht, daß die eigentliche Handlungsdetermination durch hinter dem Rücken der Akteure wirkende Prozesse und Strukturen erfolgt, ließ mich lange Zeit über geneigt sein, deren Einfluß zu unterschätzen. In der Tat waren die handgreiflich-direkten Reeducation-Maßnahmen wie Fragebogen, Strafprozesse, Propaganda und KZ-Dokus unmittelbar nicht sonderlich erfolgreich, weil die Absicht der Aufzwingung eines fremden Willens zu offensichtlich war, weshalb man sich der Beeinflussung widersetzte. Entscheidend war dagegen die langfristig viel wirksamere Installation von Personal und Institutionen wie Parteien, Medien, neuen Studiengängen wie Politologie, Kultureinrichtungen, die die Etablierung eines demokratischen, vulgo: besatzerkonformen Weltbildes ermöglichten. So wurde das konservative und nationale Spektrum immer weiter zurückgedrängt, weil die neuen Kräfte einen wesentlich stärkeren Einfluß auf die Öffentlichkeit ausübten. Dies konnten sie, weil die Besatzer ihnen den exklusiven Zugang zur Öffentlichkeit verschafft hatten. Während nach dem Ersten Weltkrieg und auch noch in den 50er Jahren die Nation das Primäre war und die demokratischen Werte nur die Form abgaben, in der das nationale Prinzip Gestalt annahm, kehrte sich das Verhältnis nunmehr um. Die demokratischen Werte wurden zur Hauptsache und die Nation wurde zum Medium reduziert, in dem diese sich verwirklichen. Die Souveränitätsfrage, ob ein Staat unabhängig vom Willen eines anderen Staates handeln kann, wird belanglos, wenn in diesem Staat Menschen den Ton angeben, die sich verpflichtet fühlen, den Willen eines anderen Staates zu repräsentieren.

Wenn man unter Souveränität materiell die legitime Chance versteht, unabhängig vom Willen anderer politisch handeln zu können, dann bedeutet Souveränitätsdefizit der BRD nicht, daß die legitime Chance nicht besteht, sondern daß sie nicht genutzt wird. Mit anderen Worten: Man verzichtet auf souveränes politisches Handeln nicht darum, weil man das nicht darf, sondern weil man das gar nicht will. Souveränes politisches Handeln setzt den Willen zur Eigenständigkeit voraus. Wenn dieser Wille fehlt, kann eigentlich von einem Souveränitätsdefizit nicht die Rede sein. Genauer betrachtet, muß allerdings zwischen objektivem Tatbestand und subjektiver Wahrnehmung unterschieden werden. Objektiv liegt ein Souveränitätsdefizit vor, da legitime Chancen zu eigenständigem Handeln nicht genutzt werden, subjektiv wird aber kein solches empfunden. Ein schwächlicher Stubenhocker hat objektiv ein Kraftdefizit, er selbst wird aber, da er überhaupt nicht daran denkt, Kraftleistungen absolvieren zu wollen, kein solches konstatieren.

Paradoxerweise hat sich der Souveränitätsverzicht verstärkt, je mehr eine formale, völkerrechtliche Souveränität wiedererlangt wurde. Einen Höhepunkt dieser Entwicklung markierte die Grenzöffnung 2015. Hier zeigt sich aber auch besonders kraß die Dialektik von Objektivem und Subjektivem, von formaler souveräner Entscheidungsbefähigung und materieller Souveränitätssubstanz. Merkel hatte ohne Rücksichtnahme auf die EU-Partnerstaaten die Grenzen geöffnet, wobei sie sicherlich damit rechnete, daß diese not amused waren, weil damit ein diesen unerwünschter Präzedenzfall oktroyiert wurde und weil ein Teil des Migrantenstroms auch in deren Länder drängen würde. Sie hatte also in der Beziehung zu den Partnerstaaten formal souverän gehandelt. Materiell hat sie aber die Souveränität der BRD preisgegeben, weil sie das Staatsgebiet für unbegrenzte Einwanderung freigab. Sie hat durch einen souveränen Akt auf Souveränität verzichtet. In diesem logischen Paradoxon manifestiert sich die Dialektik des Souveränitätsdefizits.

Identität und Verfassung.
Die Bedeutung des nationalen Verfassungsstaats in postdemokratischen Zeiten

Dr. André Kruschke

»Wir kriegen jetzt plötzlich Menschen geschenkt« frohlockte die Grünen-Politikerin und heutige Bundestagsvizepräsidentin Katrin Göring-Eckardt zu Beginn der Armutseinwanderung überwiegend ungebildeter Menschen im November 2015[1]. Auch wenn laut eines Urteils des Landgerichts Hamburg[2] über Katrin Göring-Eckardt mit amtlicher Genehmigung gelacht werden darf[3], dürfte diese nur auf den ersten Blick absurd komisch anmutende Aussage die Bevölkerung wohl nur wenig amüsiert haben. Zumal die Aussage nicht als humorvolle Einspielung in ein zutiefst ernstes Thema, sondern als gezielte Provokation zur Verhöhnung der von ihr verhassten einheimischen Gesellschaft gedacht war: Anstatt angesichts der durch offenes

1 https://beruhmte-zitate.de/zitate/2003349-katrin-goring-eckardt-wir-kriegen-jetzt-plotzlich-menschen-geschenkt/; diese Aussage verschaffte der Grünen-Politikerin – ungeachtet zahlreicher weiterer Verlautbarungen gleicher Art und Güte - den Titel des ewigen „grünen Vollpfostens“, vgl. https://deutschlandkurier.de/2021/09/gruener-vollpfosten-der-woche-katrin-goering-eckardt-bekommt-gerne-menschen-geschenkt/.

2 Urt. v. 25.07.2022, Az. 324 O 85/22.

3 https://www.tichyseinblick.de/daili-es-sentials/gerichtsurteil-katrin-goering-eckardt/.

Staatsversagen ausgelösten Flüchtlingswellen intensiv über Maßnahmen zur Steuerung und Begrenzung derselben nachzudenken, wird in beschämender Ignoranz der damit verbundenen Probleme unverhohlen ein multikulturelles Deutschlands herbeigesehnt und damit die hinter den Migrationsbewegungen stehende Absicht führender Politiker in schonungsloser Deutlichkeit offenbart: die Abschaffung des auf ethnische und kulturelle Homogenität basierenden demokratischen Nationalstaats mit dem Ziel der Errichtung einer auf Durchmischung der Völker ausgerichteten totalitären Weltregierung.

Die hinter den Migrationsbewegungen stehende Absicht führender Politiker wird in schonungsloser Deutlichkeit offenbart: die Abschaffung des auf ethnische und kulturelle Homogenität basierenden demokratischen Nationalstaats mit dem Ziel der Errichtung einer auf Durchmischung der Völker ausgerichteten totalitären Weltregierung.

Links-grüne Eliten sind seit langem von dem Gedanken beseelt, dass das Land ihnen gehört und sie damit machen können, was sie wollen. Dabei zeigt sich immer offensichtlicher, dass die Verachtung dieser parasitären Elitenschicht für Deutschland und seine Bürger schier grenzenlos sein muss, womit sie zwar den Hass auf alles Deutsche, aber nicht dieselben woken »Werte« mit dem Großteil der von ihr angelockten Migrantenmassen aus islamischen Ländern teilen. Weder integrationsfähig noch -willig strömen kultur-, bildungs- und demokratieferne Menschen ins Land, welche die sie versorgende Gesellschaft verachten, als Schatzkammer ausplündern wollen und dies offen ausleben. Die Grünen – auch die ohne grünes Parteibuch – wissen, dass massenhafte Zuwanderung das wohl wirksamste Mittel zur Destabilisierung traditioneller Gesellschaften ist, da ein wie derzeit in Deutschland zu beobachtendes willkürliches und sinnwidriges Völkergemisch gezielt Spannungen und Konflikte produziert und letztlich das für eine friedliche Gesellschaft erforderliche, gemeinsame Wir-Gefühl langfristig unwiderruflich zerstört. Spätestens seit der Weigerung der früheren Bundeskanzlerin Angela Merkel, Einheimische nicht mehr gemäß ihrer Nationalität als »Deutsche«, sondern schlicht als »diejenigen, die schon länger hier sind«[4], zu entnationalisieren, wurde das erschreckende Ausmaß der gewollten Entfremdung der politischen Elite von ihrer eigenen Nation jedem bewusst.

Ungeachtet der Frage, was im Einzelnen ein Volk ausmacht und zum Staatsvolk qualifiziert, besteht außerhalb links-grüner Politikblasen weitgehende Einigkeit dahingehend darüber, dass jedem Volk gewisse (Mindest-)Strukturelemente zu eigen sind. So definiert sich ein Volk als ein »Kollektiv von Menschen, das sich durch überpersonale Konsistenz, historische Dauerhaftigkeit, reale Wirksamkeit und komplexe Gemeinsamkeiten auszeichnet. Völker sind damit keine kurzfristigen, zufälligen, ungeordnete Erscheinungen, sondern abgrenzbare und verbundene Lebensgemeinschaften. Daher erkennt das Recht sie als eigenständige Seins- und Sinneinheiten an, ganz so, wie es die Institution Staat erfasst.«[5] Voraussetzung jedes Staates ist insofern ein Staatsvolk, welches sich an dem Staat vorausliegende, eher natürliche Kriterien wie Sprache, Abstammung, Geschichte und Kultur orientiert – und insofern gerade *nicht* beliebig zusammengewürfelt werden kann. Es ist diese Sprach-, Abstammungs- und Kulturgemeinschaft, die nicht nur staatsrechtlich das Volk, sondern auch im politischen Sinne die Nation ausmachen: »In die Nation wird man gewissermaßen hineingeboren, sie ist primär Schicksals-, nicht Willensgemeinschaft«, wie sich der Staats- und Verfassungsrechtlicher Ernst-Wolfgang Böckenförde ausdrückt[6]. Nationen sind in diesem Sinne keine abstrakten organisationsrechtlichen Gebilde mit willkürlich gezogenen Grenzen, genauso wenig wie das in ihnen lebende und die Nation ausmachende Staatsvolk beliebig austauschbar ist. Das so verstandene Staatsvolk muss dabei zwar keinesfalls vollends homogen sein, d.h. keine gänzlich feste, uniforme Einheit der Gesellschaft vorweisen. »Doch das bloße Nebeneinander nomadisierender Wüstenstämme oder ein Zusammenschluss zur Förderung einer begrenzten Zahl gemeinsamer Interessen genügt nicht.«[7]

---

4 https://www.achgut.com/artikel/die_unheimliche_ansage_der_angela_merkel.

5 *Rolf Grawert*, Staatsvolk und Staatsangehörigkeit, in: Isensee/Kirchhof (Hg.), Handbuch des Staatsrechts der Bundesrepublik Deutschland, 3. Aufl. 2004, Band II, § 16 Rn. 2.

6 Vgl. *Ernst-Wolfgang Böckenförde*, Staat, Nation, Europa, 1999, S. 35.

7 *Josef Isensee*, Staat und Verfassung, in: Isensee/Kirchhof (Hg.), Handbuch des Staats-

Der bei den Wahlen 2025 gescheiterte Kanzlerkandidat Robert Habeck (Grüne) findet „Vaterlandsliebe zum Kotzen" und konnte mit Deutschland noch nie etwas anfangen.

Auch erkennt das Grundgesetz keine Rechtssetzung an, die darauf aus ist, es selbst abzuschaffen oder seine Prinzipien auszuhöhlen[8]. Juristisch und moralisch ist es daher geradezu grotesk, die auf Verfassungstreue geeichten Menschen, die der gezielten Abschaffung ihrer Nation entgegentreten, als »rechte«, »ausländerfeindliche« oder gar „»rassistische« Verfassungsfeinde zu brandmarken. Wenn führende Politiker dieses Landes aber »Patriotismus, also Vaterlandsliebe zum Kotzen finden« und mit »Deutschland noch nie etwas anzufangen wussten«[9] und es bis heute nicht wissen, sollten sie ungeachtet ihrer subjektiven Ansicht zur Kenntnis zu nehmen, dass sie durch die Ernennung zum Bundesminister nunmehr Repräsentanten eben dieses von ihnen ungeliebten Staaten und auch dessen Staatsvolks sind und sich insofern dessen Regeln zu unterwerfen haben. Eine insbesondere für Machtpolitiker der Grünen offensichtlich unanständige und daher unakzeptable Vorstellung.

Das deutsche Grundgesetz ist danach bestrebt, die den nationalen Verfassungsstaat ausmachenden Strukturprinzipien und Kerninhalte (Identität der Verfassung) auf Dauer an die Zukunft weiterzugeben (Kontinuität der Verfassung).

Anders als die sich selbst zu globalistischen Frühstücksdirektoren degradierenden Regierungsmitglieder dieses Landes meinen, ist das deutsche Grundgesetz danach bestrebt, die den nationalen Verfassungsstaat ausmachenden Strukturprinzipien und Kerninhalte (Identität der Verfassung) auf Dauer an die Zukunft weiterzugeben (Kontinuität der Verfassung), wie die Verfassungsgeschichte Deutschland anschaulich zeigt: So postulierte schon die Verfassung des Deutschen Reiches »einen ewigen Bund zum Schutze des Bundesgebietes und des innerhalb desselben gültigen Rechts, sowie zur Pflege der Wohlfahrt des Deutschen Volkes«[10] und in der Weimarer Reichsverfassung hat sich das Volk dem Willen ergeben, »sein Reich in Freiheit und Gerechtigkeit zu erneuern und zu festigen«[11]. Lediglich das Grundgesetz

rechts der Bundesrepublik Deutschland, 3. Aufl. 2004, Band II, § 15 Rn. 52.

8 *Heinrich Amadeus Wolff*, Struktursicherung und Homogenität im Verfassungsverbund, in: Stern/Sodan/Möstl, Das Staatsrecht der Bundesrepublik Deutschland im europäischen Staatenverbund, 2. Aufl. 2022, Band 1, § 12 Rn. 66.

9 So der Bundeswirtschaftsminister Robert Habeck, vgl. https://beruhmte-zitate.de/zitate/2003151-robert-habeck-patriotismus-vaterlandsliebe-also-fand-ich-stets/#google_vignette.

10 Vgl. die Präambel der Verfassung des Deutschen Reichs vom 16. April 1871, RGBl., S. 63 ff.

11 Vgl. die Weimarer Reichsverfassung vom 11. August 1919, RGBl., S. 1383 ff.

Die Beseitigung des Nationalstaats samt ihrer Traditionen, Gepflogen- und Gewissheiten zugunsten einer »Neuen Weltordnung« und der in ihr lebenden Neuen Gesellschaft, in der Einheitskreaturen nach den beliebigen Vorgaben der Diversität sich unterwürfig zu kostümieren haben, steht damit klar außerhalb des verfassungsrechtlichen Rahmens und insofern auch außerhalb des politischen Ermessens.

war beschlossen worden, »um dem staatlichen Leben für eine Übergangszeit eine neue Ordnung zu geben«[12], wobei dieser Vorbehalt nach Erfüllung des Wiedervereinigungsauftrags durch den Einigungsvertrag[13] entfallen ist.

Die heutige buchstäblich grenzenlose Verachtung führender Politiker gegenüber allem Deutschen in Verbindung mit der maßlosen Geschichtsvergessenheit lassen völlig außer Acht, dass Verfassungen insofern einen Mindestbestand rechtlicher Errungenschaften der Kulturgemeinschaft zu bewahren suchen, hinter die eine Verfassungsgemeinschaft nicht mehr zurückfallen darf. Insbesondere werden die Strukturen, die das Grundgesetz tragen, von diesem als zu maßgeblich angesehen, um sie der Dynamik, die es zulässt, schutzlos zu opfern[14]. Die Beseitigung des Nationalstaats samt seiner Traditionen, Gepflogen- und Gewissheiten zugunsten einer »Neuen Weltordnung« und der in ihr lebenden Neuen Gesellschaft, in der Einheitskreaturen nach den beliebigen Vorgaben der Diversität sich unterwürfig zu kostümieren haben, steht damit klar außerhalb des verfassungsrechtlichen Rahmens und insofern auch außerhalb des politischen Ermessens – was in postdemokratischen Zeiten jedoch keine Relevanz mehr zu haben scheint und weder gedacht noch ausgesprochen werden darf.

Bei der auf Abschaffung der nationalen Identität gerichteten Migrationspolitik geht es also weniger um die moralische Frage, ob die Bundesrepublik Deutschland schutzbedürftige Menschen aus anderen Ländern temporär aufnehmen soll, sondern um den grundsätzlicheren, rein tatsächlichen Umstand, dass es sich bei einer Nation um eine politisch orientierte, zusammengewachsene Bewusstseinsgesamtheit mit einem gemeinsamen Zusammengehörigkeitsgefühl handelt, das durch eine zu massive Zuführung kulturfremder Personen von außen schlicht zu implodieren droht – zumal wenn diese nach wenigen Jahren unter Beibehaltung ihrer alten Staatsbürgerschaft als neuer Normalfall eingebürgert und damit Deutsche werden sollen. Ob die Integration kulturfremder Menschen gelingt, hängt neben deren Bereitschaft in erster Linie von der Anzahl der ins Land Kommenden ab. Bei der »Nationenbildung« handelt es sich daher um einen – positiv verstandenen – Prozess der befriedenden Abgrenzung, den man im Rahmen ungesteuerter dauerhafter Massenmigration in halluzinierender Wirklichkeitsflucht aufhebt und die real existierenden Probleme damit lediglich internalisiert: Die als unerwünscht empfundenen Verteilungskämpfe und Spaltungen werden dann lediglich innerhalb ein und desselben Landes ausgetragen. Wenn die vom Volk als dem Souverän gewählten Repräsentanten das ihnen anvertraute Land jedoch als herrenloses Territorium ansehen und das von der heimischen Bevölkerung Erwirtschaftete wahllos an zumeist illegal ins Land gekommene Zugewanderte verteilen und die ohnehin immer maroder werde öffentliche Infrastruktur sehenden Auges immer weiter zweckentfremdet wird, wird ein Staat langfristig nicht überleben können – was genau das Ziel der bundesdeutschen Politikmarionetten zu sein scheint.

Fest in der bequemen Hand supranationaler Organisationen dienen deutsche Regierungsvertreter entgegen ihres Amtseides nicht mehr dem deutschen Volke, sondern lassen sich wie Schachfiguren hin- und herbewegen, um die Ziele einer globalen Elite umzusetzen, für die Staatsgrenzen eine nicht nur überflüssige, sondern auch hindernde Begrenzung ihrer monetären und machtpolitischen Pläne sind.

Die strukturelle Leugnung der mit der Massenmigration verbundenen Probleme amtierender Politiker ist dabei das wohl Absonderlichste der heutigen Zeit. Wobei es weniger eine »Angst vor der Wahrheit« (Hegel) zu sein scheint, welches die bundesdeutschen Politikdarsteller zu ihrem den Nationalstaat abschaffenden Migrationsregime veranlasst. Fest in der bequemen Hand supranationaler Organisationen dienen deutsche Regierungsvertreter entgegen ihres Amtseides nicht mehr dem deutschen Volke, sondern lassen sich wie Schachfiguren hin- und herbewegen, um die Ziele einer globalen Elite umzusetzen, für die Staatsgrenzen eine nicht nur überflüssige, sondern auch hindernde Begrenzung ihrer monetären und machtpolitischen Pläne

12 Vgl. die Präambel des der ursprünglichen Fassung des Grundgesetzes vom 8. Mai 1949, BGBl. 1949/1950, S. 1 ff.

13 Vgl. den Einigungsvertrag vom 23. November 1990, BGBl. II, S. 885.

14 *Heinrich Amadeus Wolff*, Struktursicherung und Homogenität im Verfassungsverbund, in: Stern/Sodan/Möstl, Das Staatsrecht der Bundesrepublik Deutschland im europäischen Staatenverbund, 2. Aufl. 2022, Band 1, § 12 Rn. 66.

Die strukturelle Leugnung der mit der Massenmigration verbundenen Probleme amtierender Politiker ist dabei das wohl Absonderlichste der heutigen Zeit.

sind. Der vor den Neuwahlen offenbar nur noch formal die Rolle des Bundeskanzlers spielende Olaf Scholz wirkte aufgrund seiner zahlreichen Machenschaften im Zusammenhang mit Cum-Ex und seinen Verstrickungen in die Nord-Stream-Sprengungen erpressbar, der Ex-Klima- (und Wirtschafts-)Minister Robert Habeck wurde offen von der Denkfabrik und Lobby-Organisation Agora-Energiewende, der hiesigen Statthalterin US-dominierter Klimastiftungen gelenkt und Annalena Baerbock hatte sich als bekennende *Young Global Leaderin*[15] fest den Zielen des World Economic Forums (WEF) verschrieben. Die deutschen Zauberlehrlinge hatten insofern nicht einmal mehr den Anspruch, die Geister, die sie riefen – bzw. von denen sie gerufen, installiert und instrumentalisiert wurden – zu bändigen, was aufgrund des prekären Machtungleichgewichts, der intellektuellen und charakterlichen Schwächen sowie des Fehlens moralischer Wertvorstellungen ein wohl ohnehin hoffnungsloses Unterfangen wäre.

Bei der auf Abschaffung der nationalen Identität gerichteten Migrationspolitik geht es also weniger um die moralische Frage, ob die Bundesrepublik Deutschland schutzbedürftige Menschen aus anderen Ländern temporär aufnehmen soll, sondern um den grundsätzlicheren, rein tatsächlichen Umstand, dass es sich bei einer Nation um eine politisch orientierte, zusammengewachsene Bewusstseinsgesamtheit mit einem gemeinsamen Zusammengehörigkeitsgefühl handelt, das durch eine zu massive Zuführung kulturfremder Personen von außen schlicht zu implodieren droht.

Die ideologisch einseitig aufgeladene Demokratierhetorik führender Politiker verkennt, dass unabhängig von der Nationalität die deutliche Mehrheit der Menschen sich mit ihrer Herkunft, ihrer Sprache, ihrer Geschichte und der Kultur des Landes identifizieren, in dem sie und ihre Vorfahren geboren wurden. Dieses Gefühl zur eigenen Nation ist entgegen den Behauptungen links-grüner Ideologen und deren medialen Wasserträgern weder hinterwäldlerisch, fremdenfeindlich noch rassistisch – es ist normal. In einer Demokratie nicht normal und ebenso wenig zu tolerieren ist hingehen der von rot-grün initiierte Umbau der politischen Landschaft in eine Parteioligarchie, die so tut, als sei sie der demokratische Staat, die das Volk unbescholten kritisieren darf, wenn es die für sie relevanten Themen anspricht. Menschfeindlich und geschichtsrevisionistisch ist insofern vielmehr die autoritäre Gesinnungs- und Menschenformung der Regierung, in dem der Bürger sein staatlich verordnetes Schicksal eines heimat-, kultur-, geschichts- und geschlechtsloses Dahinvegetieren nicht nur zu akzeptieren, sondern zu lieben hat.

Angesichts der offen gegen die eigene Bevölkerung gerichteten, rücksichtslosen Maßnahmen ist es demnach nicht nur moralisch legitim, wenn die Bürger eines – beliebigen – Staats die Einwanderung in eben diesen begrenzen und dessen Bestand damit sichern wollen, und sie von ihren Repräsentanten die absolute Selbstverständlichkeit einfordern, die Verfassung des ihnen anvertrauten Landes zu wahren und vor

15 Vgl. hierzu umfassend die Autorengruppe Dr. C.E. Nyder, Young Global Leaders, Der Staat des Klaus Schwab, 2022.

»Die Verfassung kann nicht gegen ihren Urheber, die Nation, gekehrt werden« (Josef Isensee), so die in normalen Zeiten noch völlig triviale Feststellung, aus der die weitere Banalität folgt, dass die Preisgabe der Identität des deutschen Volkes mit dem Grundgesetz unvereinbar ist und der von den Grünen ebenfalls geplanten willkürlichen Erleichterung des Erwerbs der deutschen Staatsbürgerschaft klare verfassungsrechtliche Grenzen gesetzt sind.

Verletzung, Erosion und Beseitigung zu schützen. Existenz, Struktur und ordnungsgemäßes Funktionieren der Staatlichkeit sind insofern integrale im Ordnungsplan der Verfassung angelegte Elemente des demokratischen Rechtsstaats: »Die Verfassung kann nicht gegen ihren Urheber, die Nation, gekehrt werden«[16], so die in normalen Zeiten noch völlig triviale Feststellung, aus der die weitere Banalität folgt, dass die Preisgabe der Identität des deutschen Volkes mit dem Grundgesetz unvereinbar ist und der von den Grünen ebenfalls geplanten willkürlichen Erleichterung des Erwerbs der deutschen Staatsbürgerschaft klare verfassungsrechtliche Grenzen gesetzt sind. Die Verfassung des demokratischen Rechtsstaats ermächtigt nicht zur Selbstaufgabe. Nur weil derartige völlig unstreitige Feststellungen durch ideologiegetriebene und damit letztlich ferngesteuerte Politiker in den letzten Jahren in ihr Gegenteil verkehrt wurden, konnte das Unvorstellbare Wirklichkeit werden: Die Abschaffung des deutschen Nationalstaates durch die eigene Regierung.

Während in der Zeit der Corona-Inszenierung noch mittels Sprache die Wirklichkeit verleugnet wurde, um sich dem Diskurs zu entledigen, soll nunmehr der dezidiert geäußerte Wunsch einzelner Politiker zur Wirklichkeit Aller werden. Die Bürger sollen sich in diesem Sinne voll und ganz dem Wunsch der politischen Eliten nach einer uniformen Weltbevölkerung hingeben, wobei führende Politiker offenbar meinen, dass ein Verdecken derer wahren Absichten nicht mehr nötig erscheint. Verfolgte die politische Korrektheit noch das Ziel, diejenigen zum Schweigen zu bringen, die einfach nur stichhaltige Argumente über die offenkundigen Folgen der aktuellen Geschehnisse vorzubringen wussten, hat der staatlich-mediale Prozess der psychologischen Massenbildung mittlerweile eine Radikalität erreicht, innerhalb derer sich der Einzelne vollständig in dem von den Eliten geformten Gedankengut verlieren und das Individuum dazu gebracht werden soll, seine ureigensten persönlichen Interessen und Bedürfnisse aus Solidität mit der vorgegebenen Meinung bereitwillig dem Kollektiv zu opfern. Selbstredend entspricht es weder dem Interesse noch dem Nutzen des Individuums, sich – aufgrund wahlweise eines (Grippe-)Virus, einer herbeigeredeten Klimaapokalypse, einer von Einzelnen gewünschten multikulturellen Gesellschaft oder eines Krieges in Osteuropa – seiner Freiheit, Sicherheit und letztlich seiner Heimat berauben zu lassen. Und doch ist es die von Politik und Massenmedien inszenierte, jeweils als alternativlos dargestellte Gruppenhypnose, die den Bürgern nicht nur jedwede Bereitwillig- und Fähigkeit zur kritischen Distanz rauben will, sondern diese weitergehend auch von seinem Bewusstsein – oder trivialer: seinem gesunden Menschenverstand – trennen möchte.

Ungeachtet des von oben gestalteten gigantischen Umbaus der in Nationalstaaten lebenden Gesellschaften zu multikulturellen kultur-, geschichts- und geschlechtslosen Einheitswesen lässt sich die wachsende Distanz einer immer größer werdenden Bevölkerungsgruppe zu der staatlich verordneten Realitätswahrnehmung nicht mehr leugnen. Auch wenn amtierende Politikermarionetten immer imposantere Worte in den Mund nehmen und Narrative beschwören, an die sie subjektiv vielleicht sogar selbst glauben – sie sind und bleiben falsch. Die mit der ungesteuerten Massenzuwanderung einhergehenden gesellschaftlichen Probleme sind mittlerweile derart gravierend, dass sich das von der Politik hochgehaltene Narrativ einer friedlichen multikulturellen Gesellschaft als offenkundiger Unsinn entlarvt hat. Die überkommenden Denk- und Begriffsschablonen der die Regierung spielenden WEF-Protagonisten haben ausgedient. Zwischen den Aussagen der Politiker und der Wahrheit liegt ein mittlerweile unüberbrückbarer Graben, der durch die Unaufrichtigkeit der handelnden Akteure jeden Tag größer wird.

Entgehen dem surrealen Wunsch amtierender Politiker kann man die meisten Menschen nicht beliebig von ihrer Heimat entwurzeln. Die semantische Vergewaltigung von Begriffen wie Toleranz, Freiheit und Demokratie ist zu einem die Bevöl-

16 *Josef Isensee*, Staat und Verfassung, in: Isensee/Kirchhof (Hg.), Handbuch des Staatsrechts, 3. Aufl. 2004, Band II, § 15 Rn. 198.

kerung vernebelnden PR- und Politikerhandwerk verkommen. Es geht um einen Lebensstil und eine Lebensart, die historisch gewachsen ist und die sich das Volk nicht nehmen lassen will und sich daher zu Recht gegen die von parasitären Politikereliten initiierte gesellschaftliche Überdynamisierung wendet. Nationale Grenzen, Kulturen, Ethnien, Sprachen und Gepflogenheiten sollen ihrer Bedeutung beraubt und zu Metaphern vergangener Zeiten werden. Die von totalitären Staaten abgeschauten Methoden, Andersdenkende nicht durch bessere Argumente, sondern durch Denunziation und Isolation »überzeugen« zu wollen, hat ein Ausmaß erreicht, der von der Bevölkerung zunehmend nicht mehr toleriert werden wird. In ihrer Überheblichkeit, Unmenschlichkeit und Empathielosigkeit scheint die Regierungselite jedoch nicht zu merken, dass ihre Politik der immer maßloseren Diffamierung, Ausgrenzung und Verachtung immer weniger zu wirken scheint. Ungeachtet der zahlreichen öffentlichen Reden samt der darin vorgetragenen tatsachlichen und gespielten Gefühlen, in die sich Politiker und Meinungsführer hineingesteigert haben, beweisen die realen Eindrücke und Erfahrungen der Bevölkerung, die sie täglich machen, das diametrale Gegenteil von den medialen Narrativen, die in der Folge immer mehr an Glaubwürdigkeit verlieren. Auch wenn Regierungsvertreter – mit Ausnahme der ehemaligen Außenministerin Annalena Baerbock – rhetorisch gekonnt ihre Worte zusammenleimen und sich damit gedanklich immer tiefer in ihre selbst aufgebaute Blase zurückziehen, bleibt eines dabei auf der Strecke: Die Wahrheit.

Die mit der ungesteuerten Massenzuwanderung einhergehenden gesellschaftlichen Probleme sind mittlerweile derart gravierend, dass sich das von der Politik hochgehaltene Narrativ einer friedlichen multikulturellen Gesellschaft als offenkundiger Unsinn entlarvt hat.

Im Gegensatz zu den Regierungsdarstellern wechseln jedoch immer mehr Bürger aus der Parallelwelt in die Realität. Es hat über acht Jahre andauernden migrationspolitischen Totalitarismus, ein zur Pandemie hochstilisiertes Grippe-Virus und verschiedene Kriege und Krisenherde gebraucht, um die Bevölkerungsmehrheit aus ihrer »glücklichen« Unmündigkeit zu holen und ihr die Chance zu geben, als mündige und selbstbewusste Bürger aufzuwachen. Das grandiose Versagen des Staates bei den wichtigen, das Volk berührenden Themen zeigt, wie schwach die sich »Regierung« nennende, unter US-amerikanischer Dominanz stehende europäische Kollektivverwaltung ist. In ihrer absoluten Unfähigkeit unterschätzten die seelenlos handelnden Politiker jedoch den von ihnen nicht für möglich gehaltenen Umstand, dass die Wahrnehmung der Bevölkerung nicht beliebig gesteuert und deren Bedürfnisse nicht unendlich unterdrückt werden können – was angesichts des politischen Vertrauensverlustes viele Bürger mehr als erstaunt. Die staatlicherseits betriebene Manipulation, Täuschung und Drohung, die immer offener in eine Willkür- und Gewaltherrschaft mündete, führten zu einer derart großen Missachtung rechtsstaatlicher Prinzipien gegen die eigene Bevölkerung, die sich zunehmend gegen ihre Urheber selbst richtet. Trotz der massiven staatlich initiierten Homogenisierung zulässiger Meinungen, in der jeder eigenständig Denker zum »Quer-Denker« oder gleich zum Rassisten abgestempelt wird, erkennen die Bürger immer mehr, dass führende Politiker sich zwar gebetsmühlenartig auf die demokratische Verfassung berufen, ihre Handlungen jedoch immer mehr deren faktische Bedeutungslosigkeit mittels gezielter Veränderung des normativen Umfelds herbeiführen.

Die staatlicherseits betriebene Manipulation, Täuschung und Drohung, die immer offener in eine Willkür- und Gewaltherrschaft mündete, führten zu einer derart großen Missachtung rechtsstaatlicher Prinzipien gegen die eigene Bevölkerung, die sich zunehmend gegen ihre Urheber selbst richtet.

Die mittlerweile nur noch roboterhaft wirkenden Regierungsschauspieler scheinen unfähig wahrzunehmen, dass die Bevölkerung ihren mechanisch abgelesenen Reden und Erklärungen einfach keinen Glauben mehr schenkt und sie das tun, wovor sie sich am meisten fürchten: Die Bürger entfesseln sich aus ihren selbst angelegten Ketten und werden sich bewusst, dass es nicht die Regierung ist, sondern dass sie es selbst sind, die den Staat am Laufen halten. Die Regierung beweist jeden Tag aufs Neue, dass es ihr völlig egal ist, was das Volk sagt, will und denkt, was es sich immer weniger bieten lassen wird. Je mehr sich die Bürger aber ihrer Autonomie bewusst werden, desto mehr schwindet die politische, geistige und moralische Macht der Regierung. Herrschaft vermag sich nicht aus sich selbst heraus zu legitimieren, sondern bedarf einer Rechtfertigung, die von den Machtunterworfenen akzeptiert wird. Die machtunterworfenen Bürger jedoch wollen ihren Staat zurück und fangen an, wieder selbst zu denken, weil sie merken, dass sonst für sie – bzw. gegen sie – gedacht wird.

Und dieses zunehmende Erwachen führt bei dem Volk zu der Erkenntnis, dass nicht die Bürger unfähig sind, die Regierung zu verstehen, sondern dass die Regierung unfähig ist, das Volk zu verstehen. Seit links-grüne Ideologen an der Macht sind, sind sie mit der Situation völlig überfordert, dass die von ihnen regierte Bevölkerung in der Mehrheit nun Mal nicht links-grün sein will. Seitdem die Politik offen die Grenze zur Absurdität überschritten hat, steigt bei immer mehr Menschen das Bedürfnis nach Wahrhaftigkeit, die sie jedoch immer weniger in Politik, Medien, Wirtschaft und Wissenschaft finden. Allen Versuchen der Regierung zum Trotz, durch eine gegen die Interessen der Bevölkerung gerichtete Politik letztere in Angst, Schrecken und Verunsicherung zu versetzen und sie auf diese Weise zu willkürlich steuer- und lenkbaren Einheitsmenschen zu degradieren, distanzierten sich die Bürger immer mehr von der staatlichen und medialen Massenhypnose und wendeten sich mehr ihrer inneren Überzeugungen und Werten zu. Und da auch die Medien den Frust der Bevölkerung schon lange nicht mehr sachgerecht wiedergeben, entzieht sie zu deren großer Verwunderung auch diesen immer mehr ihr Vertrauen, weshalb die Menschen wieder anfangen, selber zu denken und zu fühlen. Und die aufgestaute Wut, Verzweiflung und Enttäuschung vieler Bürger werden sich ihren Platz machen.

Nancy Faeser, die frühere Innenministerin der rot-grünen Regierung: eine linke Ideologin an der Macht – vollkommen überfordert von der Wirklichkeit.

Diese Rückbesinnung auf die eigenen inneren Werten führt dazu, dass sich die Bevölkerung angesichts der realen Probleme immer weniger vor den nicht mehr zählbaren politisch inszenierten Weltuntergangsszenarien fürchtet, sondern zunehmend das politische Establishment beginnt, sich vor den Bürgern zu fürchten: Wie viel Angst muss etwa eine die in der abgewählten rot-grünen Regierung Bundesinnenministerin spielende Nancy Faeser vor dem Volk haben, wenn sie sich veranlasst fühlt, in einer hollywoodreifen Inszenierung unter Einsatz von 3000 Polizisten gegen eine greise Vereinigung von Menschen (»Rollator-Gruppe«) vorzugehen und der Bevölkerung derartige Verstöße gegen das rechtsstaatliche Übermaßverbot tatsächlich damit zu erklären versucht, dass diese Handvoll Personen eine ernsthafte Gefahr für die bundesrepublikanische Ordnung gewesen sein soll? Das Land wird gezielt mit Millionen von jungen, männlichen Fremden mit komplett anderen Werten, Sitten und Bräuchen geflutet, die in großer Zahl die westliche Gesellschaft verachten und den demokratischen Wertekanon ablehnen, und die Bundesinnenministerin beschwört den »Kampf gegen rechts« als die größte Gefahr für den demokratischen Rechtsstaat. Wie sehr das System die Wahrheit fürchtet, dessen Existenz seinerseits von Lügen abhängt, wird durch eben solche, absurd erscheinenden Maßnahmen der politischen Klasse für immer mehr Bürger immer offensichtlicher. Wie in jedem totalitären System beginnt der Wirkungsgrad staatlicher Propaganda auch in der Bundesrepublik, dem »besten Deutschland aller Zeiten« (so der Bundespräsident und unverändert als linker Parteibürokrat agierende Frank-Walter Steinmeier) massiv zu sinken. Zu der Funktionslogik von Macht gehört es, dass sie stets nach mehr Macht, nach grenzenloser Macht strebt. Namentlich die grüne Politik zeigt anschaulich, wie selbst machtbesessene Verlierertypen eine abgehobene parasitäre Elitegruppe bilden konnten, die nunmehr, an den monetären Futtertrögen sitzend, das Geld der Steuerzahler in nie dagewesenen Umfang in linke Prestigeprojekte, NGO`s, Vereine und sorgsam ausgewählte sonstige Einheiten der „Zivilgesellschaft" pumpt – wider den Interessen der arbeitenden eigenen Bevölkerung. Korrupte Pfründewirtschaft nannte man das früher.

Das Land wird gezielt mit Millionen von jungen, männlichen Fremden mit komplett anderen Werten, Sitten und Bräuchen geflutet, die in großer Zahl die westliche Gesellschaft verachten und den demokratischen Wertekanon ablehnen, und die Bundesinnenministerin beschwört den »Kampf gegen rechts« als die größte Gefahr für den demokratischen Rechtsstaat.

Die Migrationspolitik ist ein (zentraler) Baustein, mit dem die Grundlagen geschaffen werden sollen, das Chaos in den Nationalstaaten in eine von den globalen Institutionen wie WEF, WHO usw. gesteuerten Weltregierungsstruktur zu überführen. Souveräne Staaten sollen auf diese Weise zu reinen Verwaltungseinheiten degradieren mit dem primären Zweck, Steuern einer Konsumgesellschaft zu erheben, um diese dann nach Vorgabe und im Interesse globaler Organisationen ausgeben zu können - etwa für Waffen, Impfstoffe und andere Güter, die die Mehrheit der Bevölkerung weder braucht noch sich wünscht.

Erschreckende Bilder aus Hamburg: Etwa 1100 Menschen folgten dem Aufruf zu einer von Islamisten organisierten Kundgebung.

Was also bleibt zu tun? Auch wenn die aktuelle Politik zeigt, dass der Mensch über beängstigende destruktive Neigungen verfügt, muss gerade in Zeiten wie diesen in Erinnerung gerufen werden, dass ihm ebenso ein kreatives, schöpferisches Potential innewohnt. So mag die Regierung dieses Landes zwar weiterhin noch für eine gewisse Zeit aus Selbsthass und Selbstaufgabe seiner Werte feindselig gegen die eigene Bevölkerung agitieren. Die Geschichte aber lehrt, dass sich eine so behandelte Gesellschaft letztlich gegen die Regierung stellen wird. Die Bürger werden dadurch gezwungen, über die (Neu-)Gestaltung ihrer Gemeinschaft nachzudenken. Auch wenn sich die deutsche Seele wenig mit revolutionären Revolten und Umstürzen anfreunden kann, haben die totalitären Systeme des 20. Jahrhunderts gezeigt, dass die totale Unterdrückung der eigenen Bürger den Staat letztlich überfordert. Und die Zivilisationsgeschichte zeigt, dass die Bevölkerung letzten Endes immer Wege gefunden hat, die ihr durch Macht-, Besitz- und Kontrolleliten bereiteten Probleme zu entschärfen bzw. zu überwinden.

Weder der politisch gehuldigte Szientismus während der Corona-Inszenierung noch die moralisch aufgeladene Staatspropaganda zur Rechtfertigung der Massenmigration dienen den Bürgern als überzeugende Konzepte zur Gestaltung ihrer Zukunft.

Die Demokratie war einst ein Instrument zur Einhegung von Elitenverkommenheit und hat sich schleichend in die Herrschaft der Eliten verkehrt, was diese in den letzten Jahren die Bevölkerung ungehemmt haben spüren lassen. Jedoch haben die »Volksvertreter« zu spät erkannt, dass es die viel beschworenen Kipppunkte nicht nur bei Epidemien und Klimaverschwörungen, sondern auch im menschlichen Geist gibt. So mag bei unveränderter Entwicklung das gegenwärtig noch als Nationalstaat verfasste und von der Regierung verhasste Deutschland in Übereinstimmung mit deren Zielen zwar in sich zusammenbrechen, jedoch werden sich die Bürger ihr Land nicht dauerhaft nehmen lassen. Die Vergangenheit formt die Sichtweise, mit der die Bürger die Welt heute betrachten. Und die von der Regierung verursachten Maßnahmen zur Abschaffung ihrer Nation werden sie nicht vergessen, weshalb man der grünen Politik in Zukunft vielleicht sogar dankbar sein wird: Zwar ist es erschreckend zu wissen, wie die Welt von einer kleinen globalen Elite in den Abgrund geführt werden soll, gleichzeitig aber auch ermutigend zu sehen, dass genau dadurch immer mehr Menschen zu geistiger Gesundheit zurückfinden. Alles was die bürgerfeindliche Politik anrichtet, wird sich letztlich gegen sie richten. Weder der politisch gehuldigte Szientismus während der Corona-Inszenierung noch die moralisch aufgeladene Staatspropaganda zur Rechtfertigung der Massenmigration dienen den Bürgern als überzeugende Konzepte zur Gestaltung ihrer Zukunft. In einer Zeit, in der die Welt machtpolitisch neu vermessen wird und sich die europäischen »Führer“« entschlossen haben, hierbei keine Rolle mehr zu spielen, beginnen die Bürger selber sich darüber Gedanken zu machen, wie sie leben wollen und wo ihre Rolle in dem gezielt runtergewirtschafteten Staat sein soll. Die totale Ohnmachtserfahrung der Bürger aufgrund der politischen Maßnahmen zunächst in der Corona-Zeit und sodann in der Massenzuwanderung und im Klima-Staat haben diese zum Nachdenken angeregt. Und genauso, wie manches, was vormals unabdingbar war, zukünftig als wertlos und verzichtbar erscheinen wird, werden andere Dinge, die vormals irrelevant erschienen, eine besondere Bedeutung erlangen: Etwa was Heimat, Sicherheit und Rechtsstaatlichkeit bedeutet und dass der demokratische Nationalstaat der Garant eben dieser Attribute ist – und zwar nicht nur formell, sondern insbesondere auch in der Substanz.

Wie jedes totalitäre System wird sich auch das derzeitige Regime von selbst abschaffen. Ob das nachfolgende System die Errichtung einer Weltdiktatur oder der Wiederaufbau einer demokratisch verfassten werte- und regelbasierten Kulturnation sein wird, werden die Bürger entscheiden, die sich aufgrund der zunehmenden Demontage der Regierung wieder ihrer wachsenden Bedeutung bewusst werden.

Insofern ist die Politik der letzten Jahre vielleicht das Beste, was der erschöpften Gesellschaft passieren konnte. Das wichtigste Ziel der in den letzten Jahren staatlicherseits praktizierten Indoktrination, über den gesunden Menschenverstand ihrer Bürger zu siegen und dafür zu sorgen, dass diese nichts mehr in Frage stellen, ist gescheitert. Auf jede Bewegung folgt eine Gegenbewegung, was aufgrund des momentanen Zeitgeistes maximaler Untugend viel Gutes für die Zukunft erwarten lässt. Mangels Einsicht der politischen Regierungskaste, innerhalb derer man nur noch die gleichen materiellen Interessen teilt, werden es wohl externe Faktoren sein, die das Land zurück zu der vom Großteil der Bevölkerung ersehnten Besinnung auf Rechtschaffenheit, Sittlichkeit und Tugend führen werden. In überraschender Klarheit hat das Bundesverfassungsgericht[17] ausgeführt, dass die haushaltspolitischen Betrügereien der Bundesregierung einer verfassungsrechtlichen Überprüfung nicht standhalten, womit es die links-grünen Träumereien geschwächt hat, Klima und Gesellschaft durch unbegrenzte Kreditaufnahmen nach Belieben umzuformen. Spätestens wenn der Sozialstaat implodiert, wird die Gesellschaft folgen. Konkret: wenn das als Bürgergeld deklarierte Migrantengeld nicht mehr finanzierbar ist, werden die ins deutsche Sozialsystem gelockten Zuwanderer dieses Land schneller wieder verlassen als die Regierung neue multikulturelle Blütenträume einer allein auf Schulden basierenden, wertefreien Willensnation proklamieren kann.

Sobald eine Bevölkerung dauerhaft das Vertrauen in die Exekutive und den von ihr dominierten Institutionen verliert, kann sich ein Staat nicht mehr halten. Die Vergangenheit hat gezeigt, dass gerade die deutsche Nation sich nach jeder noch so großen Zerstörung quasi aus dem Nichts wieder zusammengefunden und sich entschlossener denn je wieder aufgebaut hat. Dabei werden bei dem Aufbau diesmal auch viele Migranten helfen, die sich den hiesigen Werten, Bräuchen und Denkweisen angeschlossen haben und damit zu Deutschen geworden sind – sei es aufgrund des Passes oder des Herzens. Die so transformierte Bevölkerung wird auch diesmal lernen, ihr Land im Anschluss an eine (erneut) von Ideologen ruinierten Nation wieder neu zu erschaffen, was aufgrund der unzähligen sich im Laufe der letzten Jahre und Jahrzehnte entstandenen grundlegenden Schwächen, Defiziten und bewusst herbeigeführten Demontagen der zur Fassadendemokratie verkommenden staatlichen Ordnung in Summe mittlerweile vermutlich sogar mehr Chancen als Risiken birgt. Es ist also Zeit für Optimismus. Wie jedes totalitäre System wird sich auch das derzeitige Regime von selbst abschaffen. Ob das nachfolgende System die Errichtung einer Weltdiktatur oder der Wiederaufbau einer demokratisch verfassten werte- und regelbasierten Kulturnation sein wird, werden die Bürger entscheiden, die sich aufgrund der zunehmenden Demontage der Regierung wieder ihrer wachsenden Bedeutung bewusst werden. Wie man mit erdrückender Tragik sieht, vermag es eine Regierung zwar schaffen, ein Land zu zerstören. Aber es ist das Volk, welches es wieder aufbauen wird – und zwar nach dessen Regeln, wie es den Gedanken der Demokratie entspricht. Die dunklen Kräfte schwinden und die jedenfalls gedankliche Transformation zum Guten ist bereits Mitten im Gange. Nunmehr braucht es nur noch Taten – und diese werden folgen.

---

17 Urteil vom 15. November 2023, Az. 2 BvF 1/22, https://www.bundesverfassungsgericht.de/SharedDocs/Pressemitteilungen/DE/2023/bvg23-101.html.

Prof. Dr. Dr. Alfred de Zayas

«Es braucht eine tragfähige Lösung für Israelis und Palästinenser» – Frieden gibt es nur auf der Grundlage des Völkerrechts

Interview mit Prof. Dr. iur. et phil. Alfred de Zayas, Völkerrechtler und ehemaliger Uno-Mandatsträger

Das Interview führte Thomas Kaiser

Wie ist der Angriff der Palästinenser auf Israel aus völkerrechtlicher Sicht zu beurteilen?

Prof. Dr. Alfred de Zayas Zunächst muss man ganz klar sagen, dass jedes Opfer dieses Krieges eines zu viel ist und zu bedauern ist – jedes Leben, das geopfert worden ist, jede Verletzung und Verstümmelung – sowohl die erlittenen Verluste bei den Israelis als auch bei den Palästinensern: Touristen, Kinder, Greise. Es gibt eine Priorität: Die USA müssen alles tun, um einen Waffenstillstand zu vermitteln und um einen gerechten Frieden zu ermöglichen.

Das gezielte Töten von Zivilisten ist ein Kriegsverbrechen, ein terroristischer Akt, und durch nichts zu rechtfertigen, auch dann nicht, wenn die Gegenseite auch so handeln würde.

Grundsätzlich haben wir einen schon lang andauernden, ungelösten Konflikt: den Kampf der Palästinenser für ihre Selbstbestimmung und für ihre Befreiung von unmenschlichen Lebensbedingungen und Unterdrückung. Dieser Konflikt währt schon mehr als ein halbes Jahrhundert. Die Palästinenser – und das ist unabhängig von der Hamas – wollen einen eigenen Staat in garantierten Grenzen. Wäre die Hamas nur gegen das israelische Militär vorgegangen, könnte man das als Kampf gegen Unterdrückung legitimieren. Das wäre im Einklang mit der Uno-Charta. Aber das gezielte Töten von Zivilisten ist ein Kriegsverbrechen, ein terroristischer Akt, und durch nichts zu rechtfertigen, auch dann nicht, wenn die Gegenseite auch so handeln würde. Dass es in einem Krieg immer auch Unschuldige trifft, ist kaum zu verhindern. Deshalb ist ein Krieg im Grunde genommen nicht zu führen, und Konflikte muss man immer mit friedlichen Mitteln lösen. Wenn aber klar ist, dass mehrere Hunderte oder gar Tausende von Zivilisten auf beiden Seiten aufgrund der Kriegsführung zu Tode kommen, ist das ebenfalls scharf zu verurteilen. Die Hauptaufgabe der Uno ist es, eben solche Konflikte zu vermeiden und dafür zu sorgen, dass feste Vereinbarungen wie zum Beispiel die Osloer Abkommen eingehalten werden.[1] Das Nichteinhalten von Vereinbarungen wie diejenigen von Oslo I und II oder Minsk führt unweigerlich zu Gewalt.

Das gezielte Töten von Zivilisten ist ein Kriegsverbrechen, ein terroristischer Akt, und durch nichts zu rechtfertigen, auch dann nicht, wenn die Gegenseite auch so handeln würde.

Wie wurde das Selbstbestimmungsrecht für die Palästinenser völkerrechtlich legitimiert?

In etlichen Resolutionen des Sicherheitsrats, der Generalversammlung und des Menschenrechtsrats ist das Selbstbestimmungsrecht der Palästinenser bestätigt worden. Auch ein Gutachten des Internationalen Gerichtshofs vom 9. Juli 2004,[2] das die Völkerrechtsverletzungen des israelischen Staats gegenüber den Palästinensern dokumentiert und das Selbstbestimmungsrecht bekräftigt, ist von Israel in keinem einzigen Punkt umgesetzt worden. Die Rechte der Palästinenser stehen nur auf dem Papier, denn die Palästinenser sind sehr weit von einem eigenen Staat entfernt, sehr weit von der Realisierung ihres Selbstbestimmungsrechtes.

Die Rechte der Palästinenser stehen nur auf dem Papier, denn die Palästinenser sind sehr weit von einem eigenen Staat entfernt, sehr weit von der Realisierung ihres Selbstbestimmungsrechtes.

Warum ist man hier noch nicht weiter?

Hier geht es um ein totales Versagen der Welt bzw. der Uno, präventive Massnahmen im Sinne der Uno-Charta rechtzeitig zu ergreifen. Resolutionen, die nicht eingehalten werden, zerstören die Hoffnung der Menschen und die Glaubwürdigkeit der Organisation. Hunderte Resolutionen sind ohne Folgen geblieben. Zum Beispiel verabschiedete die Uno-Generalversammlung etliche Resolutionen wie 194 (III), 67/19, 75/22, 76/10, 77/25 über die friedliche Lösung der palästinensischen Probleme, die für jeden Staat Gültigkeit haben, die aber nicht verwirklicht wurden. Für eine friedliche Weltordnung bräuchte man auch die Umsetzung der Resolution 2625, die besagt:

Es geht um ein totales Versagen der Uno, präventive Massnahmen im Sinne der Uno-Charta rechtzeitig zu ergreifen. Resolutionen, die nicht eingehalten werden, zerstören die Hoffnung der Menschen und die Glaubwürdigkeit der Organisation.

> «Jeder Staat hat die Pflicht, jede Gewaltmassnahme zu unterlassen, welche die Völker […] ihres Rechts auf Selbstbestimmung, Freiheit und Unabhängigkeit beraubt. Bei ihren Massnahmen und ihrem Widerstand gegen solche Gewaltmassnahmen im Bemühen um die Ausübung ihres Selbstbestimmungsrechts sind diese Völker berechtigt, im Einklang mit den Zielen und Grundsätzen der Charta Unterstützung zu suchen und zu erhalten.»[3]

Auch in diesem Sinne stipuliert der Artikel 7 der Resolution 3314 der Generalversammlung, die Uno-Deklaration über die «Aggression»:[4]

> «Diese Definition, insbesondere ihr Artikel 3, kann in keiner Weise das sich aus der Charta herleitende Recht auf Selbstbestimmung, Freiheit und Unabhängigkeit von Völkern beeinträchtigen, die dieses Rechtes gewaltsam beraubt wurden und auf die in der Erklärung über Grundsätze des Völkerrechts betreffend freundschaftliche Beziehungen und Zusammenarbeit zwischen den Staaten im Einklang mit der Charta der Vereinten Nationen Bezug genommen wird, insbesondere nicht von Völkern unter kolonialen oder rassistischen Regimen oder anderen Formen der Fremdherrschaft; noch das Recht dieser Völker, im Einklang mit den Grundsätzen der Charta und in Übereinstimmung mit der genannten Erklärung für dieses Ziel zu kämpfen und Unterstützung zu suchen und zu erhalten.»

Palästinenser auf der Flucht im Gaza-Gebiet

Mit anderen Worten, es gibt ein von der Uno anerkanntes Recht auf Widerstand, ein Recht, für die Realisierung des Selbstbestimmungsrechtes zu kämpfen. Leider geht es hier um Tausende von unschuldigen Opfern, die auf beiden Seiten nicht hätten leiden oder sterben müssen. Wenn man das Agieren wie im Falle der Hamas als Terrorismus verurteilt, muss man sich bei der Gegenreaktion dennoch an die Regeln des Völkerrechts und des humanitären Völkerrechts halten, andernfalls gibt es Kriegsverbrechen auf beiden Seiten. Das Bombardieren von Spitälern, wie es bei den massiven Luftangriffen der israelischen Luftwaffe auf Gaza in Kauf genommen wird, ist gegen das humanitäre Völkerrecht. Die Zahl der medizinischen Einrichtungen, die hier betroffen sind, ist enorm: Tlaleng Mofokeng, die Uno-Sonderberichterstatterin für das Recht auf Gesundheit, sprach von 48 Einrichtungen, die in Gaza durch Bomben oder Raketen getroffen wurden.[5] Wenn man das Verhalten der Hamas als Terrorismus bezeichnet, wie soll man das Bombardieren der Zivilbevölkerung und medizinischer Einrichtungen in Gaza bezeichnen? Haben wir es nicht mit Staatsterrorismus zu tun, mit kollektiver Bestrafung jenseits von jedem rechtsstaatlichen Gefühl, jenseits von Barmherzigkeit und Menschlichkeit? Alle Uno-Stellen haben gegen den Angriff auf das Al-Ahli Hospital scharf protestiert.[6] Schrecklich, aber auch nicht das erste Mal. So war es auch während früherer Kriege gegen Gaza, etwa 2014.[7] Man muss einen modus vivendi suchen – in gutem Glauben und mit der Solidarität aller Staaten der Welt. Es braucht eine tragfähige Lösung für Israelis und Palästinenser. Man verschiebt diese seit Jahrzehnten.

Wenn man das Agieren wie im Falle der Hamas als Terrorismus verurteilt, muss man sich bei der Gegenreaktion dennoch an die Regeln des Völkerrechts und des humanitären Völkerrechts halten, andernfalls gibt es Kriegsverbrechen auf beiden Seiten. Das Bombardieren von Spitälern, wie es bei den massiven Luftangriffen der israelischen Luftwaffe auf Gaza in Kauf genommen wird, ist gegen das humanitäre Völkerrecht.

Was sagt die Uno-Charta zur Gewaltanwendung?

Artikel 2(4) der Uno-Charta verbietet die Anwendung von Gewalt (use of force), aber genauso verbietet sie Androhung von Gewalt und Provokation.

Art. 1 und 55 der Uno-Charta und Art. 1 des Pakts über bürgerliche und politische Rechte stipulieren das Recht auf Selbstbestimmung für alle Menschen. Artikel 1 IPBPR besagt:

(1) Alle Völker haben das Recht auf Selbstbestimmung. Kraft dieses Rechts entscheiden sie frei über ihren politischen Status und gestalten in Freiheit, ihre wirtschaftliche, soziale und kulturelle Entwicklung.

(2) Alle Völker können für ihre eigenen Zwecke frei über ihre natürlichen Reichtümer und Mittel verfügen, unbeschadet aller Verpflichtungen, die aus der internationalen wirtschaftlichen Zusammenarbeit auf der Grundlage des gegenseitigen Wohles sowie aus dem Völkerrecht erwachsen. In keinem Fall darf ein Volk seiner eigenen Existenzmittel beraubt werden.

(3) Die Vertragsstaaten, einschliesslich der Staaten, die für die Verwaltung von Gebieten ohne Selbstregierung und von Treuhandgebieten verantwortlich sind, haben entsprechend den Bestimmungen der Charta der Vereinten Nationen die Verwirklichung des Rechts auf Selbstbestimmung zu fördern und dieses Recht zu achten.

Massnahmen wie Blockaden, unilaterale Zwangsmassnahmen, das bewusste Aushungern einer Bevölkerung, kollektive Bestrafung, willkürliche Verhaftungen, unbegrenzte Inhaftierungen und so weiter. Das alles stellt illegale Gewaltanwendung dar.

Artikel 2(4) verbietet ausserdem jede Anwendung von Gewalt, die gegen die Prinzipien der Uno-Charta verstösst. Das heisst, auch Massnahmen wie Blockaden, unilaterale Zwangsmassnahmen – fälschlicherweise Sanktionen genannt, obwohl nur die Uno-Sanktionen so bezeichnet werden können – das bewusste Aushungern einer Bevölkerung, kollektive Bestrafung, willkürliche Verhaftungen, unbegrenzte Inhaftierungen[8] und so weiter. Das alles stellt illegale Gewaltanwendung dar.

Wird nicht ein Gutachten des Internationalen Gerichtshofs erwartet?

Ja, das dürfte, wenn es verfügbar ist, von Bedeutung sein. Es geht dabei um «Legal Consequences arising from the Policies and Practices of Israel in the Occupied Palestinian Territory, including East Jerusalem.»[9]

Auf Bitte der Uno-Generalversammlung untersucht der Internationale Gerichtshof zur Zeit die folgenden Fragen:

Part II (A) 1 – Israeli Settlements

Part II (A) 2 – Living Conditions of the Palestinian People

Part II (A) 3 – Palestinian Children and Women

Part II (A) 4 – Permanent Sovereignty over Natural and National Resources

Part II (A) 5 – Right to Self-Determination

Part II (A) 8 – Special Committee to Investigate Israeli Practices Affecting the Human Rights of the Palestinian People

Part II (A) 9 – United Nations Relief and Works Agency for Palestine in the Near East (UNRWA)

Das Gutachten des IGH wird entscheidend sein für eine friedliche Lösung des Konfliktes. Man soll auch die Berichte der Kommission des Menschenrechtsrates zur Frage der Apartheid in Israel/Palästina nicht ausser Acht lassen.[10] Präsident dieser Kommission ist die ehemalige Hochkommissarin für Menschenrechte, Navi Pillay.

Denken Sie, man hätte schon früher die Eskalation des Jahrzehnte andauernden Konflikts verhindern können?

Wenn die Resolutionen des Sicherheitsrates wie die Resolution 242 vom 22. November 1967[11] und die Hunderte von Resolutionen der Generalversammlung und des Menschenrechtsrates respektiert worden wären, hätten wir diese Tragödie nicht.

US-Präsident Jimmy Carter hat einen Anfang der Annäherung zwischen Israel und Palästina versucht. Präsident Bill Clinton hat auch die Oslo Agreements vermittelt.[12] Die Umsetzung des Friedensprogramms von Oslo hätte die Situation zumindest stabilisieren können. Aber ein radikaler israelischer Nationalist hat den israelischen Ministerpräsident Jitzhak Rabin ermordet, und jede israelische Regierung nach Rabin – ob Ariel Sharon, Benjamin Netanjahu oder Naftali Bennett – hat jede Möglichkeit der Annäherung torpediert. Und dies mit der Zustimmung Washingtons und unter Duldung der Europäischen Union.

Israel hat seit 2007 eine gegen das Völkerrecht verstossende und daher illegale Blockade gegen Gaza verhängt. Dies hat die Wirtschaft der Palästinenser lahmgelegt, verursachte eine humanitäre Krise, die die Welt aber nicht zur Kenntnis nehmen will. Gaza ist wie ein riesiges Gefängnis, in dem die Menschen an Hunger und medizinscher Unterversorgung leiden oder gar sterben.

Wenn die Resolutionen des Sicherheitsrates wie die Resolution 242 vom 22. November 1967[11] und die Hunderte von Resolutionen der Generalversammlung und des Menschenrechtsrates respektiert worden wären, hätten wir diese Tragödie nicht.

Es gibt verschiedene internationale Stimmen, die sagen, dass die Palästinenser bis heute keinen Staat hätten, sei der Ursprung dieses langen Konflikts. Kann man dieser These zustimmen?

Ja. Aber warum haben sie keinen Staat? Weil die Welt es toleriert hat, dass Israel das Territorium auf Kosten der Palästinenser immer weiter ausdehnte. Es genügt, die Karte Palästinas und Gazas anzusehen – 1947, 1967, 2023. Nachdem die Uno-Generalversammlung 1947 eine Teilung des Gebiets festgelegt hatte und der israelische Staat gegründet wurde, kam es zu einer weiteren Ausdehnung des Territoriums, die erst 1967 mit der Uno-Sicherheitsrats Resolution 242 gestoppt wurde. Aber Israel hat sich nicht daran gehalten, und 56 Jahre später ist Palästina noch immer durch Israel besetzt und der Landraub wird fortgesetzt.

Jede israelische Regierung nach Rabin – ob Ariel Sharon, Benjamin Netanjahu oder Naftali Bennett – hat jede Möglichkeit der Annäherung torpediert. Und dies mit der Zustimmung Washingtons und unter Duldung der Europäischen Union.

Man redet über eine sogenannte «Zwei-Staaten Lösung» – Israel und Palästina. Aber ist das nicht Augenwischerei? Ist ein palästinensischer Staat überhaupt unter den heutigen Bedingungen vorstellbar?

Es gibt vier Kategorien, für einen Staat als solcher zu funktionieren und anerkannt zu werden. Die Konvention von Montevideo[13] vom 26. Dezember 1933 nennt sie: Bevölkerung, Regierung, Territorium und die Fähigkeit, in Beziehung zu anderen Staaten zu treten. Alles ist vorhanden – ausser Territorium. Es wird keinen palästinensischen Staat geben, es sei denn, Israel gibt das besetzte Land zurück. Man hat das Motto «Land for Peace» oft bemüht, aber Israel scheint kein Interesse zu haben, Land an die Palästinenser zurückzugeben. Die USA genehmigen die laufende Enteignung von Land, und die Europäer klopfen hypokritische Parolen.[14] Mit dem jetzigen Territorium ist Palästina wirtschaftlich nicht lebensfähig.

Es wird keinen palästinensischen Staat geben, es sei denn, Israel gibt das besetzte Land zurück.

Was sagen andere international bekannt Größen zu einer Befriedung in Palästina/Israel?

Professor Richard Falk[15], selbst jüdischen Glaubens, hat viele Bücher geschrieben, und seine Position ist stets von der Ethik und Gerechtigkeit für alle geprägt.[16] Als Rapporteur war er mutig und deswegen wurde er systematisch diffamiert. Wie Noam Chomsky und Virginia Tilley will Falk eine dauerhafte Lösung für Israel, Palästina und die Welt. Aber Washington, Brüssel und Tel Aviv wollen dies offenbar nicht. Ähnlich argumentiert Professor Norman Finkelstein, Sohn von Holocaust Überlebenden, und Autor des Buches GAZA, (University of California Press, 2018).

Lässt sich – wie Netanjahu ankündigte – die Bombardierung des Gaza-Streifens völkerrechtlich rechtfertigen?

Netanjahus Argumente dienen der innenpolitischen Machtdemonstration und sind menschenverachtend und gegen das Völkerrecht. Man kann die kollektive Bestrafung eines Volkes niemals rechtfertigen, man kann die Vertreibung einer Million Palästinenser nicht beschönigen. Das humanitäre Völkerrecht bzw. die Haager und Genfer Konventionen stipulieren zwei Hauptnormen: the principle of distinction und the principle of proportionality, das heisst, das Verbot von Angriffen gegen die Zivilbevölkerung und das Gebot der Verhältnismässigkeit. Beide werden von Netanjahu bewusst verletzt. Hinzu kommt die Anwendung von verbotenen Waffen wie weisser Phosphor.

Man kann die kollektive Bestrafung eines Volkes niemals rechtfertigen, man kann die Vertreibung einer Million Palästinenser nicht beschönigen.

Es geht um ein Verbrechen gegen die Menschheit im Sinne des Nürnberger Urteils von 1946 und auch im Sinne des Artikels 7 des Statuts von Rom.[17]

Solche Fälle gab es immer wieder in der Geschichte…

Leider ja. In der Vergangenheit haben mächtige Armeen alle zu oft Gewaltorgien an Zivilbevölkerungen ausgeübt, die sie manchmal als Strafe oder «Rache» zu rechtfertigen suchten. Man denke zum Beispiel an den Aufstand der Juden im Warschauer Ghetto im Mai 1943. Der jüdische Widerstand gegen die Blockade und andere Verbrechen der Nazis war verständlich und zweifellos legitim. Die Zerstörung des Warschauer Ghettos durch die Nazis wurde zu Recht in Nürnberg als Verbrechen gegen die Menschheit verurteilt.

Weder Europa noch die USA können als Vermittler fungieren, denn sie sind vollkommen auf der israelischen Seite und tragen die Mitverantwortung für die massiven Menschenrechtsverletzungen Israels gegen die Palästinenser. Der Westen hat als moralische Instanz versagt.

Sehen Sie eine Lösung für den seit über einem halben Jahrhundert schwelenden Konflikt?

Ja, man muss die Uno-Resolutionen über Palästina umsetzen. Dies wollen aber die USA, Grossbritannien, die EU und Israel offensichtlich nicht, sonst gingen die Bemühungen in eine andere Richtung.

Vielleicht sollte sich die «Global Majority» in Lateinamerika, Afrika und Asien zu Wort melden und ein Ende der Feindseligkeiten und Frieden fordern bzw. Frieden vermitteln, damit das Blutvergiessen auf beiden Seiten ein Ende hat und nicht noch mehr Menschen sterben müssen. Es ist ein Skandal, dass die USA, das Vereinigte Königreich, Frankreich und Japan am 16. Oktober gegen die Resolution des Sicherheitsrates stimmten, die einen Waffenstillstand beschlossen hätte.[18]

Welcher Staat oder welche Staatengruppe könnte hier vermittelnd eingreifen?

Die Schweiz hat durch ihr Verhalten ihre Glaubwürdigkeit als Vermittler verloren. Sie hat sich weitestgehend mit den Interessen Washingtons und Brüssels identifiziert und ist lange nicht mehr ein «honest Broker». Man hat die Neutralität der Schweiz dem billigen Opportunismus geopfert – schändlich und dumm zugleich. Weder Europa noch die USA können als Vermittler fungieren, denn sie sind vollkommen auf der israelischen Seite und tragen die Mitverantwortung für die massiven Menschenrechtsverletzungen Israels gegen die Palästinenser. Der Westen hat als moralische Instanz versagt. Anstatt Israel zur Mässigung zu bewegen, hat man sein Vorgehen gegen die Palästinenser unterstützt oder schweigend hingenommen.

Als Vermittler würde ich einen Staat aus der Region vorschlagen, etwa Ägypten, Jordanien, die Vereinigten Arabischen Emirate, Tunesien, vielleicht sogar Algerien. Eventuell könnte ein nicht-beteiligter asiatischer Staat wie Indien oder China neue Ideen und Perspektiven einbringen.

Herr Professor de Zayas, vielen Dank für das Gespräch.

Das Interview ist erstmals erschienen in Zeitgeschehen im Fokus, Nr. 15 / 2023
https://zgif.ch/wp-content/uploads/2024/02/15-25102023-web.pdf
Wir bedanken uns für die Nachdruckerlaubnis!

[1] www.bpb.de/kurz-knapp/hintergrund-aktuell/275803/osloer-abkommen-als-meilensteine-im-nahost-friedensprozess/
[2] www.icj-cij.org/case/131
[3] www.un.org/depts/german/gv-early/ar2625.pdf
[4] www.un.org/depts/german/gv-early/ar3314_neu.pdf
[5] www.ohchr.org/en/press-releases/2023/10/un-expert-urges-immediate-ceasefire-and-humanitarian-access-gaza-health
[6] www.dailypioneer.com/2023/top-stories/un-strongly-condemns-attack-on-al-ahli-arab-hospital-in-gaza-that-killed-hundreds.html
www.theguardian.com/world/2023/oct/18/they-believed-it-was-safe-death-toll-rising-blast-gaza-hospital
www.msn.com/en-us/news/world/abbas-condemns-israel-for-hideous-war-massacre-after-gaza-hospital-attack/ar-AA1ipSUs
news.un.org/en/story/2023/10/1142472
www.gmanetwork.com/news/topstories/world/885512/who-several-countries-condemn-gaza-hospital-strike/story/
www.thenews.com.pk/print/1120319-world-leaders-condemn-israel-s-barbaric-attack-on-hospital-in-gaza
[7] www.amnesty.org/en/latest/news/2014/07/israelgaza-attacks-medical-facilities-and-civilians-add-war-crime-allegations/
[8] www.un.org/depts/german/gv-early/ar3314_neu.pdf
[9] www.icj-cij.org/case/186
[10] www.ohchr.org/en/hr-bodies/hrc/co-israel/index
[11] unscr.com/en/resolutions/242
[12] www.aljazeera.com/news/2023/9/13/what-were-oslo-accords-israel-palestinians
www.bbc.com/news/world-middle-east-66751704
[13] www.hlrn.org/img/documents/Montevideo_Convention.pdf
[14] www.theguardian.com/world/2023/oct/10/what-will-end-the-cycle-of-israel-palestine-violence
[15] richardfalk.org/author/richardfalk/
[16] daysofpalestine.ps/richard-falk-the-civilian-population-in-the-gaza-strip-was-and-still-a-victim-of-collective-punishment/
[17] Siehe auch UN Doc. E/CN.4/Sub2/1997/23 und die Erklärung über die Völkerrechtswidrigkeit der ethnischen Säuberungen, veröffentlicht auch in A. de Zayas, Heimatrecht ist Menschenrecht, Universitas, München 2001.
[18] news.un.org/en/story/2023/10/1142427

Nach dem Sturz von Assad: Menschen feiern den Einzug der neuen islamistischen Machthaber

Syrien:
Der Sturz von Assad und die Folgen

Dr. Florian Sander

Auszug aus einem Kommentar im August 2011: Wissen, was danach kommt

Im Anschluss an einen gewonnenen Krieg geht es erst richtig los: Verhandeln, Nation Building, Terrorismusbekämpfung, zerstrittene Rebellen wieder zusammenbringen. Was in Afghanistan und im Irak letztlich die wirkliche Herausforderung für die westlichen Kriegsparteien bildet, wird auch im Libyen der Post-Gaddafi-Ära noch einen gewaltigen Kraftakt erfordern. Gerade jedoch, weil die allgemeine Ratlosigkeit, das Chaos und die richtigen Konflikte zumeist erst dann einsetzen, wenn das betreffende Regime verschwunden ist, sollte man sich auch im Falle Syriens bereits jetzt genau überlegen, was denn an Alternativen zur Verfügung steht, bevor man alles tut, um ein Regime loszuwerden.

Im Falle Syriens ist die nicht erfolgende militärische Intervention des Westens wohl nicht einfach nur ein Resultat mangelnder Ressourcen aufgrund der Inanspruchnahme durch Afghanistan und Libyen sowie dem fehlenden Öl. Der Westen weiß sehr genau, was er bisher am Assad-Regime hatte. Es ist kein Geheimnis, dass etwa die christliche Minderheit in Syrien, die 10 % der syrischen Bevölkerung aus-

macht, sich mit der alawitischen Minderheit, aus der auch das Assad-Regime hervorgegangen ist, verbunden fühlt. So hat die Assad-Regierung über Jahre hinweg die islamistische Muslim-Bruderschaft bekämpft und die christliche Minderheit vor islamischen Extremisten geschützt. Mit einem Sturz des Regimes, der zur Folge haben könnte, dass die sunnitische Mehrheit die Macht erlangt, könnte eine Entwicklung eintreten, die nicht nur für syrische Christen zutiefst gefährlich werden könnte.

Nicht anders sieht es nämlich für die Alawiten selbst aus, die sich nach einem Machtverlust Assads in einem religiösen Konflikt mit den Sunniten wiederfinden könnten. Würde sich ein solcher Konflikt vertiefen, so hätte er das Potenzial, die gesamte Region zu destabilisieren und sich auszuweiten. Auch wenn Israel hierbei kurzfristig der lachende Dritte sein könnte, so kann dem Westen nicht daran gelegen sein, zusätzlich mit den anstehenden Problemen in Nordafrika auch noch mit einer solchen Unberechenbarkeit umgehen zu müssen. Es wäre gewiss nicht von Nachteil, dies einzukalkulieren, bevor man weiterhin von Konzeptlosigkeit bestimmte Forderungen in die Welt setzt, ohne sich im Geringsten Gedanken darüber zu machen, worin denn die Alternative zum – berechenbaren – Baschar al-Assad besteht.

Einige Ergänzungen im März 2025: Remigration und Asyl für Alawiten

Ahmed al-Scharaa (2025) – der neue mächtige Mann des islamistischen Regimes in Syrien

Nun, ca. 13 ½ Jahre später, ist es also so weit gekommen: Das Assad-Regime der Baath-Partei – ein säkulares, sozialistisches und im direkten regionalen Vergleich zum sunnitischen Steinzeit-Islamismus gesellschaftspolitisch progressives Regime – ist gestürzt. Die neuen Realitäten sind für alle, die schon damals genau hingeschaut haben, wenig überraschend; für die westlich-liberalen Naivlinge jedoch ernüchternd: Die alawitische Minderheit wird verfolgt, die neuen sunnitisch-islamistischen Machthaber tun wenig, um den Exzessen Einhalt zu gebieten bzw. treiben sie noch an. Ganze Familien, Männer, Frauen und Kinder, werden regelrecht abgeschlachtet; Assad kann sie nicht mehr beschützen und musste mit seiner Familie nach Russland fliehen.

Die Entwicklung unterscheidet sich kaum von anderen Dystopien des sogenannten „Arabischen Frühlings“: Autokratische, aber säkulare Regimes werden hinweggefegt, der naiv-liberale Westen feiert die vermeintlichen „Befreiungen“ und freut sich auf „Demokratisierung“, diese kommt jedoch nie. Stattdessen halten Islamisten Einzug, die nur im Falle Ägyptens und der dortigen Muslim-Brüder durch einen Militärputsch daran gehindert werden können, das Land in ein theokratisches Mittelalter zurück zu befördern. Ägypten ist dabei trotz Mubaraks Abtritt noch verhältnismäßig gut weggekommen; Syriens Assad hat sich immerhin noch über 13 Jahre halten können, fiel dann aber maßgeblich der Tatsache zum Opfer, dass die Beschützer nun woanders beschäftigt waren: Russland in der Ukraine, Iran im Konflikt mit Israel.

Die Folge ist ein neues Islamisten-Regime direkt vor der Nase Europas, dem es trotz gegenteiliger Bekundungen herzlich egal sein dürfte, was seine Fanatiker bei Christen und Alawiten anrichten. Neue Flüchtlingsströme sind vorprogrammiert. In der Rückschau betrachtet: In der Verkettung der letzten zwei Jahrzehnte eine Folge der westlichen, speziell US-amerikanischen und von den Israelis gewollten Destabilisierung der Region, eine Folge neokonservativer und naiv-liberaler Außen- und Kriegspolitik im Nahen Osten und, wie so häufig, unverantwortlicher Waffenlieferungen in Krisen- und Kriegsgebiete durch westliche Staaten, deren Rüstungsindustrien weiter Gewinne machen.

Und zugleich: Ein neuer Auftrag für die Gesellschaften Europas. Eines ist nun umso klarer geworden: Der Remigration syrischer Sunniten kann nun nichts mehr

Islamisten machen gezielt Jagd auf Angehörige der alawitischen Minderheit.

entgegenstehen, denn die neue Macht der entsprechenden gesellschaftlichen Mehrheit sitzt dort nun fest im Sattel. Für sunnitische Muslime ist Syrien nun ohne Zweifel „sicherer Drittstaat“; der Asylgrund ist damit erloschen. Im Gegenzug wäre es eine gerechte Lösung, den nun Schutz suchenden syrischen Alawiten im Rahmen einer auf den Schultern aller EU-Staaten ruhenden Asylpolitik Aufnahme zu gewähren. Denn: Diese sind nun in Syrien tatsächlich verfolgt; ein legitimer Asylgrund ist in ihrem Falle gegeben.

Was 2015 noch eine linksliberale Lebenslüge war („syrische Ärzte“ und ähnlich qualifizierte Fachkräfte-Zuwanderung), dürfte jetzt eher Realität werden können, denn die vor den Islamisten flüchtenden, eher progressiv gesinnten Alawiten, die über Jahrzehnte hinweg die gesellschaftliche Elite Syriens gestellt haben, setzen sich wohl tatsächlich mit höherer Wahrscheinlichkeit aus potenziell qualifizierten Migranten zusammen. Es wäre daher durchaus auch innerhalb der politischen Rechten zu diskutieren, ob ein solcher Remigrations-Migrations-Kompromiss nicht eine trag- und anschlussfähige Lösung wäre, die den eigentlichen Verfolgten helfen, mit der aber auch Deutschland, mit der Europa ein „gutes Geschäft“ machen würde – gesellschaftlich, außen- und innenpolitisch sowie wirtschaftlich.

Selbstbestimmung für Südtirol – Los von Rom!
Interview mit Dr. Eva Klotz

Dr. Martin Grosch, Autor des Buches **„Sezessionen. Das erbitterte Ringen um Unabhängigkeit“**, führte ein Interview mit Eva Klotz, eine der zentralen – sowohl im historischen wie im aktuellen politischen Sinne zu verstehenden – Protagonistinnen der Süd-Tiroler Freiheit.

Dr. Martin Grosch. Autor des Buches „Sezessionen. Das erbitterte Ringen um Unabhängigkeit“.

Wie beurteilen Sie die aktuelle Lage Südtirols im Hinblick auf Autonomie bzw. Unabhängigkeit der dort lebenden Deutschen?

Um es gleich direkt zu sagen, für die Südtiroler geht es nicht um Autonomie, sondern um die Selbstbestimmung. Rechtlich gesehen ist in unserem Fall alles gegeben, was den Anspruch auf eine Selbstbestimmung ausmacht. Als Ziel sehe ich ganz persönlich die Wiedervereinigung Tirols. Es handelt sich um ein Gebiet eines Volkes mit eigener Kultur und Sprache. Schließlich wurde der Süden ja durch einen ungerechten Geheimvertrag völkerrechtswidrig vom Mutterland Österreich und unseren Brüdern und Schwestern im Norden abgetrennt, ohne dass das Volk darüber hätte abstimmen können.

Das, was heute als Autonomie für Südtirol bezeichnet wird, ist lediglich ein Akt der Dezentralisierung. Der Staat mischt sich dennoch in alles ein. Selbst Kleinigkeiten wie die Anzahl der Betten in Hotels werden vom Staat beschlossen. Deswegen spreche ich hier auch vom »Killerschwert« der Autonomie, da sich diese nach Artikel 4 des Autonomiestatuts an sogenannten »nationalen Interessen« Italiens - übrigens ein sehr dehnbarer Begriff – halten muss. Es gibt zwar eine primäre Gesetzgebung

Dr. Eva Klotz (geb.
Gründerin der Süd-Tiroler Freiheit.
Langjährige Landtagsabgeordnete.
Tochter von Freiheitskämpfer Georg Klotz.

Kaum eine Politikerin ist über die Landesgrenzen hinaus so bekannt wie Dr. Eva Klotz. Sie war Mitbegründerin der Süd-Tiroler Freiheit und ist im Hauptausschuss der Bewegung aktiv.

Eva Klotz ist in Passeier geboren und aufgewachsen. In Innsbruck studierte sie Geschichte, Volkskunde und Philosophie. Eva Klotz arbeitete als Lehrerin und schaffte 1980 die Wahl in den Bozner Gemeinderat. 31 Jahre lang, von 1983 bis 2014, war sie Mitglied des Süd-Tiroler Landtages – so lange wie keine zweite Politikerin in Süd-Tirol!

Eva Klotz' Freundlichkeit, Ehrlichkeit und Gradlinigkeit brachten ihr nicht nur die Wertschätzung aus den eigenen Reihen, sondern auch aus den Reihen ihrer politischen Gegner. Sie wurde so zu einer Gallionsfigur für den Kampf für das Recht auf Selbstbestimmung.

Eva Klotz war auf verschiedenen Listen Kandidatin bei Europa-, Parlaments- und Gemeinderatswahlen. Sie hat in unzähligen Rundfunk- und Fernsehauftritten den Anspruch der Süd-Tiroler auf Selbstbestimmung vertreten und beworben. Eva Klotz wirkte an vielen internationalen Kongressen mit, war mehrmals Wahlbeobachterin im Ausland und hat an zahlreichen Treffen und Veranstaltungen der Freiheitsbewegungen in ganz Europa teilgenommen. Dafür wurde ihr von der „Europäischen Freien Allianz" (EFA) die Ehrenmitgliedschaft verliehen.

Bis heute ist Eva Klotz Ansprechpartnerin für politische Parteien und Bewegungen in Sachen Selbstbestimmung. In zahlreichen Publikationen sind ihre Beiträge zu Süd-Tirol-politischen Themen erschienen.

2002 hat Eva Klotz die Lebensgeschichte ihres Vaters geschrieben: „Georg Klotz: Freiheitskämpfer für die Einheit Tirols. Eine Biografie". Mit „Rosa Pöll: Die Frau des Freiheitskämpfers. Eine Biografie" folgte im Jahr 2022 die Lebensgeschichte ihrer Mutter. Beide Bücher sind im Webshop der Süd-Tiroler Freiheit erhältlich.

Landeshauptmann Kompatscher ist hinsichtlich seiner Haltung zu wesentlichen ethnischen Fragen ein ausgesprochener Schwachmatiker. Er biedert sich bei den Italienern an und versagt in der Volkstumspolitik.

in Südtirol, aber auch hier kann der italienische Staat intervenieren. D. h., Südtirol muss alles in Rom beantragen, seien es Fragen, welche die deutschen Schulen betreffen oder anderes. Rom mischt sich in alles ein. Infolge ständiger Regierungswechsel in Italien kommen Leute an die Macht, die keinerlei Bezug zum Subsidiaritätsprinzip und zum Föderalismus haben. Eine echte Autonomie umfasst Aspekte wie die Steuerhoheit, die Polizeihoheit oder die Verwaltungshoheit, aber faktisch muss bei jeder Kleinigkeit in Rom nachgefragt und von dort alles abgesegnet werden. Das gilt auch für Fragen der Einwanderung nach Südtirol. Unsere ethnischen Anliegen bleiben dabei auf der Strecke. Der heutigen Führungsspitze der Südtiroler Volkspartei (SVP) geht es vor allem darum, wiedergewählt zu werden und die Mehrheit zu halten. Landeshauptmann Kompatscher ist hinsichtlich seiner Haltung zu wesentlichen ethnischen Fragen ein ausgesprochener Schwachmatiker. Er biedert sich bei den Italienern an und versagt in der Volkstumspolitik.

Ist Ihrer Ansicht nach der Autonomiestatus Südtirols durch das 1972 abgeschlossene sogenannte »Südtirol-Paket« angemessen umgesetzt?

Es hätte bereits 1974 voll erfüllt sein müssen. Nehmen wir hier als Beispiel den Proporz, d. h., dass Stellen im öffentlichen Dienst entsprechend dem Anteil der jeweiligen Volksgruppen zu vergeben sind. Das italienische Schulamt hat noch einen Tag, bevor das Proporzprinzip in Kraft getreten ist, eine große Zahl Italiener entgegen den ethnischen Mehrheitsverhältnissen eingestellt. In 50 Prozent der Autonomiezuständigkeit hat seitdem der italienische Staat eingegriffen.

Dr. Alfons Benedikter – der eigentliche Vater des Autonomiestatuts (1918 - 2010)

Alfons Benedikter, für mich der eigentliche Vater des Autonomiestatuts, war ein weitsichtiger Kopf und unnachgiebiger Verhandler. Er wusste genau, worauf es ankam. Vor ihm hatte Rom einen derartigen Respekt, dass es immer wieder hieß, bitte nicht wieder Benedikter. Eine der Säulen des Autonomiestatuts ist für uns der Gebrauch der deutschen Sprache. Als Süd-Tiroler Freiheit haben wir ein Faltblatt gestaltet, das auf das Recht des Gebrauchs der deutschen Sprache im Alltag verweist. Nicht zuletzt heißt es im Autonomiestatut, dass auf Verlangen der Bürger die staatlichen Einrichtungen deren Muttersprache gebrauchen müssen. Mir ist es z. B. persönlich dreimal passiert, dass mich eine Polizeistreife angehalten hat und mir das verbriefte Recht auf Gebrauch meiner deutschen Muttersprache verweigert wurde. So hapert es an der Umsetzung im Alltag bis heute, obwohl die deutsche Sprache in Südtirol der italienischen gleichgestellt ist. Auch seitens Südtiroler Parteien, so z. B. durch die Grünen, die gemischtsprachige Schulen fordern, gibt es Angriffe gegen das Südtirol-Paket, um es weichzuspülen.

Wir Südtiroler sind aber nicht nur eine Sprachengruppe, sondern vielmehr – gemäß Artikel 1 des UN-Völkerrechtspaktes von 1966 – eine eigene Volksgruppe.

Ich wurde zwischen 1983 bis 2014 insgesamt sieben Mal in den Südtiroler Landtag gewählt und habe mit meinen Freunden von der Süd-Tiroler Freiheit dafür gesorgt, dass das Feuer erhalten blieb, dass unsere Anliegen in der Diskussion bleiben, zumal viele Medien, insbesondere der Staatsfunk, unsere Interessen untergebuttert haben. Ich gehe davon aus, dass die Personen, die noch ein Tiroler Bewusstsein haben, innerhalb der medialen Landschaft leider in der Minderheit sind.

Der im Paket vereinbarte Proporz ist bis heute nicht umgesetzt. Gerade in den hohen übergeordneten staatlichen Institutionen bei Gericht und der Polizei hapert es hier noch deutlich. Das ethnische Verhältnis zwischen Deutschen und Italienern beträgt dort bis heute 50 zu 30 Prozent. Wir haben zwar formal das Recht, überall im Umgang mit den Behörden unsere Sprache zu gebrauchen, aber im internen Behördengebrauch dominiert das Italienische, sodass es – entgegen dem Proporzprinzip – die Verwaltungssprache darstellt. Um in den öffentlichen Dienst aufgenommen zu werden, ist zudem eine Zweisprachigkeitsprüfung erforderlich. Bei Bewerbern für den öffentlichen Dienst handelt es sich jedoch oft um echte Italiener, die über die sogenannte »deutschen Liste«, also die Posten, die für Deutsche reserviert sind, ihre Stellen bekommen und als »Deutsche« bei den Zweisprachigkeitsprüfungen antreten. Bei Volkszählungen haben sie sich als Deutsche erklärt, um so mittels des Proporzes der deutschen Liste die begehrten Plätze zu erhalten, zumal man wählen kann, in welcher Sprache man die Prüfung absolvieren möchte.

Wir Südtiroler sind aber nicht nur eine Sprachengruppe, sondern vielmehr – gemäß Artikel 1 des UN-Völkerrechtspaktes von 1966 – eine eigene Volksgruppe. Das verdeutlichen – historisch betrachtet – die Willenserklärung aller Südtiroler Bürgermeister aus dem Jahr 1919 und die 1945 durchgeführte große Unterschriftenaktion, die den Willen einer Wiedervereinigung mit Nordtirol und einer Rückkehr nach Österreich deutlich zum Ausdruck brachten. Auch die Ladiner haben sich dafür ausgesprochen.

Ein weiteres Problem in diesem Zusammenhang ist auch, dass in unseren Schulen das Fach Geschichte ziemlich untergeht. Insbesondere die Geschichte Südtirols geht kaum über den Zweiten Weltkrieg hinaus.

Mitglieder der Landesjugendleitung 2022 der Süd-Tiroler Freiheit.

Würden Sie mir die zentralen politischen Ziele der »Süd-Tiroler Freiheit« (STF) darstellen und erläutern, wie Sie diese umsetzen bzw. verwirklichen möchten? Wie schätzen Sie diesbezüglich die Rolle der »Südtiroler Volkspartei« (SVP) als quasi staatstragende »Volkspartei« ein?

Erstes Ziel ist die Ausübung des Selbstbestimmungsrechts. Dabei gibt es drei Möglichkeiten: Erstens ob es innerhalb Italiens verbleibt, zweitens ob es mit Nordtirol wiedervereinigt wird und somit an Österreich zurückkehrt oder drittens als eigener souveräner Staat in Europa analog zum Referendum der Katalanen.

Erstes Ziel ist die Ausübung des Selbstbestimmungsrechts. Dabei gibt es drei Möglichkeiten: Erstens ob es innerhalb Italiens verbleibt, zweitens ob es mit Nordtirol wiedervereinigt wird und somit an Österreich zurückkehrt oder drittens als eigener souveräner Staat in Europa analog zum Referendum der Katalanen.

Daraus wird abgeleitet, dass wir als Volksgruppe bzw. Volk überleben, bis sich die Möglichkeit für ein Selbstbestimmungsrecht auftut. Das bedeutet eine Stärkung des kulturellen, historischen Bewusstseins. Grundlage dafür ist der Erhalt der deutschen Sprache. Ich gehe davon aus, dass Italien jährlich Umfragen durchführt, um festzustellen, wie die politische Einstellung der Südtiroler ist. Es hat sich das bisher schon so viel kosten lassen, Südtirol im Staatsverband zu halten, dass es auch jetzt sicher keinerlei finanziellen Aufwand scheuen wird, mit Südtirol diesen aus seiner Sicht weißen Fleck zu tilgen. Italien ist bewusst, dass, solange die deutsche Kultur vorherrscht, es eine Abstimmung in Südtirol verlieren wird. Sobald Italien darüber eine gewisse Sicherheit erlangt, dass die Sprachverwendung sich in seinem Sinne entwickeln sollte, würde es eine Abstimmung über den Status von Südtirol einleiten in der Hoffnung, dass diese in seinem Sinne ausfallen wird. Es dürfte dann wesentlich schwieriger sein, eine Mehrheit für eine Südtiroler Unabhängigkeit zu erlangen.

Hinweisen möchte ich an dieser Stelle auf den 1974 gegründeten Südtiroler Heimatbund, eine Vereinigung ehemaliger Südtiroler politischer Häftlinge. Letztere hatten ihre bürgerlichen Rechte verloren, sie durften weder das aktive noch das passive Wahlrecht ausüben, ihre Häuser waren z. T. mit hohen Hypotheken belastet und sie waren mehr oder weniger aus der politischen Gemeinschaft ausgeschlossen. Der Heimatbund unterstützte die politischen Häftlinge in finanzieller Form und legte sein Hauptaugenmerk auf die Selbstbestimmung der Südtiroler, was aber erst ab 1977 in deutlicher Form ausgesprochen werden konnte. Für Italien galt eine solche Haltung als ein »Anschlag auf die Einheit des Staates«.

Unsere bzw. meine Haltung zur »Südtiroler Volkspartei« lässt sich mit der Bezeichnung »Südtiroler Verzichtspartei« auf den Punkt bringen.

Die Anschläge des Befreiungsausschusses Südtirol (B.A.S.) erreichten in der Nacht auf den 12. Juni 1961 ihren Höhepunkt. Allein in dieser Nacht wurden 37 Strommasten gesprengt, um die Weltöffentlichkeit auf die Unterdrückung der deutschen Volksgruppe in Südtirol aufmerksam zu machen.

Wie beurteilen Sie rückblickend die Aktionen Ihres Vaters Georg Klotz bzw. des Befreiungsausschusses Südtirol (BAS) – dessen Mitglieder Sie ja als Freiheitskämpfer bezeichnen - in den 60er-Jahren? Haben sie sich Ihrer Ansicht nach gelohnt und waren sie in dieser Form gerechtfertigt?

Familienvater, Schützenmajor, Freiheitskämpfer, Staatsfeind: Am 24. Januar 1976, starb Georg Klotz im Nord-Tiroler Exil. Klotz war einer der wichtigsten Akteure des Freiheitskampfes der 1960er-Jahre.

Seine Handlungen waren notwendig und gerechtfertigt, vor allem da sie sich niemals gegen Menschen, sondern nur gegen Objekte bzw. Symbole des Staates richteten. »Wenn wir jetzt nicht lauter werden, hört uns die Welt nicht mehr«, war das Motto der Pusterer Buben, die ihre Handlungen nicht aus Abenteuerlust oder anderen dubiosen Motiven vollzogen, schließlich besaßen sie alle Familie mit vielen kleinen Kindern. Mein Vater wurde im Herbst 1945 aus amerikanischer Kriegsgefangenschaft entlassen. Da waren die früheren Faschisten immer noch als Beamte auf ihren Posten tätig. Sie sind Faschisten geblieben, auch wenn sie sich über Nacht ein demokratisches Mäntelchen umgehängt hatten.

Die massivste italienische Zuwanderung erfolgte nicht, wie meist angenommen, während des Faschismus, sondern zwischen 1945 und 1961 (ab 1961 ging diese zurück). Ein wesentlicher Grund war, dass nach 1945 viele Betriebe und Unternehmen in Südtirol künstlich ins Leben gerufen wurden, die vorher schon geplant waren, denen sich gleichzeitig ein eigenes Wohnviertel für die zuziehenden Italiener anschloss. Die Deutschen besaßen zu dieser Zeit kaum Rechte/Chancen, auf öffentliche Posten zu kommen. Auch aus diesen Gründen wanderte beispielsweise ein Drittel der späteren Volksschulabsolventen aus meiner Klasse bzw. Schule nach Bayern, Baden-Württemberg oder in die Schweiz aus. Für Italien war so etwas natürlich damals ein Vorteil. Es wäre ja nur noch eine Frage der Zeit gewesen, wenn wir Südtiroler in der Minderheit gewesen wären. Rom hätte sich nicht mehr um unsere Autonomie kümmern müssen. All das waren wesentliche Motive für meinen Vater und seine Mitstreiter, den Befreiungsausschuss für Südtirol zu gründen.

Da Italien immer am längeren Hebel saß und alle Mittel und Tricks zur Verfügung hatte, die Südtiroler in ihren Rechten einzuschränken, war mein Vater daher der festen Überzeugung, dass es nicht nur einen großen Schlag wie die Feuernacht vom Juli 1961 brauchte, um die italienische Zuwanderung zu stoppen, sondern langfristige Maßnahmen und Aktionen. Ab September 1961 war die italienische Regierung schließlich dann auch zu Verhandlungen bereit, was vorher nie der Fall war. Italien hatte die Südtirolfrage immer als inneritalienische Angelegenheit betrachtet, die Österreich nichts angehe. So erließ es eine Einreisesperre für österreichische Minister und Landeshauptleute [Ministerpräsidenten].

Georg Klotz

Nach der Feuernacht, an der mein Vater selbst nicht beteiligt war, wurde er übrigens als Erster verhaftet und fünf Tage und Nächte ohne Essen und Trinken kreuzverhört. Er kannte nur zu gut die Methoden der Italiener, die vor Psychoterror nicht zurückschreckten, und trat die Flucht an.

Insgesamt drei Mitglieder des Befreiungsausschusses Südtirol – und somit Mitstreiter meines Vaters – verstarben an den Folgen der Folter im Gefängnis.

Insgesamt drei Mitglieder des Befreiungsausschusses Südtirol – und somit Mitstreiter meines Vaters – verstarben an den Folgen der Folter im Gefängnis: der 28-jährige Franz Höfler, Sepp Kerschbaumer und Anton Gostner. Die angewandten Verhörmethoden waren zu 100 Prozent Folter, was ein Armutszeugnis für eine Kulturnation wie Italien war. Das Buch „Die Schändung der Menschenwürde in Südtirol" verdeutlicht diese Ereignisse eindrucksvoll anhand aus dem Gefängnis geschmuggelter Beschreibungen und Darstellungen der Gefangenen. Eine der schlimmsten Foltermethoden war dabei die sogenannte »Cassetta«.

Mich würde auch Ihre Einschätzung der italienischen Staatsgewalt bzw. deren Reaktion auf den Freiheitskampf der Südtiroler interessieren.

Es passiert leider immer noch mehrfach täglich, dass wir Südtiroler Schwierigkeiten mit unserer Sprache in unserer eigenen Heimat haben. Wir sind nach wie vor Demütigungen ohne Ende ausgesetzt. Wir fühlen uns nicht nur diskriminiert, wir sind es. Und das täglich.

Ein weiteres Beispiel im Umgang mit uns seitens des italienischen Staates: Im Rahmen der Sitzung der KSZE in Wien 1986 wurde ein Dokument von Dr. Eduard

Stoll verfasst, das von 17 Vertretern Südtirols – unter anderem auch von mir – unterzeichnet war. Eine siebenköpfige Abordnung dieser Gruppe war in Wien mit dem Transparent »Selbstbestimmung für Südtirol« dabei. Die Kernaussage des Dokuments war lediglich, dass die Forderung nach Selbstbestimmung ein Friedenselement darstelle. 1987 wurde daraufhin ein Haftbefehl gegen uns sieben Protestierende wegen Schädigung des Ansehens Italiens im Ausland erlassen. Meine Kollegen wurden teilweise verhaftet bzw. unter Hausarrest gestellt. Ultralinke italienische Gruppen haben daraufhin in Bozen vor dem Siegesdenkmal bzw. vor dem Gerichtsgebäude für uns demonstriert. Das war der letzte aggressive Versuch Italiens, die Selbstbestimmungsbewegung in Südtirol einzuschüchtern. Das ist aber nicht gelungen, weil auch italienische Medien Kritik an dem Vorgehen des Staates geübt und auf die KSZE-Schlussakte verwiesen haben.

Oder: Wir haben einmal ein Plakat mit der italienischen Fahne aufgehängt, kombiniert mit einem Besen als ein »Kehraus«-Symbol und dahinter die Fahne Südtirols. Die italienische Regierung sah darin eine Verunglimpfung staatlicher Symbole und somit als politischen Angriff, begriff aber nicht, dass »Kehraus« ein deutscher Faschingsbrauch ist, den wir auf diesem Plakat dargestellt haben. Die Italiener verstehen solche Bräuche leider nicht. Die Schwierigkeiten sind somit vor allem in der unterschiedlichen Mentalität der Südtiroler und der Italiener begründet.

Heute wendet die italienische Regierung allerdings nicht mehr die eben skizzierten drastischen Knüppelmethoden, sondern subtilere Mittel an, um Landesgesetze auszuhebeln und unsere Identität anzugreifen. So gibt es für Italien nach wie vor kein Rütteln an den während der Faschistenzeit umbenannten Ortsnamen.

Noch einmal zurück zur Gegenwart: Ordnen Sie doch bitte die aktuelle Politik der Regierung Meloni bzw. deren Maßnahmen gegenüber Südtirol ein. Gerne auch im Vergleich zur Epoche des Faschismus.

Der erste große Betrug bzw. die erste große Ungerechtigkeit war, Südtirol mit dem Trentino zusammenzulegen, sodass innerhalb dieser autonomen Region die Italiener eine Zweidrittel-Mehrheit bildeten. Auch nach dem Zweiten Weltkrieg war eine ethnische Säuberung in Südtirol angesagt, was für viele faschistische italienische Politiker nach wie vor das Ziel ist. Heute wendet die italienische Regierung allerdings nicht mehr die eben skizzierten drastischen Knüppelmethoden, sondern subtilere Mittel an, um Landesgesetze auszuhebeln und unsere Identität anzugreifen. So gibt es für Italien nach wie vor kein Rütteln an den während der Faschistenzeit umbenannten Ortsnamen. Hier setzt Italien auf einen Gewöhnungseffekt. Bis heute gibt es in Südtirol viele Faschisten. Meloni entsendet in wichtige Kommissionen italienische Ultranationalisten, die sich mit Fragen der Südtiroler Autonomie befassen. Kompatscher als Vorsitzendem der Provinzregierung fehlt bezüglich derartiger Fragen und Probleme jegliches Gespür. Er ist nicht nur zu schwach, sondern auch italophil bis in die Knochen, zudem auch noch ein Spezi von Matteo Renzi, dem ehemaligen Ministerpräsidenten Italiens. In solchen Momenten rächt es sich, dass wir Deutschen eben eher »Kumpeltypen« sind, statt konsequent eigene Interessen zu verfolgen. Ein aktuelles Beispiel: Erst gestern [12. April 2023] stellte die Süd-Tiroler Freiheit im Landtag den Antrag (Begehrensantrag), die faschistischen Dekrete aus den Jahren 1923, 1940 und 1942 bezüglich der Orts-, Flur- und Gewässernamen außer Kraft zu setzen. Leider stimmte die SVP dagegen. Selbst ein italienischer Gefängnisgeistlicher agierte hier nach dem Prinzip »Ich bin zuerst Italiener, dann Christ«.

Wie würden Sie die aktuellen Beziehungen Südtirols zu Deutschland und Österreich charakterisieren? Erfahren die Südtiroler Unterstützung durch Berlin und Wien (beispielsweise durch die FPÖ)?

Franz Josef Strauß hat zu seiner Zeit getan, was er konnte, wie Spendenaktionen oder das Kulturwerk für Südtirol. Zu mehr hatte Deutschland aber auch nicht das Recht.

Österreich hingegen war und ist die völkerrechtlich anerkannte und legitimierte Schutzmacht für Südtirol und hat diesbezüglich zwar auf finanzieller und bildungspolitischer Ebene (Universitäten) unheimlich viel getan, politisch aber versagt mit der Ausnahme von Bruno Kreisky, der sich als Außenminister von 1959 bis 1966 für unsere Anliegen besonders einsetzte.

Italien hat auf den verschiedensten Wegen, z. B. über die Botschafter, einen immensen Druck auf Österreich aufgebaut. So blockierte es auch über Jahre den EG-Beitritt Österreichs. Italien drängte auch darauf, 1992 vor der UNO den Streit um die Südtiroler Autonomie offiziell für beendet zu erklären. Der mehrfache Ministerpräsident Giulio Andreotti bestand darauf, dass es sich in der Südtirolfrage um eine inneritalienische Angelegenheit handele.

Ziel muss ein Europa der Regionen sein; Regionen, die durchaus auch unterschiedlich sein können. Dies kann aber nur auf Grundlage des Prinzips der Selbstbestimmung geschehen und nur auf freiwilliger und demokratischer Basis entschieden werden.

In Österreich bemühen wir uns seit jeher um Kontakte zu allen im Parlament vertretenen Parteien, weil Südtirol alle angeht. In letzter Zeit greift vor allem die FPÖ unsere Anliegen auf. Daher haben wir auch die Aktion für die zusätzliche österreichische Staatsbürgerschaft, die 2018 von der damaligen ÖVP-FPÖ-Regierung unter Bundeskanzler Kurz initiiert worden war, durch eine Unterschriftensammlung unterstützt. Insgesamt haben wir damals über 20 000 Unterschriften in Österreich gesammelt und dem österreichischen Parlament übergeben. Wir bzw. das Projekt standen auch kurz vor dem Erfolg, bis die Ibiza-Affäre um Christian Strache zum Ende der ÖVP-FPÖ-Koalition führte. Für uns war dies eine große Enttäuschung, ja ein rabenschwarzer Tag, als das Projekt scheiterte.

Wir wollen nicht nur kritisieren, sondern los von Rom.

In welcher Form und Intensität pflegen Sie und Ihre Partei Kontakte zu anderen Unabhängigkeits- und Freiheitsbewegungen in Europa?

Die Süd-Tiroler Freiheit (STF) ist Mitglied der Europäischen Freien Allianz, der u. a. auch die SNP, die Unabhängigkeitsbewegung der Korsen usw. angehören. Im Südtiroler Landtag verfügt die STF derzeit übrigens über zwei Abgeordnete.

Eine abschließende Frage mit Blick in die Zukunft: Wie schätzen Sie grundsätzlich die Chancen auf das Selbstbestimmungsrecht der Völker und die künftige Rolle und Bedeutung von Nationen bzw. Nationalstaaten ein?

Ich bin überzeugt, dass die Idee des Nationalstaats nicht überleben kann, allein schon aus wirtschaftlichen Gründen sind über kurz oder lang die Nationalstaaten nicht überlebensfähig. Vielmehr zeigen Föderalismus und das Subsidiaritätsprinzip (u. a. am Beispiel der Schweiz), wie es funktionieren kann.

Ziel muss ein Europa der Regionen sein; Regionen, die durchaus auch unterschiedlich sein können. Dies kann aber nur auf Grundlage des Prinzips der Selbstbestimmung geschehen und nur auf freiwilliger und demokratischer Basis entschieden werden.

Die Frage ist leider nur, ob wir als Südtiroler so lange warten können bzw. ob wir dann noch über genügend Substanz verfügen, wenn sich das Regionalprinzip in Europa etablieren sollte. Mit der SVP ist es allerdings sehr schwierig, solche Prozesse anzustoßen. Sie verfügt über eine Mehrheit aufgrund ihrer großen Lobby bei Wirtschaftsverbänden oder dem Bauernbund. Unseren Leuten, also den Mitgliedern und Anhängern der STF, drohen hingegen manchmal Nachteile und deshalb haben sie verständlicherweise oft Angst, sich politisch zu exponieren. Opposition muss man sich leider leisten können.

Wir wollen nicht nur kritisieren, sondern los von Rom. Wir haben es nämlich hinsichtlich unserer Historie, unserer Kunst und Kultur nicht notwendig gehabt, auf Italien zu warten.

Die Vertreibung der Tscherkessen 1864, Gemälde von Pjotr Gruzinski 1871

Die Tscherkessen – sie lebten in einer Urheimat der Indogermanen

Einige Einblicke in die Heimat, Geschichte, Kultur und Wirkungsgeschichte der Tscherkessen

Ingo Bading

Wer sollte mehr Anteilnahme und Mitgefühl haben für das Schicksal der Tscherkessen als die Deutschen seit 1945. 15 Millionen Deutsche sind 1945 bis 1948 aus ihrer Heimat östlich der Oder und östlich des Bayerischen Waldes vertrieben worden, aus einem Drittel des Vorkriegsterritoriums des Deutschen Reiches. 90 Jahre zuvor war das zahlenmäßig viel kleinere, aber tapfere und stolze Bergvolk der Tscherkessen aus seiner Heimat im Nordwestkaukasus vertrieben worden.

An den Tscherkessen war 1864 im Kaukasus-Krieg unter anderem durch den unverhohlen bestialisch vorgehenden deutschbaltisch-russischen General Georg von Saß sowie durch andere russische Generäle Völkermord begangen worden. Die Tscherkessen sind damals aus ihrer Heimat vertrieben worden. Es handelt sich um einen Völkermord wie er ansonsten im aufgeklärten und humanen 19. Jahrhundert innerhalb von Europa ansonsten eher selten zu beobachten war. Er erinnert viel eher

Der deutschbaltisch-russischen General Georg von Saß stellt die Köpfe getöteter Tscherkessen aus.

an das Vorgehen der USA gegen die Indianerstämme Nordamerikas. Es war weder der erste noch der letzte Völkermord in der Weltgeschichte.

Die russischen Militärs waren damals der Meinung, daß die Tscherkessen, wenn sie in der großen Masse in ihrer Heimat bleiben würden, immer weiter Widerstand leisten würden gegen die russische Fremdherrschaft. Und das Beispiel des Brudervolkes der Tscherkessen, der Tschetschenen, zeigt, daß sich die russischen Militärs diesbezüglich vermutlich in keiner Weise geirrt haben. Diese Bergvölker des Kaukasus leben entweder im Kampf um die Freiheit ihrer Heimat oder sie leben nicht in ihrer Heimat. Was für ein knorriger, zäher Widerstand – noch am Beginn des 21. Jahrhunderts. Als die Tschetschenen erneut zwei blutige, grausame Freiheitskriege gegen Rußland führten (1995 bis 2009), eilten ihnen die Nachkommen jener Tscherkessen, die 1856 von den Russen in die Türkei vertriebenen worden waren, zu Hilfe. Das Schweizer Fernsehen berichtete am 25. Januar 1995:

Die Bergvölker des Kaukasus leben entweder im Kampf um die Freiheit ihrer Heimat oder sie leben nicht in ihrer Heimat.

> *Türkische Tscherkessen (Kaukasier) helfen den „Verwandten" in Tschetschenien aktiv im Kampf gegen die russischen Truppen in Grosny.*

Durch die neuesten Ergebnisse der Archäogenetik wird klar, daß letztlich alle Europäer genetisch auf Vorfahren zurückgeführt werden können, die um 4000 v. Ztr. in Tscherkessien lebten.

Die Menschen glichen um 4.000 v. Ztr. in Tscherkessien genetisch noch mehr den heutigen Georgiern auf der Südseite des Kaukasus. Denn die Bergvölker des nördlichen Kaukasus sind ab 2.400 v. Ztr. zumindest genetisch „indogermanisiert" worden. In sie haben sich 10 bis 20 % Steppengenetik eingemischt. Und diese Genetik hat sich bis heute bei den Bergvölkern des Nordkaukasus gehalten.

Das Tscherkessien der Zeit um 4.000 v. Ztr. war jedenfalls die Urheimat einer Herkunftsgruppe des Volkes der Späten Urindogermanen, dessen Nachkommen sich von 3.300 v. Ztr. ab nach und nach über ganz Europa ausgebreitet haben.

Das Tscherkessien der Zeit um 4.000 v. Ztr. war jedenfalls die Urheimat einer Herkunftsgruppe des Volkes der Späten Urindogermanen, dessen Nachkommen sich von 3.300 v. Ztr. ab nach und nach über ganz Europa ausgebreitet haben. Die Vorfahren dieser späten Urindogermanen vom Unteren Dnjepr stammten zu 20 % von am Dnjepr einheimischen Menschen der Dnjepr-Donez-Kultur. Außerdem stammten sie zu 40 bis 50 % ab von dem Volk der Frühen Urindogermanen an der Mittleren Wolga – und zum Dritten stammten sie zu 30 bis 40 % ab von den damaligen Menschen in Tscherkessien im Nordwestkaukasus. Aufgrund der Sprachkontinuität wird man vermutlich schon die Menschen der Zeit um 4.000 v. Ztr. in Tscherkessien „Tscherkessen" nennen dürfen. Denn ähnlich wie die Basken sprachlich ein „Urvolk" Europas sind, sind die Tscherkessen ein „Urvolk" des Kaukasus. Besser nennt man sie nach ihrer Eigenbezeichnung „Adygen".

Nicht nur in der Zeit ab 2.400 v. Ztr. kam Steppengenetik in den nördlichen Kaukasus, auch später noch kam eine solche dazu. Etwa mit dem indogermanischen Volksstamm der Alanen, einer Untergruppe der Sarmaten während der Eisenzeit. Humangenetiker hatten schon 2019 geäußert:

> *Irgendwann nach der Bronzezeit müssen die heutigen Völker des Nordkaukasus noch zusätzlichen Genzufluß von Steppenpopulationen erhalten haben, der sie nun von den Völkern südlich des Kaukasus unterscheidet, die im wesentlichen ihr bronzezeitliches genetisches Herkunftsprofil behalten haben.*

Ähnlich wie die Basken sprachlich ein „Urvolk" Europas sind, sind die Tscherkessen ein „Urvolk" des Kaukasus. Besser nennt man sie nach ihrer Eigenbezeichnung „Adygen".

Diese Annahme ist 2024 auch schon in einer weiteren archäogenetischen Studie bestätigt worden (EJHG2024).

Über Angehörige der nordkaukasischen Koban-Kultur (1300 bis 700 v. Ztr.) heißt es darin (EUSP2024):

> *Die Studie zeigte eine große genetische Nähe zwischen den Angehörigen der Koban-Kultur und denen der Kura-Araxes- und Maikop-Kulturen (kaukasische Bronzezeit) einerseits, sowie den Alanen (Eisenzeit) andererseits. Es wurde auch ein bedeutender genetischer Beitrag von Vertretern der Steppennomadenvölker, vor allem der europäischen Skythen, entdeckt.*
>
> *The study showed a close genetic link between the Kobans and the Kura-Araxes and Maikop cultures (Caucasian Bronze Age) on the one hand, and the Alanian culture (Iron Age) on the other. A significant genetic contribution of representatives of steppe nomadic peoples, primarily European Scythians, was also discovered.*

Durch diese zusätzliche Einmischung von Steppengenetik während der Eisenzeit sind die nordkaukasischen Völker den heutigen Europäern also genetisch ähnlicher geworden als sie es vor 2.400 v. Ztr. waren.

Es gibt gute Gründe für uns indogermanische Europäer, die Tscherkessen und Tschetschenen ferne Brüder zu nennen, auch wenn sie uns sprachlich und religiös ferner stehen.

Grund genug in jedem Fall, daß wir indogermanischen Europäer uns tatsächlich „Kaukasier" nennen können (womit die Göttinger Schule der Anthropologie Anfang des 19. Jahrhunderts begonnen hatte). Die Bezeichnung „Kaukasier" war in der Zwischenzeit längst als überholt und unwissenschaftlich abgetan worden. Und jetzt, im Jahr 2024 zeigt sich, daß es eine Berechtigung gibt, die Europäer „Kaukasier" zu nennen. Aber ebenso könnte man sie Wolga-Leute nennen oder Dnjepr-Leute. Auf jeden Fall gibt es gute Gründe für uns indogermanische Europäer, die Tscherkessen und Tschetschenen ferne Brüder zu nennen (Wiki), auch wenn sie uns sprachlich und religiös ferner stehen.

Aber es wird schon auch gesagt werden können, daß in uns indogermanischen Europäern das Blut von Freiheitskämpfern fließt – so wie in den stolzen Völkern der Tscherkessen und Tschetschenen.

Wer wird den Tscherkessen (den Adygen) und den Tschetschenen auch ihre Heimatliebe verdenken wollen, wenn er die berauschenden Landschaftsbilder ihrer Heimat sieht. Von dieser Herkunft her könnte auch verständlich werden, warum die indogermanischen Europäer nicht selten eine Sehnsucht nach dem Hochgebirge in sich tragen und warum sich auch in den Alpen wurzelstarke indogermanische Bergvölker angesiedelt haben: Schweizer, Tiroler, Steiermärker, Ladiner sowie zuvor auch zahlreiche keltische Stämme. Auch dieser Umstand gibt Mitteleuropäern Anlaß, mit Sympathie und Mitgefühl nach Tscherkessien und Tschetschenien zu blicken.

Tscherkessen und ihre Untergruppe, die Kabardiner, waren Jahrhunderte lang Pferde- und Schafszüchter. Welch stolze Bilder – ihre sommerlichen Hirtenlager vor dem Hintergrund des Elbrus. Es gilt aber zu beachten, daß es um 4.000 v. Ztr., als die Vorfahren der Indogermanen im Kaukasus lebten, noch keine domestizierten Pferde gab, bestenfalls Wildpferde, also Przewalski-Pferde. Diesen Wildpferden war aller-

Das Arkhyz-Tal in Karatschai-Tscherkessien

dings schon von den Frühen Urindogermanen mit ihren Pferdekopf-Zeptern eine sehr große Bedeutung zugesprochen worden.

Der Name der Tscherkessen ist bis in das 19. Jahrhundert hinein in ganz Europa und in der ganzen islamischen Welt mit Respekt und Bewunderung genannt worden. Bis Ende des 19. Jahrhunderts wußte jeder gebildete Mensch in Europa, wer Tscherkessen sind. Auch nach Völkermord und Vertreibung, die sie 1864 erlitten, wirkte dieser Ruf in der Kulturgeschichte nach. „Tscherkessen" waren noch 1880 ein beliebtes Motiv in der europäischen Kunst. Kaukasus- und Orientmaler der 1880er Jahre malten im Kaukasus „Tscherkessen", obwohl diese dort in großer Mehrheit längst vertrieben waren und die Künstler vor Ort Tschetschenen malten. Die jahrhundertelange sagenumwobene „Romantik" rund um die Tscherkessen wirkte nach.

Bis Ende des 19. Jahrhunderts wußte jeder gebildete Mensch in Europa, wer Tscherkessen sind. Auch nach Völkermord und Vertreibung, die sie 1864 erlitten, wirkte dieser Ruf in der Kulturgeschichte nach. „Tscherkessen" waren noch 1880 ein beliebtes Motiv in der europäischen Kunst.

Und noch als die deutschen Soldaten im Spätsommer 1942 in den Nordkaukasus kamen, waren sie beeindruckt von den hageren, hochgewachsenen Gestalten der Bergvölker, die von ihren Bergen herunter kamen, um sich die panzer- und LKW-fahrenden Ankömmlinge aus Mitteleuropa anzusehen bzw. sie als Befreier von der Sowjetherrschaft zu begrüßen.

Auf der Facebook-Seite „Circassian Culture and Folklore" kann man sich bezüglich dieses Jahrhunderte langen Kunstmotivs einen Eindruck verschaffen. Aber wie war das sehr „romantische" – und sicherlich oft auch sehr phantasievolle, unrealistische – Bild von den Tscherkessen und von ihrer Schönheit und „Erotik" entstanden?

Erst im 17. Jahrhundert sind die Tscherkessen islamisiert worden. Deshalb haben sich bei ihnen in den nachfolgenden Jahrhunderten noch viele vorislamische, heidnische Traditionen und Denkweisen erhalten. Es ist von einem „tscherkessischen Heidentum" (Wiki) die Rede und von einer damit verbundenen heidnischen tscherkessischen Tradition (Wiki), der „Adyge Chabse", der „adygischen Tradition" (Wiki). Gemäß der letzteren war schon Gesichtsverlust für sich genommen eine der schlimmsten Strafen im Volk. Weitere, äußere Strafen waren deshalb ursprünglich in diesem Volk gar nicht mehr in dem Umfang notwendig wie in anderen Völkern.

Die Ehre spielte eine große Rolle. Ebenso spielte eine große Rolle die Hochachtung vor den Frauen (Wiki):

> *In Gegenwart von Älteren und Frauen sind respektvolle Gespräche und ein respektvolles Verhalten unerläßlich. Frauen werden besonders respektiert, und Streitigkeiten werden in Gegenwart von Frauen beendet, um sie nicht zu stören. Eine Frau kann von streitenden Familien oder Personen verlangen, sich zu versöhnen, und diese müssen ihrer Aufforderung Folge leisten.*

Wie bei vielen Bergvölkern des Kaukasus bilden auch bei den Tscherkessen die „Narten-Sagen" (Wiki) einen Teil der überlieferten Tradition. Diese könnten von den indogermanischen Alanen und Sarmaten aus Asien mit in den Kaukasus gebracht

Tscherkessische heidnische und zugleich christliche Opferrituale in einem heiligen Hain, Natukhaia, Tscherkessien, 1818

worden sein. Damit in Zusammenhang wird auch die Vermutung gebracht, daß der germanische Gott Odin aus Asien nach Germanien gekommen sein könnte.

Worin sich die Völker des Kaukasus nördlich und südlich des Hauptkammes von den Volksstämmen der Alpen unterscheiden, ist sicherlich die viel größere Bedeutung der Pferdezucht und die Bedeutung des Reiterkriegers auch noch im 19. Jahrhundert während des Freiheitskampfes gegen die Russen. Dieser Unterschied mag darin begründet liegen, daß die gesellschaftliche Entwicklung im Kaukasus im 19. Jahrhundert noch deutlich mehr mittelalterliche Züge aufwies als die zeitgleiche gesellschaftliche Entwicklung in Mitteleuropa.

Bis heute spielen Pferde und Pferdezucht eine große Rolle im nördlichen und auch im südlichen Kaukasus. Daneben spielt traditionell die Schafszucht eine große Rolle, außerdem im Waldkaukasus mit seinen Schwarzerde-Böden auch der Ackerbau.

Reiseberichte über die heidnischen Traditionen bei den Tscherkessen sind, soweit wir das übersehen, bislang nur auf Französisch erschienen (Fb) :

Ein Tscherkesse hält sein Pferd am Zaum – Gemälde von Eugene Delacroix aus dem Jahr 1858

Der französische Aristokrat und Reisende (Jacques Victor) Edouard Taitbout de Marigny (1793-1853) besuchte 1818 die Küste Tscherkessiens und veröffentlichte 1821 in Brüssel einen Reisebericht. Durch ihn erhalten wir unschätzbare Einblicke in das Tscherkessien vor zwei Jahrhunderten.

Seit dem Spätmittelalter waren innerhalb des nördlichen Kaukasus unterschiedliche Gesellschaftsformen ausgebildet worden.

Die Kabardiner im Osten hatten ein aristokratisches Staatswesen ausgebildet (Wiki):

Stämme im südwestlichen Hochgebirge – Ubychen, Abadzechen, Natkhuajer und Schapsugen – hatten diese soziale Staffelung nicht und wurden in russischen Quellen auch als „freie Tscherkessen" oder „demokratische Tscherkessen" bezeichnet, im Gegensatz zu den „aristokratischen Tscherkessen".

Wenn man zurückblickt auf die anzunehmende starke soziale Schichtung innerhalb der Maikop-Kultur und ihres womöglich sehr großräumig ausgebildeten Staatswesens, muten die Gesellschaftsformen, die im Nordkaukasus seit dem Spätmittelalter ausgebildet auftreten, als Rückentwicklung an.

Wenn man zurückblickt auf die anzunehmende starke soziale Schichtung innerhalb der Maikop-Kultur und ihres womöglich sehr großräumig ausgebildeten Staatswesens, muten die Gesellschaftsformen, die im Nordkaukasus seit dem Spätmittelalter ausgebildet auftreten, als Rückentwicklung an. Sie könnten am ehesten mit demokratischen Gemeinschaftsformen verglichen werden, wie sie in der Wikingerzeit in Island ausgebildet waren.

Das aristokratische Tscherkessien hatte sich bei den Kabardinern im 15. Jahrhundert in Abwehr der Eroberungsbestrebungen des Krimkhanats herausgebildet.

Der tscherkessische Fürst Temrjuk der Große (gest. um 1571) spielte bei der Ausbildung des aristokratischen Tscherkessien eine große Rolle (Wiki):

Die Kabarda wurde ein entwickeltes Staatswesen und beherrschte politisch, wirtschaftlich und kulturell Teile Nordkaukasiens. Gegen den Druck des Krimkhanats suchte Temrjuk Bündnisse zum Zarentum Rußland, das sich seit Iwan IV. dem Schrecklichen nach der Eroberung der Khanate von Kasan und Astrachan als neue Macht im Vorland des Kaukasus etablierte. Seine Tochter Maria Temrjukowna (tscherkessischer Name eigentlich Kutschenej) war eine der Ehefrauen Iwans IV. und mehrere von Temrjuks Söhnen stellten sich mit ihrem Anhang in die Dienste Rußlands und begründeten das russische Fürstenhaus Tscherkasski, dem sich bis ins 19. Jahrhundert weitere Nachkommen der Fürsten der Kabarda anschlossen. Während die Tscherkasski und Bekowitsch-Tscherkasski zu den Fürstenfamilien, damit zum Hochadel Rußlands gehörten, existieren auch im niederen Adel des Fürstentums Moldau und seit 1562 auch im zahlreichen polnischen Adel einzelne Familien mit tscherkessischen Ursprüngen. Obwohl sich (heutige) tscherkessische Verbände gern auf sie berufen, existieren heute praktisch keine Verbindungen nach Tscherkessien, wie schon bei einigen historischen Persönlichkeiten zu deren Lebzeiten, z. B. die tscherkessische Fürstentochter und Gesellschaftsdame Charlotte Aïssé, die als Kleinkind verkauft wurde, oder Carlo de' Medici (1430-1492), unehelicher Sohn Cosimo de' Medicis und einer tscherkessischen Sklavin.

Der hier erwähnte Handel mit tscherkessischen Sklaven innerhalb des Osmanischen Reiches, durch den bis ins 20. Jahrhundert hinein Tscherkessinnen als besonders schöne Frauen sowohl in den Harem des Sultans von Konstantinopel als auch beispielsweise in das Bürgertum Ägyptens (5) gelangten, ja, in wenigen Ausnahmen sogar bis nach Italien, Frankreich und Deutschland hinein, war zu nicht geringen Teilen getragen von dem Ruf von der „Schönen Tscherkessin". Viele Volkslieder in islamischen Ländern und im Balkan handeln bis heute von „der schönen Tscherkessin". Aus dem islamischen Bereich heraus wurde „Die schöne Tscherkessin" auch zu einem gern gewählten Motiv der europäischen Kunstgeschichte.

Auf den ersten Blick möchte man allerdings meinen, daß Gemälde wie jenes in der obigen Abbildung reine westliche Männerphantasien gewesen seien. Dem war

„Verkauf einer tscherkessischen Sklavin“ – gemalt von dem amerikanischen Maler Frederick Vezin (Chromolithograph) um 1900

aber beileibe nicht so. Denn noch im Jahr 1912 konnte aus Ägypten berichtet werden, was zum Verständnis dieser Motivwahl nicht unwichtig ist,

daß man nur höchst selten Familien antrifft, deren Kinder von einer Mutter stammen. Sehr beliebt ist es, als erste Frau eine Ägypterin zu nehmen und nachher eine Berberinerin oder Sudanesin. Tscherkessinnen sind noch immer sehr geschätzt aber sie sind sehr anspruchsvoll und stehen hoch im Preise. Ein Mann, der sich sein Leben lang mit einer einzigen Frau begnügt, kommt leicht in den Verdacht, ein Sonderling oder ein Geizkragen zu sein.

Oder :

Viele Männer, die durch ihren Beruf genötigt sind, öfter und auf längere Zeit an einem fremden Orte zu verweilen, halten sich an diesem gern eine zweite Frau. Ich kenne einen ägyptischen Kaufmann, der in seiner Vaterstadt mit einer Einheimischen verheiratet ist und zu Tanta in einem gemieteten Hause eine Tscherkessin als zweite Frau sitzen hat. Daraus wird aber so wenig Hehl gemacht, daß alle Verwandten des Mannes und seine Angestellten, wenn sie in Tanta zu tun haben, in diesem Hause absteigen. Ich selbst habe dort mehrere Tage zugebracht.

Dieser Bericht handelt von dem Bürgertum in den Städten Ägyptens. Im Gegensatz dazu würden die Fellachen und Beduinen in abgelegenen Gebieten nur unter sich heiraten. Beim Lesen des hier zitierten Berichtes fragt man sich dann allerdings auch, wie die „tscherkessische Tradition“ zu leben zusammen paßte mit der hier geschilderten ägyptischen Lebensart. Wenn die Tscherkessinnen hier bestenfalls als „sehr anspruchsvoll“ gekennzeichnet werden, wird in dem Bericht weiterhin erwähnt, daß Ehen von Europäerinnen mit Ägyptern – aufgrund der Freiheitsliebe der Europäerinnen - in der Regel nicht lange halten würden.

„Die schöne Tscherkessin" – ein beliebtes Bildmotiv in der europäischen Kunstgeschichte

Der Mythos von der „schönen Tscherkessin" ist also einer, der vor allem aus dem islamischen Bereich stammt. Er wirkte aber in Europa fort. Im folgenden einen kleine Auswahl aus der europäischen Kunstgeschichte zum Bildmotiv „Die schöne Tscherkessin".

Der Gegensatz zwischen der europäischen und der islamischen Welt wurde ja bis ins frühe 20. Jahrhundert hinein noch als viel größer erlebt als er heute erlebt wird.

Für die eigentliche Anthropologie und Völkerkunde Tscherkessiens werden die künstlerischen Darstellungen aus dieser Zeit wenig bis gar keine Aussagekraft haben. Sie machen nur deutlich, wie weit verbreitet das Wissen um das Volk der Tscherkessen in früheren Jahrhunderten in Europa war. Merkwürdig genug spricht aus diesen Bildern fast nur die eher schwülstige Atmosphäre des „Orients", wie sie sicherlich

Die Tscherkessin beim Bade – Stahlstich nach einem Gemälde von Merry-Joseph Blondel aus dem Jahr 1814 (Wiki; feeltheart) – Das Original des Gemäldes ging 1912 auf der Titanic unter.

in einem eher deutlichen Gegensatz gestanden haben wird zu dem ansonsten eher kargen Leben der Tscherkessen im Nordkaukasus.

Wir lesen:

> *Eine recht umfangreiche Literaturgeschichte legt nahe, daß tscherkessische Frauen als ungewöhnlich schön und attraktiv, temperamentvoll, klug und elegant gegolten haben. Daher galten sie als geistig und körperlich begehrenswert für Männer, obwohl die meisten Tscherkessen sich traditionell weigerten, Nicht-Tscherkessen zu heiraten, gemäß den traditionellen Werten der Tscherkessen („Adyghe Xabze"). (...)*
>
> *Im gesamten Nahen Osten und auf dem Balkan gibt es Volkslieder in verschiedensten Sprachen, die die ungewöhnliche Schönheit der tscherkessischen Frauen beschreiben. (...) Der Ruf der tscherkessischen Frauen reicht bis ins Spätmittelalter zurück, als die tscherkessische Küste häufig von italienischen Händlern aus Genua besucht wurde. Dieser Ruf wurde noch weiter verstärkt, als der italienische Bankier und Politiker Cosimo de' Medici (Begründer der Medici-Dynastie in der Republik Florenz) mit seiner in Venedig lebenden tscherkessischen Sklavin Maddalena einen unehelichen Sohn zeugte. Darüber hinaus galten die tscherkessischen Frauen, die als Sklavinnen in den Harems der Osmanen, Safawiden und Kadscharen lebten, als überaus schön, was dann in der gesamten westlichen Welt zu einem gängigem Orientalismus-Motiv wurde.*
>
> *Aufgrund dieses Rufs wurden Tscherkessen in Europa und Nordamerika in Dichtung und Kunst oft als Ideale weiblicher Schönheit dargestellt. (...) Viele Gemahlinnen und Mütter der osmanischen Sultane waren ethnische Tscherkessen.*

Gerade auch die letztere Angabe wäre es wert, daß man ihr weiter nachginge. Heißt das nicht eigentlich, daß das Herrscherhaus der Osmanen von einer anderen Genetik bestimmt gewesen sein könnte als die übrige Durchschnittsbevölkerung im Osmanischen Reich?

Auf jeden Fall hat der Topos von der Schönheit der tscherkessischen Frauen (und auch Männer), der in Zusammenhang gebracht wurde mit ihren nordeuropäischen, körperlichen Merkmalen (helle Haut, blaue Augen, blonde Haare, hoher Wuchs), mit dazu beigetragen, daß man seit Anfang des 19. Jahrhunderts begann, die Europäer „Kaukasier" zu nennen und von einer „kaukasischen Rasse" zu sprechen.

Auf jeden Fall hat der Topos von der Schönheit der tscherkessischen Frauen (und auch Männer), der in Zusammenhang gebracht wurde mit ihren nordeuropäischen körperlichen Merkmalen (helle Haut, blaue Augen, blonde Haare, hoher Wuchs), mit dazu beigetragen, daß man seit Anfang des 19. Jahrhunderts begann, die Europäer „Kaukasier" zu nennen und von einer „kaukasischen Rasse" zu sprechen.

Dieser Begriff geht zurück auf den Göttinger Zoologen und Anthropologen Johann Friedrich Blumenbach (1752-1840). Die Verwendung des Begriffes ist recht deutlich von der Romantik seines Zeitalters beeinflußt (Wiki):

> *Unter europäischen Gelehrten des 18. Jahrhunderts herrschte die Meinung vor, die Menschheit hätte ihren Ursprung in der Region des Kaukasusgebirges. Diese Ansicht basierte darauf, daß der Kaukasus der Ort war, an dem angeblich die Arche Noah gelandet war – von der die Menschheit der Bibel zufolge abstammt – und der Ort des Leidens von Prometheus, der in Hesiods Mythos die Menschheit aus Lehm geformt hatte.*
>
> *Darüber hinaus galten in den Augen der Europäer die stereotypen „tscherkessischen Schönheiten" und das georgische Volk als die schönsten Menschen; sowohl Georgien als auch Tscherkessien liegen in der Kaukasusregion. Das Stereotyp der „tscherkessischen Schönheit" hatte seine Wurzeln im Mittelalter, während der Ruf der Attraktivität des georgischen Volkes von frühneuzeitlichen Reisenden in die Region wie Jean Chardin geprägt wurde.*
>
> *In the eighteenth century, the prevalent view among European scholars was that the human species had its origin in the region of the Caucasus Mountains.[22] This view was based upon the Caucasus being the location for the purported landing point of Noah's Ark – from whom the Bible states that hu-*

manity is descended – and the location for the suffering of Prometheus, who in Hesiod's myth had crafted humankind from clay.

In addition, the most beautiful humans were reputed by Europeans to be the stereotypical „Circassian beauties“ and the Georgian people; both Georgia and Circassia are in the Caucasus region. The „Circassian beauty“ stereotype had its roots in the Middle Ages, while the reputation for the attractiveness of the Georgian people was developed by early modern travellers to the region such as Jean Chardin.

Es mag auch auffallend erscheinen, daß der Kaukasus schon in der antik-griechischen Mythologie und in der vorderorientalischen Mythologie eine besondere Rolle spielte.

Es sei noch der Hinweis gegeben, daß auch der Vater beispielsweise von Cem Özdemir (Wiki) Tscherkesse war.

Krieg und Völkermord im Kaukasus seit 1817

Im nordwestlichen Kaukasus kämpften die Tscherkessen über fünf Jahre hinweg ihren letzten Kampf. Ab 1860 wurde ihnen von der russischen Armee die Wahl gelassen: Deportation in das Osmanische Reich oder Vernichtung.

Im Kaukasuskrieg der Jahre 1817 bis 1864 (Wiki) standen dann etwa 200.000 Tschetschenen des östlichen Kaukasus und 600.000 Tscherkessen des nordwestlichen Kaukasus im Jahrzehnte langen Widerstand gegen den Imperialismus des Russischen Kaiserreichs.

Die Tschetschenen führten den Krieg mit einer religiösen und radikalen Minderheit, den Muriden. 1859 ergab sich ihr bis heute legendärer Führer Schamil. Damit konnte das russische Kaiserreich die ganze Wucht seines Heeres ausschließlich auf den nordwestlichen Kaukasus werfen.

Hier kämpften die Tscherkessen über fünf Jahre hinweg ihren letzten Kampf. Ab 1860 wurde ihnen von der russischen Armee die Wahl gelassen: Deportation in das Osmanische Reich oder Vernichtung. Über diese letzte Phase des Kaukasuskrieges lesen wir (Wiki):

Ab 1860 verfolgte die russische Armee einen Deportationsplan über das Schwarze Meer ins Osmanische Reich, um den Widerstand der Tscherkessen zu brechen, die ihre lockeren Streusiedlungen traditionell oft nicht verteidigten, sondern sich mit dem Vieh in die Wildnis dichter Wälder, Schluchten und zur Pferdehaltung genutzter weitläufiger Almen zurückzogen und die Wohnsitze zur erstbesten Gelegenheit zurückeroberten, auch Unterwerfungen schnell rückgängig machten. Endgültig ab 1862 schleifte die russische Armee alle tscherkessischen Siedlungen restlos bis auf die Grundmauern und zwang die Bewohner in die Deportation an die Küste und über das Meer. Bei dieser Deportation von ca. 500.000 bis über eine Million Einheimischen kamen wohl mehrere zehntausend bis zu 100.000 Menschen um. Besonders für Alte, Kranke oder Kinder sind Deportationen immer in der Geschichte lebensgefährlich, außerdem verkauften die Deportierten ihr Vieh an Kosaken zur Nahrungsbeschaffung, was zu einem Preisverfall für Vieh und einer Preisexplosion für Nahrung führte und trotz Versorgungsversuchen der russischen Deportationskommissionen zu Hunger und Seuchen führte. Während ältere Historiker die Opfer der Deportation als Folge einer gescheiterten Deportation einordneten, kämpften tscherkessische Verbände besonders seit den 1990er Jahren um die Anerkennung dieser Ereignisse als Völkermord. Die meisten Fachhistoriker, befürworten inzwischen diese Einordnung, weil Quellenauswertungen ergaben, daß ein Teil der russischen Militäroberbefehlshaber im Kaukasus den Tod eines Teils der Tscherkessen sogar als notwendig und wünschenswert (wie der Entwerfer des Deportationsplanes Dmitri Miljutin in einem Memorandum) oder als unumgänglich (wie Jewdokimow in seinen Memoiren) bezeichneten. Außerdem wurde bisher zu wenig beachtet, was mit der unbekannten Zahl Tscherkessen geschah, die sich der Deportation durch Flucht in die

Kampf zwischen Kosaken und Tscherkessen – Gemälde des deutschen Malers Heinrich Ambrose Eckert aus dem Jahr 1838

Wildnis entzogen. Die russische Armee setzte damals Greiftrupps ein, die die Flüchtigen nicht selten töteten.

Man fragt sich, warum hier Deportation nicht selbst schon als Völkermord bewertet und eingeordnet wird.

Da der Kaukasus mancherlei Ähnlichkeiten aufweist mit den mitteleuropäischen Alpen, mag man sich von fern auch erinnert fühlen an den Widerstand der Tiroler unter Andreas Hofer gegen Napoleon und an den Befreiungskampf der Südtiroler gegen Italien seit 1919 (Wiki). Auch die Südtiroler sollten Anfang der 1940er Jahre umgesiedelt werden. Wir erfahren (Wiki):

Der letzte noch zu unterwerfende Stamm der Tscherkessen waren ab Ende 1862 die Ubychen und einige westliche Abaza (bzw. Sads-Abchasen/Sads-Abasinen/Sadsen) rund um das heutige Sotschi und Umgebung, die unter dem Kommando ihres letzten gewählten Fürsten Kirantuch Bersek standen.

Das Ende des Krieges markierten Kämpfe (Wiki) ...

... im Mai/Juni 1864, als sich die Bewohner der Dörfer in vier Flußtälern vollständig bewaffneten – Männer, Frauen, Kinder und Alte – mit der Absicht, sich nicht zu ergeben, sondern bis zum Tod zu kämpfen, was den russischen Sieg um die Schlacht von Kbaade zu einem Massaker machte.

Über diese letzte „Schlacht" heißt es, daß sich wenige hundert Stammeskämpfer, die der Deportation Widerstand entgegensetzten, sich in einer Ebene versammelt hätten.

Kabardinisches Ehepaar im Dorf Bezengi auf 1475 Meter, Khulam-Cherek-Tal, 1932, fotografiert von Walter Saalfeld (während der „Ersten Deutschen Arbeiter-Bergsteiger-Kaukasus-Expedition")

Ihre Munition sei gleich am Beginn der „Schlacht" gegen die 20.000 russischen Soldaten verbraucht worden. Ein großer Teil von ihnen kam dann sehr schnell im Gewehrfeuer der russischen Infanterie ums Leben. Der Rest wurde im Nahkampf niedergemacht (Wiki):

> *Auf sadsisch-tscherkessischer Seite wurden die meisten Beteiligten getötet oder verwundet. Der Achtschipsou-Stammesverband hörte faktisch auf zu existieren.*

Die Russen hatten in dieser „Schlacht" bzw. in diesem Massaker nur minimale Verluste.

Man fühlt sich an die Indianerkriege der USA etwa zu gleicher Zeit erinnert (siehe den Bericht „Begrabt mein Herz an der Biegung des Flusses").

Der Kaukasuskrieg Rußlands gegen die Bergvölker des Kaukasus war dann selbst ein beliebtes Motiv der Historienmaler des 19. Jahrhunderts. Das Bürgertum des westlichen Europa ließ sich offenbar gern Schauder über den Rücken jagen angesichts dieser „fremden, wilden" Welt im Kaukasus.

Es ist zu lesen (Wiki):

> *Im Zuge der großen Deportationen und Emigrationen des Kaukasuskrieges mußten besonders etwa 1858-64 nach verbreiteten Schätzungen über 90 % der Westkaukasier (westliche Tscherkessen mit Ubychen, Sads-Abchasen und Abasinen) die Heimat verlassen, darunter alle Ubychen und Sads-Abchasen. Etwa 10 % kamen dabei um, nur unter 10 % blieben im Kaukasus zurück und wurden mit Ausnahme der wenigen Dörfer bei Tuapse alle in das Hügelland am Kuban umgesiedelt, um weitere Guerilla-Widerstände zu vereiteln.*

Die Tschetschenen haben den blutigen, grausamen Abwehrkampf gegen Rußland dann wieder aufgenommen und bis 2009 fortgeführt, zuletzt in den beiden Tschetschenien-Kriegen von 1994 bis 1996 (Wiki) und von 1999 bis 2009 (Wiki). Insbesondere der letztere Krieg ist von Seiten Rußlands mit allen Kennzeichen eines brutalen Völkermordes geführt worden.

Heute herrscht in Tschetschienen die „Ruhe des Friedhofs“. In Tschetschenien herrscht der von Moskau eingesetzte Operetten-Diktator Ramsan Kadyrow.

Angesichts dieses Geschehens wäre es absurd zu sagen, daß sich Weltgeschichte „wiederholen“ würde. Nein, sie steigert sich in immer fanatischeren Vernichtungswillen gegenüber freiheitsliebenden und nach Wahrheit suchenden Völkern hinein.

Die Vernichtungspolitik „Migration als Waffe“ gegen alle freiheitliebenden und um Wahrheit ringenden Völker der Nordhalbkugel, getarnt unter dem Schleier christlicher Nächstenliebe und Humanität, ist auf dieser Linie in letzter Instanz auch nichts anderes als Völkermord.

Abschließend sei noch erläutert, wie die Fotografien entstanden sind. Sie sind Ergebnis der „Ersten Deutschen Arbeiter-Bergsteiger-Kaukasus-Expedition“ (4). An dieser nahmen auch Mitglieder der „Naturfreunde Sachsen“ in Dresden teil (Stadt-Wiki):

1932 hatte die Organisation für proletarische Touristik und Exkursion Moskau ein Dutzend der besten sächsischen Alpinisten zur „I. Deutschen Arbeiter-Bergsteiger-Kaukasus-Expedition“ eingeladen. Rudolf Landgraf von den NaturFreunden gehörte dem Dutzend an, das im wild-romantischen Kaukasus rund 40 Gipfelbesteigungen, darunter 16 Erstbegehungen, in den Bergfahrtenbüchern eintragen konnte.

Die Teilnehmer dieser Expedition standen der deutschen KPD nahe und kamen nach ihrer Rückkehr nach Deutschland zumeist in Konzentrationslager.

Kabardiner, 1932, fotografiert von Rudolf Landgraf (während der „Ersten Deutschen Arbeiter-Bergsteiger-Kaukasus-Expedition“)

---

1. Tscherkessen-Portraits. Auf den Tscherkessischen Kulturtagen, Münster 2012 (Yt)
2. Die Geschichte der Tscherkessen. Eine Film-Dokumentation in Kabardinischer Sprache von Askarbi Naghaplev Aminat, Maykop 2007; Teil 7: nachgestellte Szenen der Vertreibung (Yt); Teil 5: eindrucksvolle Bilder der Landschaft und eindrucksvolle Szenen aus dem Freiheitskampf (wohl auch aus russischen Historienfilmen) (Yt); alle Teile: Yt.
3. Tscherkessen – Vom Kaukasus in alle Welt verweht. Ein legendäres Volk neu entdekken. Ausstellung im Hamburger Museum für Völkerkunde, 2014 (Zenith2014)
4. Brunner, Ursula; Ledig, Georg; Kühn, Michael: Kaukasus. Die Geschichte der ersten Deutschen Arbeiter-Kaukasus-Expedition 1932. Münchner und Dresdner Arbeiter-Bergsteiger in der Sowjetunion. Buchendorfer Verlag, München 2002
5. Friedrich Schwally (Gießen): Beiträge zur Kenntnis des Lebens der mohammedanischen Städter, Fellachen und Beduinen im heutigen Ägypten. Eingegangen am 29. November 1912. In: Sitzungsberichte der Heidelberger Akademie der Wissenschaften, Philosophisch historische Klasse (pdf)

PKK-Kämpfer für ein freies und geeintes Kurdistan

Die Kurdenproblematik in der Türkei, in Syrien, Irak und Iran[1]

Dr. Martin Grosch

Ein kurdisches Nationalgefühl entwickelte sich erst im Laufe des 20. Jahrhunderts unter dem Einfluss europäischer Ideen und als Reaktion auf die Zentralisierungs- und Assimilierungsbestrebungen der jeweiligen Staaten

Ungelöst ist bis heute die Frage der rund 30 Millionen Kurden, die sich zu Recht als »Volk ohne Land« bezeichnen, da sich ihr Lebensraum auf fünf Staaten erstreckt, in denen sie eine ethnische Minderheit verkörpern. Mit gut 15 Mio. leben die meisten von ihnen in der Türkei, im Irak sind es 6 Mio. und im Iran 5,7 Mio. Hinzu kommen noch etwa 2 Mio. in Syrien und 0,4 Mio. in Armenien.[2]

Die wechselhafte Geschichte der Kurden verhinderte bisher den Aufbau eines eigenen Staates und führte teilweise zu massiver Unterdrückung und Vertreibung. Die unwegsame Gebirgsgegend ihres Siedlungsgebietes bildete seit jeher eine natürliche Grenzregion zwischen dem Osmanischen und dem Persischen Reich, die schlecht kontrollierbar war und teilweise bis heute ist. Daher gelang es den regionalen kurdischen Herrschern lange Zeit, eine gewisse Unabhängigkeit zu bewahren. Offene Grenzen ermöglichten ihnen gleichzeitig den ungehinderten Übertritt von einem Reich ins andere. Die kurdische Bevölkerung empfand sich bis ins 20. Jahrhundert vor allem als Angehörige bestimmter Stämme, wobei die Zugehörigkeit zum Islam vorwiegend sunnitischer Prägung ein identitätsstiftendes Element darstellt. Ein kurdisches Nationalgefühl entwickelte sich erst im Laufe des 20. Jahrhunderts unter dem Einfluss europäischer Ideen und als Reaktion auf die Zentralisierungs- und Assimilierungsbestrebungen der jeweiligen Staaten.[3]

Durch die erfolgte Nationalstaatsbildung der Perser, Türken, Araber und Armenier wurden die Kurden zur Minderheit in den jeweiligen Nationalstaaten und werden dort oftmals zur Destabilisierung des bzw. der jeweiligen Nachbarstaaten instrumentalisiert. Einigkeit besteht bei diesen Ländern letztlich nur darin, keinen eigenständigen Kurdenstaat zuzulassen.[4] Diesbezüglich kommt erschwerend hinzu, dass von einer Einheit der Kurden ebenso wenig die Rede sein kann. Vielmehr sind sie höchst verschieden und teilweise zerstritten. Statt einer einheitlichen kurdischen Sprache existieren gleich deren drei, nämlich Kurmandschi, Sorani, Zazaki, und ebenso gehören die Kurden unterschiedlichen Religionen an, nämlich den Schiiten, Sunniten, Yeziden, Aleviten und Christen. Die kurdische Gesellschaft beruht auf Clanstrukturen. Die einzelnen Clans stehen dabei häufig in Konkurrenz zueinander, oft mit der Folge gewaltsamer Auseinandersetzungen.

Bis heute werden vielen kurdischen Gruppen die grundlegenden Menschenrechte verweigert, sodass es in den letzten Jahrzehnten immer wieder zu zahlreichen Aufständen und bewaffneten Auseinandersetzungen zwischen ihnen und den jeweiligen Herrschaftssystemen im Irak, Iran, in der Türkei und in Syrien kam. So werden die Kurden im Iran trotz ihres vielfältigen Kulturgutes nicht als Volk anerkannt und ihre politischen Parteien sind verboten. Da die Kurden nicht nur eine ethnische Minderheit darstellen, sondern häufig auch sunnitischen Glaubens sind, kam es in der Vergangenheit regelmäßig zu blutigen Auseinandersetzungen zwischen Kurden und iranischen Sicherheitskräften, die in der Regel Schiiten sind[5]; insbesondere Anfang des 20. Jahrhunderts manifestierten sich die Konflikte in Form erfolgloser Aufstände seitens der Kurden gegenüber dem Schah-Regime. Auch die am 22. Januar 1946 mit Unterstützung der UdSSR gegründete kurdische »Republik Mahabad«, die über eine eigene Regierung und ein Parlament verfügte, war nur ein kurzlebiges Gebilde. Nach erfolglosen Verhandlungen zwischen der iranischen Regierung und den Kurden unter Beteiligung Großbritanniens marschierten iranische Truppen ein und setzten der Republik ein Ende.[6] Trotz aller Annäherungen und Kooperationen hinsichtlich der Kurdenfrage sind die Beziehungen zwischen der Türkei und dem Iran nach wie vor ambivalenter Natur. Ankara ist und bleibt für Teheran ein militärisch und wirtschaftlich starker Konkurrent vor der eigenen Haustür. Und infolge der unterschiedlichen Parteinahme beider Staaten im syrischen Bürgerkrieg haben sich die Beziehungen zuletzt deutlich abgekühlt.

Mustafa Kemal Atatürk, Anführer des türkischen Unabhängigkeitskrieges und Gründervater der staatsnationalistischen Republik Türkei.

In der Türkei gilt analog zum Nationalismuskonzept von Kemal Atatürk bis heute das Prinzip der Staatsnation, das von einer unteilbaren Einheit von Staatsgebiet und Staatsvolk ausgeht.

Mit dem Vertrag von Lausanne wurden die Kurden in der Türkei nicht mehr als Minderheit betrachtet, sondern entsprechend dem islamischen Nationenbegriff als türkische Staatsangehörige verstanden.

Blicken wir daher nun genauer in die Türkei. Hier gilt analog zum Nationalismuskonzept von Kemal Atatürk bis heute das Prinzip der Staatsnation, das von einer unteilbaren Einheit von Staatsgebiet und Staatsvolk ausgeht. Mit dem Vertrag von Lausanne wurden die Kurden in der Türkei nicht mehr als Minderheit betrachtet, sondern entsprechend dem islamischen Nationenbegriff als türkische Staatsangehörige verstanden. Ihnen kulturelle oder gar politische Sonderrechte zu gewähren war und ist bis heute somit aus türkischem Verständnis heraus nicht möglich. Es folgte zwar eine ganze Reihe kurdischer Aufstände zwischen 1925 und 1938, so u.a. der Ararat-Aufstand 1926-1930, diese wurden aber allesamt von der türkischen Armee niedergeschlagen.

Auch der Gebrauch der kurdischen Sprache war in der Türkei bis vor einigen Jahren verboten. In der Verfassung von 1982, die größtenteils heute noch gültig ist, hieß es dazu: »Außer Türkisch kann keine andere Sprache als Erziehungs- und Bildungssprache gelehrt werden.« Kurdischsprachige Medien waren bis 1991 verboten. Türkisch wurde gesetzlich als Muttersprache aller türkischen Staatsbürger festgelegt: »Die Muttersprache der türkischen Staatsbürger ist Türkisch. [...] Jegliche Art von Aktivitäten hinsichtlich der Benutzung und der Verbreitung einer anderen Muttersprache außer Türkisch ist verboten.« Der Strafrahmen bei Verstößen gegen dieses Gesetz betrug sechs Monate bis zwei Jahre Haft.[7]

Dieser starke Assimilationsdruck, der durch die Leugnung der kurdischen Identität in Gang gesetzt wurde, führte letztlich zu weiteren heftigen Aufständen. Seit 1984 starben bei dem Guerillakrieg zwischen der kommunistisch orientierten »Arbeiterpartei Kurdistans« (PKK) - die in Deutschland als terroristische Vereinigung eingestuft ist – und dem türkischen Militär rund 35 000 Menschen, darunter allein gut 5500 unbeteiligte Zivilisten. Dieser Konflikt schien seit der Inhaftierung des PKK-Kurdenführers Abdullah Öcalan im Jahr 1999 beendet, zumal ab 2012 Friedensverhandlungen seitens der türkischen Regierung mit Öcalan bzw. der PKK ge-

Detail aus: Die Erschaffung Adams, Michelangelo, zwischen 1508 und 1512 Fresko Sixtinische Kapelle

Brauchen Rechte Metaphysik?

Klaus Kunze

A. Problemstellung

Die Analyse linksamtlicher Extremismusvorwürfe an rechte Adressen hat gezeigt, daß sie sich durchweg mit linksmetaphysischen Bannsprüchen gegen rechtsmetaphysische Formulierungen verbinden.[1] Weil aber das politisch rechte Weltbild völlig ohne Metaphysik auskommt, wären seine Vertreter gut beraten, auf angreifbare Vorstellungsbilder zu verzichten.

Gegenüber der juristischen Definition unserer Verfassungsgrundsätze als freie demokratische Grundordnung führt der politologische Begriff des Rechtsextremismus ein Eigenleben. In ihn packen metaphyysisch bewegte Linke[2] in zunehmendem Maße alles hinein, was ihnen nicht in den Kram paßt: in ihre sozialreligiöse Ideologie der Gleichheit nämlich. Die Idee eines real nicht existierenden „Menschen an sich" wird in den Rang pseudoreligiöser Verklärung erhoben, und eine abstrakte Würde dieses Menschenabstraktums entspricht der einstigen „Würde Gottes" im christlichen Menschenbild. Jeder Mensch habe ein wenig davon abbekommen, und darin bestehe aus fundamentalistischer Sicht die „menschliche Fundamentalgleichheit". Wer sie nicht ehrt, gilt als Rechtsextremist und wird mit jemandem gleichgesetzt,

1 Klaus Kunze, Das rechte Weltbild, 2024.

2 Vgl. im einzelnen Kalinowski, Harry H., Rechtsextremismus und Strafrechtspflege, 2.Aufl. 1986, Hrg. Bundesministerium der Justiz, S.2 f.

der einen der Verfassungsgrundsätze der freiheitlichen demokratischen Grundordnung bekämpft.

Uwe Backes, inzwischen der Nestor der Extremismusforschung, arbeitete „nach einer Analyse des linken, rechten und religiösen Extremismus heraus: erstens den exklusiven Erkenntnisanspruch (Glaube an ein „höheres" Wissen), zweitens den dogmatischen Absolutheitsanspruch (Behauptung der unbezweifelbaren Richtigkeit eigener Positionen), drittens das essentialistische Deutungsmonopol (alleinige Erfassung des „wahren" Wesens der Dinge), viertens die holistischen Steuerungsabsichten (angestrebte ganzheitliche Kontrolle der Gesellschaft), fünftens das deterministische Geschichtsbild (Wissen um den vorgegebenen historischen Weg), sechstens die identitäre Gesellschaftskonzeption (Forderung nach politischer Homogenität der Gesellschaft), siebtens den dualistischen Rigorismus (Denken in kompromißlosen Gegensatzpaaren wie Gut-Böse) und achtens die fundamentale Verwerfung des Bestehenden."[3]

Analyse des linken, rechten und religiösen Extremismus von Backes: erstens exklusiver Erkenntnisanspruch, zweitens dogmatischer Absolutheitsanspruch, drittens das essentialistische Deutungsmonopol, viertens die holistischen Steuerungsabsichten, fünftens das deterministische Geschichtsbild, sechstens die identitäre Gesellschaftskonzeption, siebtens den dualistischen Rigorismus und achtens die fundamentale Verwerfung des Bestehenden.

Alle diese Merkmale enthalten einen metaphysischen Kern und sollten darum von rechtem Denken grundsätzlich abgelehnt werden. Was von rechts mit der eingeführten philosophischen Begrifflichkeit als metaphysisch kritisiert wird, nennt der Politologe Backes extremistisch. Offenkundig wird das, wenn Backes „exklusive Erkenntnisansprüche" aufgrund „höheren Wissens" nennt, wenn er als extremistisch ein „Deutungsmonopol" eines „wahren Wesens der Dinge" bezeichnet, ein deterministisches Geschichtsbild und so fort. Rechtes Denken bildet das Gegenteil von alledem.

B. Was ist Metaphysik?

Alle Metaphysik beruht auf dem Glauben an immaterielle Dinge hinter den Dingen, an eine jenseitige Welt. Sie wird bevölkert von Geistwesen und immateriellen Prinzipien, denen wir angeblich gehorchen müssen. Per definitionem ist nichts Metaphysik, was der empirischen, also unserer physischen Welt angehört. Was sich hinter dieser verbirgt, sei nicht sichtbar, weil es eben transzendent ist, unseren Blicken verborgen.

Man nennt solche Weltbilder dualistisch – hier das Diesseits – dort ein Jenseits. Wer daran nicht glaubt, hat ein monistisches Weltbild, erfüllt von u.a. physikalischen Naturgesetzen. Metaphysik bildet den Versuch, den Glauben an Dinge hinter unserer empirischen Welt zu rationalisieren.

Damit verhält sich die Metaphysik zur Physik und unserer Naturwissenschaft analog wie die Alchimie zur Chemie. Als Vorteil der Chemie hat sich herausgestellt, daß sie funktioniert, die Alchimie aber nicht. Analog dazu funktioniert unsere Naturwissenschaft, Zaubern oder Beten hingegen nicht.

„Als *Inhalt* beruht jede Metaphysik auf der Unterscheidung zwischen Transzendentem und Immanentem bzw. zwischen überempirischem Jenseits und empirischem Diesseits, indem sie ersteres als „wahre", unverfälschte Wirklichkeit und zugleich (wenigstens in ihren großen traditionellen Gestalten) als Quelle von normativen Prinzipien versteht. [...] Als *Form* der Erkenntnis, d.h. als System von Sätzen, die auf Grund von logischen Regeln miteinander verbunden sind, und unabhängig von ihrem jeweiligen Inhalt bzw. der jeweiligen Definition von Transzendentem und Immanentem strebt Metaphysik die rational-demonstrative Erfassung des Seins und seiner letzten Prinzipien an. Aus dieser Sicht kommt vornehmlich nicht die Beschaffenheit des Seins, sondern die Tatsache in Betracht, daß menschlicher Intellekt in seiner höchsten und intensivsten Bemühung das Sein erfassen und in ein widerspruchsfreies System von Sätzen bringen kann."[4]

---

3 Armin Pfahl-Traughber, Linksextremismus in Deutschland, 2.Aufl. 2020, S.18 f.

4 Panajotis Kondylis, Die neuzeitliche Metaphysikkritik, 1990, S.13.

6. Liberalismus: die unsichtbare Hand und die Wahrheitsfindung durch Debatte

Die Metaphysik des klassischen Liberalismus besteht darin, wenn man nur alle Beteiligten frei miteinander diskutieren lasse, stelle sich wie von unsichtbarer Hand die Wahrheit von selbst ein, geradezu wie beim Pfingstwunder der heilige Geist durch die Decke träufelt. Die Idee des Parlamentarismus als System und dem Parlament als Ort solcher Versammlungen trägt dem Rechnung.

Metaphysiker und Gläubige meinen, die transzendente Substanz seines Menschseins könne er niemals einbüßen. Auch wer sich kraß würdelos verhalte, behalte doch seine gottgegebene Seele und sei insoweit allen anderen Menschen gleich.

Es ist typisch für Metaphysik, daß ihre letzten Glaubensgewißheiten von Dingen hinter den Dingen empirisch niemals nachprüfbar sind, weil sie im Jenseits verborgen und jedem empirischen Nachweis entzogen sind.

Ganz ähnlich behauptet die liberale Ökonomie, wenn man nur allen wirtschaftlichen Akteuren freien Raum lasse, stelle sich wie von unsichtbarer Hand das ökonomische Gemeinwohl ein.

Wir erkennen in der, in der Volkswirtschaftslehre tatsächlich als Terminus eingeführten unbekannten Hand unschwer den Glauben an ein nur metaphysisch erklärbares Walten.

7. Prinzipienmetaphysik: Diskurstheorie

Als objektiv und verbindlich kann sich nur eine Ethik hinstellen, die mit den ewigen und unveränderlichen Gesetzen der „wahren" Wirklichkeit übereinstimmt. Für Liberale bildet es ein unlösbares Dilemma, daß sie das Bestehen einer von vornherein feststehenden Wahrheit leugnen, andererseits aber das Publikum von ihrer eigenen absoluten Wahrheit überzeugen müssen: Man solle nämlich durch immerwährenden Diskurs doch etwas erzeugen, was aktuell als Wahrheit durchgehen mag: nämlich das optimale Resultat freier, gereifter Debatte, ein Surrogat für Wahrheit.

Aber auch ihr derzeitiger Chefideologe Jürgen Habermas vermag nicht ohne Zuhilfenahme einer Metaphysik begründen, warum die Prinzipien sogenannten herrschaftsfreien Diskurses ein Ergebnis erzeugen sollten, das für alle Menschen annehmbar wäre. Schon ein solcher Diskurs selbst bildet eine Utopie. Vor allem aber gibt es außer dem frommen Wunsch, es möge ihn geben, keinen irdischen Fixpunkt für die Geltung der diskursiven Prinzipien. Habermas kann nicht begründen, sie würden objektiv und absolut gelten. Warum alle Menschen sich nach den Diskursregeln verhalten und deren Ergbnis für sich gelten lassen sollten, kann Habermas nur durch Rückgriff auf Metaphysik begründen: Sie seien ihm halt mal eben so intuitiv zugeflogen.

Er kann faktisch nicht auf willkürliche Wertsetzungen verzichten, wenn er die Verfahrensbedingungen für den Diskurs sichern will. Tatsächlich hat er sie sich mal eben so ausgedacht. Er kaschiert das verschämt als „intuitive Einsichten": als einen „Datenkranz, der dem Problematisierungssog der Verständigungsprozesse entzogen bleibt." Dieses Wortgeschwurbel soll verdecken, daß er an den Diskurs als ewigen Kommunikationsprozeß zur Erzeugung von so etwas wie prozedural gewonnener Wahrheiten ganz einfach glaubt. Dieser Glaube beruht darum auf finsterster Metaphysik, auch wenn er betont, wir lebten in einem nachmetaphysischen Zeitalter.[6]

8. Menschenwürde

Wer von Menschenwürde spricht, sollte deutlich machen, was er meint. Es besteht ein tiefgreifender Unterschied zwischen der Bewertung eines Verhaltens oder Auftretens einer bestimmten Person als würdig oder unwürdig, andererseits der dem Christentum entlehnten Vorstellung, der Mensch an sich sei gottesebenbildlich. Daraus folgern Metaphysiker und Gläubige, die transzendente Substanz seines Menschseins könne er niemals einbüßen. Auch wer sich kraß würdelos verhalte, behalte doch seine gottgegebene Seele und sei insoweit allen anderen Menschen gleich.

Es ist typisch für Metaphysik, daß ihre letzten Glaubensgewißheiten von Dingen hinter den Dingen empirisch niemals nachprüfbar sind, weil sie im Jenseits verborgen und jedem empirischen Nachweis entzogen sind.

---

6 Eingehend: Klaus Kunze, Mut zur Freiheit, 1995.

Mit einer solchen Vorstellung können Nichtmetaphysiker nichts anfangen. Der metaphysischen Vorstellung von Menschenwürde liegt die seit dem Animusmus in vieler Gestalt auftauchende Leib-Seele-Unterscheidung zugrunde. Sie erfordert also ein dualistisches, in Diesseits und Jenseits scheidendes Weltbild. Aus dessen Sicht müssen Realisten mit monistischem Weltbild, das kein Jenseits kennt, als niederträchtige Unholde an der Menschlichkeit erscheinen. Moralisierende Metaphysiker verstehen unter Menschlichkeit nämlich nur das sogenannte Gute im Menschen, eine unverlierbare Würde, deren Sitz sich irgendwo im transzendenten Raum oder immanent in jedem Menschen befinden solle.

C. Merkmale der rechten Denkstruktur

Das rechte Weltbild kommt ohne Metaphysik aus. Wenn zum Beispiel Christliche, Völkische oder ähnliche sich selbst als Rechte sehen oder von Linken so markiert werden, irren sie.

Eine proto-rechte Denkstruktur bildet die Voraussetzung für ein inhaltlich rechtes Weltbild. Eine meiner zentralen Thesen beruht auf der Beobachtung, daß die strukturellen Einzelmerkmale eines proto-rechten Weltbildes einander bedingen und insgesamt ein zusammhängendes Ganzes bilden. Ein Merkmal folgt konsequent aus dem anderen. Stellen Sie sich diese Einzelmerkmale, es sind sieben, als Siebeneck vor. Diese sieben Eckmerkmale sind das rationale Denken, das skeptische Denken, das naturwissenschaftliche Denken, das realistische Denken, das Entscheidungsdenken, das geschichtliche Denken und das vergleichende Denken.

Michel de Montaigne (1533 - 1592)

Michel de Montaigne fiel auf, wie viele unterschiedliche Völker, Kulturen, Moralvorstellungen und Religionen es gibt, von denen schon die bloße Existenz der einen die Wahrheitsansprüche aller anderen relativierte.

Des Denkens aller Anfang ist die Neugierde. Um zweckgerichtet handeln zu können, müssen wir wissen, ob die uns umgebenden Phänomene sind, was sie zu sein scheinen, ob wir in einer Matrix leben oder ob wir bloß träumen. Alle Menschen möchten realitätsbezogen handeln. Schlichte Gemüter wie die Zeugen Jehovas schlagen dazu die Bibel auf und entnehmen dieser ihre Realität. Für einen naturwissenschaftlich gebildeten Menschen unserer Tage ist aber nur real, daß irgendwann einmal irgendwelche Leute jenes Buch geschrieben haben. Alles andere wäre erst zu beweisen.

Logisch eng miteinander verknüpft sind das skeptische Denken, das vergleichende Denken und das geschichtliche Denken. Diese Denkstile hatten sich in der Phase der sogenannten antiken griechischen Aufklärung bereits ausgeprägt. Der mit allen antiken Schriften eng vertraute Michel de Montaigne hat das Ende des sechzehnten Jahrunderts in seinen Essais neu begründet. Ihm fiel auf, wie viele unterschiedliche Völker, Kulturen, Moralvorstellungen und Religionen es gibt, von denen schon die bloße Existenz der einen die Wahrheitsansprüche aller anderen relativierte.

Selbstverständlich ging es ihm dabei nicht um historische oder theologische Quisquilien. Michel de Montaigne kannte bereits die Schriften Niccoló Machiavellis, der keinen Gedanken daran verschwendet hatte, ob irgendeine Religion, eine Konfession oder ein Moralgebot etwas mit „Wahrheit" zu tun hatte. Machiavelli hatte erkannt, daß alle diese Wahrheitsbehauptungen in ihrer konkreten politischen Funktion auf die Stabilisierung von konkreten Machtverhältnissen hinausliefen. Ein erfolgreicher Fürst, schrieb er, müsse nicht in moralischen Sinne gut sein, er müsse aber von seinen Untertanen dafür gehalten werden.

Wer das einmal verstanden hat, wundert sich nicht, wenn unsere Herrscher uns mit Klimaabgaben überziehen, während sie selbst fröhlich in der Weltgeschichte herumjetten. Sie müssen sich persönlich nicht klimafromm verhalten, sie müssen nur vom Volk für klimafromm gehalten werden, um ihre Herrschaft zu stablilisieren. Diese soziologische Sicht nimmt Religionen und moralische Gebote niemals zu ihrem Nennwert, sondern fragt: Stehen die Machtinteressen, die hinter diesen Geboten stehen, mit meinen eigenen Interessen in Einklang?

Das skeptische und realistische Denken ist niemals gläubig. Es verzichtet darauf, rein spekulative Konstrukte wie ein Jenseits, Dinge hinter den Dingen oder in den Dingen verborgene magische Kräfte in sein Bild von der Realität einzubeziehen. Es ist strikt antimetaphysisch.

Ein Skeptiker wird darum, was er für Realität hält, nicht in göttlichen Geboten oder Moralgeboten suchen, sondern in nachweisbaren Tatsachen. Die wissenschaftliche Methode, diese Tatsachen herauszufinden, ist der Empirismus. Darum steht Naturwissenschaft für alles skeptische Denken hoch im Kurs. Politische, religiöse oder moralische Forderungen, die mit naturwissenschaftlichen Tatsachen unvereinbar sind, lehnt dieses Denken ab.

Während verschiedene Ideologien die Folgerungen aus der Aufklärung immer nur für ihre Gegner zogen und selbst Kernbestände metaphysischen Glaubens bewahrten, zog das rechte Weltbild als einziges die Konsequenz, die Erkenntnisse der Aufklärung auch auf rechtes Denken früherer Epochen anzuwenden und deren metaphysische Schlacken und ideologische Restbestände abzuwerfen. Damit setzt es erstmals und als einziges Weltbild konsequent die aufklärerische Erkenntnis in die Tat um, daß alle Wertungen nur in unserem Kopf ihren Ursprung haben.

Vor moralisierendem Einschüchterungsvokabular wie „Gendergerechtigkeit“ zuckt Skeptizismus die Achseln und verläßt sich lieber auf eine medizinische Untersuchung.

Ein Skeptiker ist sich immer bewußt, daß alle Vorschriften, Normen, Gebote und Moralvorstellungen mit denen man ihn beherrschen will, Menschenwerk sind. Strukturell sind alle diese Normen Befehle: „Du sollst!“, oder „Du sollst nicht!“ Je nach den Machtverhältnissen oder auch aus eigener Einsicht wird er solchen Befehlen gehorchen. Eins wird er aber gewiß nicht, er wird den Befehl eines anderen Menschen nicht für einen Befehl irgendwelcher Götter halten, nur weil der Befehlende sich auf Götter beruft. Solange der angebliche Gott nicht persönlich vorbeikommt und befiehlt, wird er hinter jedem „Gebot“ und jeder Sollensvorschrift, die ihm ein Mensch macht, diesen Menschen als Urheber erkennen. Er glaubt nicht einfach irgendetwas, sonst wäre er kein Skeptiker.

In rechtem Denken verkörpert sich aufgeklärter Selbstbehauptungswille. Nach allen Überlegungen dürfen wir darum das strukturell rechte Denken definieren als ein

die historische Identität von Individuum und Gruppe betonendes
rationales,
aufgeklärtes,
skeptisches,
auf naturwissenschaftlicher Grundlage die empirische Ungleichheit
anstelle metaphysischen Gleichheitsdenkens betonendes Menschenbild,
das alle fremdbestimmenden Sinnstiftungen zurückweist.

Dabei ergeben seine in untrennbarem Zusammenhang miteinander stehenden ontologischen und philosophischen Grundlagen das Resultat einer vollständigen, sich ihrer selbst bewußten und reifen Aufklärung. Während verschiedene Ideologien die Folgerungen aus der Aufklärung immer nur für ihre Gegner zogen und selbst Kernbestände metaphysischen Glaubens bewahrten, zog das rechte Weltbild als einziges die Konsequenz, die Erkenntnisse der Aufklärung auch auf rechtes Denken früherer Epochen anzuwenden und deren metaphysische Schlacken und ideologische Restbestände abzuwerfen. Damit setzt es erstmals und als einziges Weltbild konsequent die aufklärerische Erkenntnis in die Tat um, daß alle Wertungen nur in unserem Kopf ihren Ursprung haben und wir Menschen a limine normativ ungebunden sind. Alle Menschen sind zu eigener Sinnstiftung und Normsetzung befähigte und von absoluten, universellen Werten freie Wesen.

Wie stark sich bei einer Person im Einzelfall aus der vorhandenen rechten Denkstruktur ein umfassendes und kohärentes rechtes Weltbild ausbildet, ist individuell verschieden. Es hängt von der individuellen Stärke einzelner emotionaler Komponenten ab, aber auch von der Geschichtlichkeit des Individuums, seinen Lebenserfahrungen, seiner familiären Prägung und Erziehung, dem persönlichen Interesse daran, überhaupt ein umfassendes Weltbild auszubilden und nicht zuletzt der nötigen Intelligenz, etwaige Widersprüchlichkeiten zu bemerken.

Darum folgt auch nicht zwangsläufig aus einer rechten Denkstruktur, in welcher Weise jeder Einzelne für sich von seiner Freiheit zur Wertsetzung und Sinnstiftung

Wir können uns noch nicht einmal darauf verlassen, daß der „Volksgeist", verkörpert im Kaiser Barbarossa (Friedrich I.) eines guten Tages erwacht und aus dem Kyffhäuser zur Rettung Deutschlands heraukommt. (Kyffhäuserdenkmal in Thüringen).

Wer seine politische Rede gern metaphorisch aufblähen möchte und dafür historische Begriffe wie Volksgeist bemüht, oder wer meint, in einem Superorganismus namens Volk nur ein dienendes Rädchen zu sein, der sollte sich darüber klar sein, daß er den staatlichen Extremismusjägern zuarbeitet. Es gibt keine Geister und darum auch keine Volksgeister.

Gebrauch macht. Gerade diese Freiheit schließt jede Zwangsläufigkeit aus. Daß er rein normativ gesehen alles darf, bedeutet nicht, daß er tatsächlich alles oder irgend etwas Bestimmtes tun soll. Alles liegt in seiner eigenen Entscheidung. Wie auch linke Autonome und Anarchisten betont er diese normative Freiheit. Er wäre aber kein Rechter, machte er von seiner normativen Freiheit einen psychotischen Gebrauch, der sich gegen ihn selbst, gegen seine Familie, seinen Staat oder sein Land richtete. Er benutzt sie, um zu schützen und zu verteidigen, was ihm lieb und teuer ist.

Im Kern heißt rechts zu sein, für das zu kämpfen, was man ist.

Wenn ein Gott oder ein irdischer großer Zampano in seiner Güte die irdischen Güter verteilen würde, gäbe es in der Tat eine berechtigte Forderung nach Verteilungsgerechtigkeit. Er wäre das herrschende Subjekt des Verteilens und wir die untergeordneten Objekte. Diese Vorstellung gehört aber in den tiefsten Kreis mittelalterlicher Metaphysik.

D. Folgerungen

Wer seine politische Rede gern metaphorisch aufblähen möchte und dafür historische Begriffe wie Volksgeist bemüht, oder wer meint, in einem Superorganismus namens Volk nur ein dienendes Rädchen zu sein, der sollte sich darüber klar sein, daß er den staatlichen Extremismusjägern zuarbeitet. Es gibt keine Geister und darum auch keine Volksgeister. Als Einzelpersonen dienen uns selbst am besten, wenn wir Familie und Volk verteidigen, weil wir sie brauchen – nicht um einem Kollektiv zu dienen.

Was der Betreffende vielleicht meint, ist auch nicht zwangsläufig eine Wesenheit namens Volk mit eigenem Bewußtsein, Wünschen oder Hoffnungen. Man fällt leicht darauf herin, daß wir aus jedem Adjektiv eine anthropomorphe Personofikation machen können wie aus gerecht die *Gerechtigkeit* oder *Justitia*. Wer an solche als reale Wesenheiten glaubt, ist Metaphysiker. Ich würde ihm mit William von Ockham entgegenhalten: *Entia non sunt multiplicanda praeter necessitatem!* Die Anzahl der als eigenständige Wesenheiten zu betrachtenden Phänomene sollte man nicht ohne Notwendigkeit vergrößern. Dasselbe gilt für Vorstellungen eines Volkes als Organismus, dessen vielleicht verzichtbarer, jedenfalls dienender Teil die Einzelperson nur ist.

Die Freiheit ist keine Person, und sie führt keinen Reigen über dem Sternenzelt. Altdeutsches Schwärmen wie in unseren schönen patriotischen Liedern des 19. Jahrhunderts beruht auf Metaphysik, wenn wir seine Begrifflichkeiten nicht bloß metaphorisch nutzen.

Ideologeme wie das von der angeblichen Kolonialschuld, unseren angeblich von Generation zu Generation vererbten besonderen Verpflichtungen, dem uneingelösten Gleichheitsversprechen und viele andere mehr ́gleichen gefüllten Luftballons: Ein Piekser Realität hinein, dann platzen sie. Nehmen wir die Schuld: Kollektive Sünde und Schuld sind Erfindungen der Bibel. Ohne religiöse Metaphysik kann es keine Sünde und schon gar keine Erbsünde oder Kollektivschuld geben.

Wem das bewußt ist und der sich in der politischen Auseinandersetzung begrifflich klar ausdrückt, ist auch seitens der Nachfolger Fürst Metternichs nicht so einfach als Extremist abstempelbar.

Umgekehrt ist er imstande, bei seinen politischen Gegnern eine metaphysische Argumentationsstruktur zu erkennen, wo immer er mit ihr konfrontiert ist. Er hat es in der Hand, sie mit den Waffen der Aufklärung zu widerlegen, ja oft geradezu, sie lächerlich zu machen. Ideologeme wie das von der angeblichen Kolonialschuld, unseren angeblich von Generation zu Generation vererbten besonderen Verpflichtungen, dem uneingelösten Gleichheitsversprechen und viele andere mehr gleichen gefüllten Luftballons: Ein Piekser Realität hinein, dann platzen sie. Nehmen wir die Schuld: Kollektive Sünde und Schuld sind Erfindungen der Bibel. Ohne religiöse Metaphysik kann es keine Sünde und schon gar keine Erbsünde oder Kollektivschuld geben.

Nehmen wir die Gleichheit: Ohne die Vorstellung des prinzipiell unendlichen Wertes jeder gottebenbildlichen Seele gibt es kein absolut geltendes Gebot, zu allen Menschen gleich nett zu sein. Wenn ein Gott oder ein irdischer großer Zampano in seiner Güte die irdischen Güter verteilen würde, gäbe es in der Tat eine berechtigte Forderung nach Verteilungsgerechtigkeit. Er wäre das herrschende Subjekt des Verteilens und wir die untergeordneten Objekte. Diese Vorstellung gehört aber in den tiefsten Kreis mittelalterlicher Metaphysik. Trotzdem liegt sie jedem politischen Herrschaftsmodell zugrunde, in dem der Staat als großer Zampano und gnädiges Subjekt dafür verantwortlich sein soll, die Güter gleich zu verteilen. Es gibt keine Letztbegründung für die Forderung, unser Staat solle sich eine solche Subjektposition anmaßen, und wir sollten ihre Objekte sein.

Wer intellektuell ehrlich ist, verzichtet darauf, seine politischen Forderungen als göttliche Eingebungen auszugeben oder als Konsequenzen, die unbedingt aus den höheren Gesetzen der Seinsordnung oder dem Sinn des Lebens folgen würden. Dieser Verzicht benachteiligt ihn freilich im realen politischen Geschäft gegenüber Heilspredigern, die sich in ihrem Machtwillen der typischen Phrase bedienen, nur der oberste bescheidene Diener der moralischen vorgegebenen Weltordnung zu sein.

In der Realgeschichte hat sich der Rückgriff auf Metaphysik zur Machtgewinnung und als Herrschaftsideologie gewöhnlich als sozial erfolgreicher herausgestellt als der Appell an den Verstand und die Eigeninteressen der Untertanen. Strebte ich nach persönlicher Macht, könnte ich Sie zum Endkampf für irgendeine heilige Sache aufrufen. Hinter solchen Aufrufen folgt gewöhnlich ein *Und jetzt hört Ihr alle mal auf mein Kommando!* Wenn sie also heute jemanden predigen hören, jetzt gelte es für unsere Demokratie gemeinsam zusammenstehen, wir ließen keinen hängen, die Spaltung müsse aufhören und so fort, werden sie das richtig einordnen: Da erhebt jemand einen Machtanspruch.

Krah gegen Sellner: ein Streit um das „Volk" und den Islam: Ist die Zeitenwende unvermeidlich?

von Alexander Heumann

Maximilian Krah sieht „die Epoche der Nationalstaatlichkeit vorüber" (1) und Deutschlands Zukunft unvermeidlich als „multiethnisches Land". Martin Sellners „Remigrations"-Konzept lehnt er ab, weil es eine „Ungleichbehandlung der Staatsbürger nach ethnischen Kriterien" bedeute (15.06.2025, X) und die Gefahr eines AfD-Verbots heraufbeschwöre. (2) Sellner kontert: Krah würde „anscheinend einen Vielvölkerstaat" vertreten, „ohne erst zu versuchen, um ein deutsches Deutschland zu kämpfen." (17.06.2025, X).

I. Vorbemerkung:

Ist der Kampf um die Bewahrung eines „deutschen" Deutschlands – oder eines „europäischen" Europa – per se verfassungswidrig ?

Nicht, soweit er sich beschränkt auf eine „restriktive Migrations- und Einbürgerungspolitik". Verlautbarungen der AfD, daß „eine übermäßige Migration die eigene Identität bedrohe", seien für sich genommen verfassungsrechtlich unbedenklich, stellte das OVG Münster fest. (3) Ex-Kanzler Olaf Scholz forderte im Spiegel sogar „Abschiebungen im großen Stil", und schon Angela Merkel eine „nationale Kraftanstrengung", ohne daß dies vom Verfassungsschutz als verfängliche Bestrebungen markiert worden wäre. Und das aktuelle Urteil des Bundesverwaltungsgerichts zum Compact-Magazin stellt immerhin fest, daß „eine Vielzahl der (...) migrationsfeindlichen Äußerungen sich (...) auch als überspitzte, aber letztlich (...) zulässige Kritik an der Migrationspolitik deuten“ läßt. (4)

Doch die Dinge sind noch in Bewegung. Progressiverer Auffassung ist die mittlerweile (wohl) herrschende Meinung in der Fachliteratur. Vorreiter ist der renommierte liberale Staatsrechtslehrer Christoph Möllers, der 2017 den Bundesrat im NPD-Verfahren anwaltlich vertreten hat. Er propagiert, daß das Grundgesetz aus menschen- und demokratierechtlichen Gründen jeden „ethnischen“ Volksbegriff „verfassungsrechtlich mißbillige“. (5) Diese Dogmatik lehnt sich einem „Verfassungspatriotismus“ nach US-Vorbild an und bricht mit der traditionellen deutschen Staatslehre. Das Bundesverfassungsgericht hatte in seinen Urteilen zu den EU-Verträgen noch die Bewahrung relativer „kultureller Homogenität“ (aus demokratietheoretischen Gründen) verlangt. Möllers Position läuft hingegen historischer und bisher gängiger Auslegung des Grundgesetzes zuwider: (6) Ohne „ethnischen Volksbegriff“ wäre es nicht jahrzehntelang *verfassungsrechtliche* Verpflichtung der Staatsorgane gewesen, auf die deutsche Wiedervereinigung hinzuwirken. (7) Während der deutschen Teilung nach 1945 gab es zwei deutsche „Staatsvölker“ (BRD und DDR), aber nur ein deutsches Volk „im ethnischen Sinne“. Dieses hat nach der ursprünglichen Grundgesetz-Präambel nicht nur seine „staatliche“, sondern seine „nationale Einheit“ zu „bewahren“. Warum sollte man die Verfassung jetzt – nach vollzogener Wiedervereinigung – plötzlich gegenteilig interpretieren? Müßte derart Grundstürzendes nicht sogar gemäß Art. 146 GG „vom deutschen Volke in freier Entscheidung beschlossen“ werden? (8)

Sowohl dem völkerrechtlichen Selbstbestimmungsrecht gemäß der Internationalen Menschenrechtskonvention („Zivilpakt“) als auch dem Kardinal-Straftatbestand des Völkermordes liegt ein – auch – „ethnischer“ Volksbegriff zugrunde.

Zudem: Sowohl dem *völkerrechtlichen* Selbstbestimmungsrecht gemäß der Internationalen Menschenrechtskonvention („Zivilpakt“) als auch dem Kardinal-Straftatbestand des Völkermordes liegt ein – auch – „ethnischer“ Volksbegriff zugrunde. (Sonst hätte man z.B. *vor* der Staatsgründung Israels den Tatbestand eines Völkermordes an den Juden nicht bejahen können).

Dennoch ist nicht ausgeschlossen, daß auch Karlsruhe der neuen Dogmatik folgt. Denn im „Jahresbericht 2024“ des Bundesverfassungsgerichts über sein Urteil zum Finanzierungsausschluss der NPD (9) heißt es: Die Partei „missachtet den Grundsatz der Menschenwürde, *indem* sie [sic !] am ethnischen Volksbegriff und der Vorstellung von der deutschen ´Volksgemeinschaft´ als Abstammungsgemeinschaft festhält.“ (10)

II. Krahs Position

Krahs Ausgangspunkt: Es sei aus Rechtsgründen kaum möglich, genügend schlechtintegrierte Migranten – vor allem von den Millionen, die seit Merkels „Grenzöffnung“ hineinströmten – wieder zu „remigrieren“, um eine relative kulturelle Homogenität des deutschen (Staats-) Volkes wieder herzustellen. Zumal viele bereits eingebürgert wurden. Tatsächlich ist die Vergabe der Staatsbürgerschaft nach dem Grundgesetz (Artikel 16) – aus guten Gründen – (fast) immer als gegeben hinzunehmen und Grundgesetzänderungen benötigen Zweidrittel-Mehrheiten in Bundestag und Bundesrat.

Krah warnt die AfD davor, den „Staat dazu in Anspruch [zu] nehmen (...), die Homogenisierung am Maßstab der Ethnie anstatt an Werten der Verfassung durchzuführen.“

Es gälte daher nun, eine weitgehend irreversible demographische Entwicklung „intellektuell nachzuvollziehen“.

a) Krah warnt die AfD davor, den „Staat dazu in Anspruch [zu] nehmen (...), die Homogenisierung am Maßstab der Ethnie anstatt an Werten der Verfassung durchzuführen.“ (11) Damit lehnt er sich an Möllers Dogmatik an, die die „Werte der Verfassung“ auf eine politisch korrekte *civil religion* der „gleichen Freiheit“ und „Toleranz“ verengt. Diese Art von „Leitkultur“ ist das, was gegenwärtig polizeilich im Rahmen eines großangelegten *Umerziehungsprojektes* durchgesetzt wird: nicht etwa gegen eine Migrantifa aus Islamisten, „Event-people“ und gewaltaffinen „Antifaschisten“, sondern durch Hausdurchsuchungen und PC-Beschlagnahmen bei normalen, aber oppositionellen Bürgern, denen man „Hatespeech“ oder Regierungskritik vorwirft.

b) Zudem dekonstruiert Krah die historische Genese und ideelle Grundlage des deut-

schen bzw. kontinentaleuropäischen Nationalstaats als „national-liberale Legende des 19. Jahrhunderts“ (Krahs „Thesen“ Nr. 7 und 8). Ähnlich hatte sich schon Wolfgang Schäuble (CDU) geäußert. Außer bei der EU-Kommission wird man damit nirgendwo auf Gegenliebe stoßen. Schon gar nicht bei unseren osteuropäischen Nachbarn oder Israelis oder Japanern. Im Grunde sprengt das auch den Daseinsgrund der AfD.

c) Bei der Integration von Migranten müsse man künftig wie folgt differenzieren: Einige Gruppen könnten problemlos „eingeschmolzen“ werden ins Volk, vor allem die aus Europa und Russland – andere hingegen, v.a. „aus dem Mittleren Osten und Afrika“, sollen in Parallelgesellschaften (ohne Assimilation) unter sich bleiben. Die als Klammer gedachte „deutsche Leitkultur“ wird dann zum Etikettenschwindel: Einerseits sollen im öffentlichen Leben überall „deutsche Sitten und Gebräuche“ tonangebend sein, andererseits in Parallelgesellschaften „intern“ der Heimatkultur gefrönt werden dürfen. (12) Sicher kein Problem bei Japanern oder Sorben etc. ! Aber wo verläuft die Grenze zwischen „privat“ und „öffentlich“, wenn beides vom Koran bestimmt ist ?

Krah fordert für Deutschland: In Parallelgesellschaften sollen – ohne Assimilationsdruck – Menschen „aus dem Mittleren Osten und Afrika“ ihrer Heimatkultur frönen. Auch schariakonformes Clanleben habe man als „Freiheit anderer“ zu respektieren.

Für obligatorisch hält Krah z.B.: Schulbesuch und geschlechtsübergreifenden Schwimmunterricht sowie die deutsche Amtssprache. (13) Wohingegen der Staat schariakonformes Clanleben als „Freiheit anderer“ respektieren soll. (14) Damit werden u.a. die typischen religiös begründeten Extrawürste affimiert: Schächten von Tieren als Ausnahme vom Tierschutzgesetz. Rituelle Genitalbeschneidung bei Jungen trotz sonst striktem BGB-Verbot von Gewalt und „anderen entwürdigenden Maßnahmen“ in der Erziehung; (15) Genitalbeschneidung bei Mädchen ? Noch nicht ... Unklar bleibt bei Krah, ab wann soll der Staat – etwa wegen Kindeswohlgefährdung oder Zwangsverheiratung – einschreiten. Es ist auch kaum einzusehen, warum Bestrebungen nach ethnisch-kultureller Apartheid verfassungskonformer sein sollen als nach Assimilierung oder wenigstens nach mehr Gleichheit aller Ethnien und Religionen vor dem Gesetz.

III. Sellners Position

Hier liegt der wesentliche Unterschied zu Martin Sellner, der „Leitkultur“ als Teil eines Remigrationskonzepts versteht. Motto: Je robuster der Staat nicht nur Kriminalität bekämpft, sondern auch eine Leitkultur (u.a. durch „De-Islamisierung“) durchsetzt, desto

Martin Sellner (2019), Foto: C.Stadler/Bwag

mehr Assimilationsverweigerer würden „freiwllig“ die Koffer packen.

Doch das Bundesverwaltungsgericht stellt bei der Aufhebung des Compact-Verbots in einem *obiter dictum* fest, daß dies gegen die Diskriminierungsverbote des Artikel 3 GG verstößt und daher verfassungswidrig ist: „Diese Vorstellungen (…) gehen von einer zu bewahrenden ‚ethnokulturellen Identität´ aus und behandeln deshalb deutsche Staatsangehörige mit Migrationshintergrund als Staatsbürger zweiter Klasse. Diejenigen, ´die sich nicht assimilieren können oder wollen´, sollen zumindest durch Druck – insbesondere durch eine ´Politik der De-Islamisierung´ – zur ´Remigration´ in ihre Herkunftsländer bewegt werden.“ (Zitat Ende). (16)

Sellner hat zwar verdeutlicht, daß er keineswegs an der Gleichheit aller Staatsbürger vor dem Gesetz „rütteln will“ und *keine* ethnisch oder religiös begründete „Zweiklassengesellschaft“ anstrebt. (17) Doch auch staatliche Maßnahmen, die den Zweck verfolgen, Eingebürgerte zur „freiwilligen“ Ausreise zu bewegen, wenn sie sich nicht hinreichend „assimilieren“ – mögen sie sich i. Ü. gesetzestreu verhalten –, könnten in Karlsruhe als „indirekt diskriminierend“ oder „gruppenbezogen menschenfeindlich“ betrachtet werden – oder als „autoritärer Nationalstaat“ im Sinne des NPD-Urteils. (18)

IV. Läßt sich Sellners Konzept „retten“ ?

Der Kollege Gerhard Vierfuß – möglicherweise Sellners Fachlektor –, protestiert gegen das Urteil: „Alle Vorschläge, die darauf zielen, nicht assimilierte Staatsbürger zur Remigration zu veranlassen, sind generell-abstrakt und ethnisch neutral. Sie bestehen vor allem [1] in der strikten Etablierung einer kulturell deutschen Leitkultur, [2] einer rigorosen Kriminalitätsbekämpfung und [3] der Gewährung von Rückkehranreizen. Alle diese potentiellen Maßnahmen haben den Charme, zwar abstrakt alle Staatsbürger gleichermaßen zu adressieren, konkret aber präzise die Zielgruppe zu treffen.“ (19)

Martin Sellners Konzept beruht wohl auf folgenden Voraussetzungen:

„Alle Vorschläge, die darauf zielen, nicht assimilierte Staatsbürger zur Remigration zu veranlassen, sind generell-abstrakt und ethnisch neutral. Sie bestehen vor allem [1] in der strikten Etablierung einer kulturell deutschen Leitkultur, [2] einer rigorosen Kriminalitätsbekämpfung und [3] der Gewährung von Rückkehranreizen. Alle diese potentiellen Maßnahmen haben den Charme, zwar abstrakt alle Staatsbürger gleichermaßen zu adressieren, konkret aber präzise die Zielgruppe zu treffen.“

Pro „Kriminalitätsbekämpfung“ sind ja die Meisten, und zu Vorschlag 3 ist anzumerken, daß Helmut Kohls „Rückkehr“-Programm nicht Eingebürgerte, sondern nur schlechtintegrierte Ausländer betraf. Entscheidend ist aber der erste Vorschlag: Durch „strikte Etablierung kulturell deutscher Leitkultur“ sollen „nicht assimilierte Staatsbürger“ „zur Remigration veranlaßt“ werden. Ist das *„generell-abstrakt und ethnisch neutral“ ?* Schon deshalb nicht, weil es Staatsbürger ohne Migrationshintergrund nicht betrifft. Sie müssen sich nur an die Gesetze halten, aber sich ansonsten nicht kulturell „einfügen“ – ohne (wie in vormodernen Zeiten) „verbannt“ oder hinausgemobt zu werden; auch nicht „langfristig“ oder „maßvoll“. (20)

Ist „De-Islamisierung“ – unglücklicher Begriff (!) – also ein Programm zur „Entrechtung“ von Menschen islamischen Glaubens ? Oder läßt sich Sellners Vorschlag in präziserter, engerer, sachlicherer Form retten? Bei der verfassungsrechtlichen und ethischen Beurteilung ist zu differenzieren:

Migrantenquoten im Staatsdienst sind sicher *nicht* verfassungsrechtlich geboten; vielmehr verlangt das Grundgesetz eine Kandidatenauswahl nach Eignung und Leistung (Artikel 33).

Von ´ungeschriebene´ Regeln (z.B. in staatlichen Kindergärten und Schulen wird kein Schweinefleisch mehr angeboten) darf abgewichen werden. Solche Fragen regelt u. a. der Markt. Zulässig wäre aber eine landesgesetzliche Verpflichtung, auch Schweinefleisch anzubieten.

Über *gesetzlich* bewußt normierte Ausnahmen aus religiösen Gründen (s. dazu oben II.) darf man jedenfalls räsonieren. Wenn es in der Sache primär um die Infragestellung gesetzlicher Privilegien für den Islam – oder für alle Religionen – geht, dann sollte man das so sagen. Denn dies kann die immer wieder (im Zusammenhang mit der Menschenwürde) angemahnte „Rechtsgleichheit“ nicht aushöhlen, sondern nur bestärken.

Sogar einzelne gesetzliche Verbote *zulasten* einer Religion sind nach europäischem Recht diskutabel, wie z.B. das Burka-Verbot in Frankreich und Österreich oder das Minarett-Verbot aufgrund einer Schweizer Volksabstimmung.

Hintergrund: Die liberale Verfassungstheorie verlangt zwar keine „Wirkungsneutralität“ aller Gesetze (man kann es nie allen Gruppen Recht machen), sondern deren säkular-rationale „Begründungsneutralität“ (Stefan Huster). (21) D.h.: Man darf beim „öffentlichen Vernunftgebrauch“ (Jürgen Habermas), etwa im Parlament, für strengere Abtreibungsgesetze plädieren – aber dabei nicht mit der Bibel argumentieren. Man darf – siehe Frankreich und Österreich – die Burka verbieten, wenn sie „die in einer Demokratie erforderliche Kommunikation im Alltag erschwert“ oder zum Schutz von Frauenrechten, aber niemals, um „nicht assimilierte“ Bürger aus dem Lande zu ekeln. Dementsprechend hat der Europäische Gerichtshof für Menschenrechte (EGMR) nationale

Einschränkungen religiöser Symbole im öffentlichen Raum abgesegnet, soweit es um die Sicherheit und öffentliche Ordnung geht, jedoch betont, dass solche Einschränkungen verhältnismäßig und nicht diskriminierend sein müssen.

Kurz: Alles hängt von der jeweils konkreten, einzelnen gesetzlichen Regelung ab – über die selbstverständlich debattiert werden darf. Das entspricht Artikel 3 III Grundgesetz sowie dem Gebot der religiösen und „*ethischen* Neutralität des Staates". (22) Das Gebot untersagt ja gerade die „Privilegierung bestimmter Bekenntnisse". (23)

V. Religionsfreiheit

Und doch: Wer Privilegien abbauen will, stößt schnell auf eine „Religionsfreiheit", die vom Bundesverfassungsgericht zum 'Supergrundrecht' erhoben wurde. (24) Es berechtigt dazu, die „gesamte Lebensführung" nach Religionsgeboten auszurichten. Bei Christen ist das in aller Regel kein Problem – schon weil sie keine Andersgläubigen verfolgen und staatliche Gesetze prinzipiell akzeptieren. Doch begünstig wird im Ergebnis der Islam. Diese Rechtsprechung fand im Kopftuchbeschluss von 2015 ihren vorläufigen Höhepunkt: Indem es dem Gesetzgeber den Versuch einer gereralisierenden Gefahrenabwehr „verbietet", leistet es der Islamisierung Vorschub. Wie das?

Vordergründig sollen zwar alle Religionen gleichberechtigt behandelt werden. Doch während christliche Kreuze an der Wand in Schulen und Gerichtssälen schon seit Jahrzehnten verboten sind, lehnte Karlsruhe ein Kopftuch-Verbot bei Lehrerinnen ab. Denn der Staat dürfe keineswegs islamische Symbole verbieten, wo er christliche (Kreuz um den Hals) noch erlaubt. (25) Dies „verbiete sich" – auch dem widerstrebenden Gesetzgeber. So hebelt man juristisch jede „christliche Leitkultur" aus.

Vordergründig sollen zwar alle Religionen gleichberechtigt behandelt werden. Doch während christliche Kreuze an der Wand in Schulen und Gerichtssälen schon seit Jahrzehnten verboten sind, lehnte Karlsruhe ein Kopftuch-Verbot bei Lehrerinnen ab. Denn der Staat dürfe keineswegs islamische Symbole verbieten, wo er christliche (Kreuz um den Hals) noch erlaubt. (25) Dies „verbiete sich" – auch dem widerstrebenden Gesetzgeber. So hebelt man juristisch jede „christliche Leitkultur" aus. Hingegen verstärkt es auf muslimische Mädchen den Druck, sich korangetreu zu verhalten. Und ohnehin schon gemobbte „ungläubige" Schüler sind künftig womöglich auch noch mit Klassenlehrerinnen konfrontiert, die mit Kopftuch „Flagge zeigen" (26) – so tatsächlich aktuell im CDU-regierten Berlin.

Daß das keineswegs juristisch zwingend ist, zeigte eine Entscheidung des Europäischen Gerichthofs für Menschenrechte zum Schulkreuz in *italienischen* Schulen (2011): „Religionsfreiheit" im Sinne der Europäischen Menschenrechtskonvention (Art. 9 EMRK) ließe auch ein weniger strenges „Toleranz-Modell" mit „geringfügiger" Ungleichbehandlung von Minderheiten-Religionen zu. (27) Doch hiesige politische Parteien werden sich an der Karlsruher Rechtsprechung zu orientieren haben. Außerdem sind – je nach Lokalkolorit – Muslime teilweise längst in der Mehrheit im Vergleich zu Christen und Atheisten.

VI. Das „ewige" Sozialstaatsprinzip (Artikel 20 I, 79 III GG)

Sellner und andere weisen zu Recht gegenüber Krahs Modell darauf hin, daß sich viele Familien den Umzug in „bessere" Stadtteile (oder ins Ausland) nicht leisten können – was libertäre Digital-Nomaden weniger stört. Götz Kubitschek warnt deshalb vor dem „Im-Stich-Lassen" von Landsleuten. Schon der Historiker Rolf Peter Sieferle († 2016) hatte dies sorgenvoll vorausgesehen.

Wer übrigens „Sozialtransfers an Einwanderer weitgehend einstellen und so den Anreiz zur Einwanderung abstellen will", muß bei dieser „einfachen Lösung" dazusagen, daß dann der Sozialstaat für alle zusammengestrichen werden muß. Das Bundesverfassungsgericht untersagt dem Gesetzgeber ja sogar eine prinzipielle Differrenzierung zwischen *rechtmäßigem und illegalem Aufenthalt* von Ausländern. Auch hier hat das Gericht Wege versperrt. (Selbst über die „Bezahlkarte" für Asylbewerber ist das letzte Wort noch nicht gesprochen).

VII. Asylwende vs. EU-Recht

Alle Debattenteilnehmer sind sich einig, daß die paß- und visafreie, obendrein über „sichere Drittstaaten" erfolgende – also nach *nationalem* Recht jedenfalls illegale (28) – Massenzuwanderung gestoppt werden muß. Doch wie soll eine Grenzschließung entgegen vorrangigem EU-Recht (29) bewerkstelligt werden? Der Politologe Prof. Martin Wagener von der Hochschule des Bundes plädiert überzeugend für einen neuen Hightech-„Schutzwall", der auch ökonomisch problemlos sei, wenn man ihn intelligent errichte. (30) Er schlägt dazu einen Austritt Deutschlands aus dem „völkerrechtlichen Schengenabkommen" vor – was allerdings aufgrund der Überführung von Schengen ins EU-Recht unzulässig ist: ein Teil-Dexit (Rosinenpickerei) ist in den EU-Verträgen nicht vorgesehen. Vor Klärung dieser Fragen wirkt die Volksbegriff-Debatte mitunter wie ein Streit um des Kaisers Bart. Nach wie vor brennt migrationspolitisch das Dach – zu sehen an der unverändert hohen Zahl an Asyl-Erstanträgen.

Das Leipziger Urteil hat rote Linien aufgezeigt, die von der AfD zu beachten sind und möglicherweise präzisierende Distanzierungen von Sellner erfordern. Aber das Gericht hat weder „Remigration" in toto, noch einen ethnisch-kulturellen Volksbegriff zum juristischen Tabu erklärt. Arbeit mit dem feinen Kamm bleibt also unerläßlich.

VIII. Fazit

Wie aufgezeigt, haben beide – sowohl Krah, als auch Sellner – teilweise Recht, und teilweise übertreiben sie. Ja: Das Leipziger Urteil hat rote Linien aufgezeigt, die von der AfD zu beachten sind und möglicherweise präzisierende Distanzierungen von Sellner erfordern. Aber das Gericht hat weder „Remigration" *in toto*, noch einen ethnisch-kulturellen Volksbegriff zum juristischen Tabu erklärt. Arbeit mit dem feinen Kamm bleibt also unerläßlich.

Krah möchte das deutsche Volk vor einer „kulturell problematischen" ethnischen „Verschmelzung" schützen. Auch solche Töne wird man in Karlsruhe womoglich (als „Rassismus" oder dergl.) geißeln.

Das Migrationsproblem im Ganzen löst Krahs Konzept natürlich nicht. Im Gegenteil: „Ein kleines Kalifat plus Bürgergeld“ würde erst Recht zum „Pullfaktor“ werden, punktet Sellner. (31)

Krah scheint das infiltrierende Wesen des Islam nicht zu verstehen und seine sozialpsychologische Gruppendynamik zu unterschätzen. (32)

Zudem sind die Konsequenzen des EU-Asylrechts in der Lesart des EuGH der weitere Elefant im Raum, an dem nicht länger vorbeigeschaut werden darf.

Endnoten

(1) Krah, Interview bei Lukas Steinwandter, 20.05.2024, https://www.corrigenda.online/politik/interview-mit-maximilian-krah-herr-krah-haben-sie-jemals-geld-eines-fremdenstaates?

(2) Am 18.06.2025 erläuterte Krah erstmalig seine neue Position systematisch: Krah, Das Volk im multiethnischen Staat, https://sezession.de/70274/das-volk-im-multiethnischen-staat; sowie Krahs „15 Thesen“ bei https://www.alexander-wallasch.de/gesellschaft/deutschland-den-ethnien-und-alle-werden-gluecklich-sagt-maximilian-krah; Sellner entgegnet u.a. hier: https://sezession.de/70284/debatte-mit-krah-1-was-bisher-galt

(3) Urteil OVG NRW, 13.05.2024, Az. 5 A 1218/22 (Seite 65). Man beachte allerdings auch den unmittelbar folgenden Satz: „Sie [diese Äußerungen] schließen aber auch nicht aus, daß zur Bewahrung der ´ethnisch-kulturellen Identität gfs. auch diskriminierende Maßnahmen gegenüber deutschen Staatsangehörigen mit Migrationshintergrund herangezogen werden sollen“.

(4) Urteil BVerwG vom 24.06.2025, Az. 6 A 4.24, Pressemitteilung, URL: https://www.bverwg.de/pm/2025/48

(5) Christoph Möllers, Die verfassungsrechtliche Missbilligung eines materialisierten Volksbegriffs als Element des Schutzes der Verfassung, Der Staat, Bd. 62 (2023), S. 181–200.

(6) Dietrich Murswiek, Staatsvolk, Demokratie und Einwanderung im Nationalstaat des Grundgesetzes, Jahrbuch des öffentlichen Rechts der Gegenwart, Jahrgang 66 (2018) / Heft 1, S. 385-429; K. A. Schachtschneider /J. Bauch: Einwanderung oder Souveränität – Deutschland am Scheideweg, GHV 2015

(7) Das Wiedervereinigungsgebot wurde von westdeutscher Seite stets auf die Grundgesetz-Präambel und das völkerrechtliche Selbstbestimmungsrecht gestützt, s. etwa die ´Teso´-Entscheidung des BVerfG (1987).

(8) Zur Bedeutung von Art. 146 GG: A. Heumann, Presse- und Meinungsfreiheit im Lichte von Artikel 146 GG – Achillesferse des „Verfassungsschutzes“, Staats- und wirtschaftspolitische Gesellschaft e.V., 07.08.2024, URL: https://www.swg-mobil.de/2024/08/07/presse-und-meinungsfreiheit-im-lichte-von-artikel-146-gg-achillesferse-des-verfassungsschutzes/

(9) BVerfG vom 23.01.2024 (Az. 2 BvB 1/19).

(10) Jahresbericht 2024 des BVerfG – veröffentlicht im März 2025 -, S. 67. (Differenzierend jedoch das Urteil OVG NRW von Mai 2025, Az. 5 A 1218/22, S. 61/62 – hierzu weiter unten).

(11) M. Krah, Gastbeitrag bei AlexanderWallasch.de a.a.O.

(12) Krah, Interview bei Corrigenda a.a.O.

(13) Interview bei Corrigenda a.a.O.

(14) Krah, 28.05.2025, Sezession.de, /70289/jetzt-krah-antwortet-auf-sellner: „Der Staat darf Respekt vor und Zustimmung zu seinen liberalen Werten einfordern: Achtung der Gesetze, Beherrschen der deutschen Amtssprache, Rücksichtnahme auf die Freiheit anderer – Leitkultur. Aber er darf keine kulturelle Assimilation in die deutsche Mehrheitsgesellschaft fordern und durch Druck und „maßgeschneiderte Gesetze“ erzwingen.“

(15) Vgl. § 1631d mit § 1631 BGB.

(16) Pressemitteilung des BVerwG a.a.O. Schon das OVG Münster (a.a.O.) hatte Sellners Remigrationskonzept implizit verworfen: Es lägen [„in der Gesamtschau“] „hinreichende Anhaltspunkte dafür vor, dass nach dem politischen Konzept der [AfD] jedenfalls Flüchtlingen und anderen Zuwanderern, deutschen Staatsangehörigen mit Mi-

grationshintergrund und deutschen und ausländischen Staatsangehörigen islamischen Glaubens die Anerkennung als gleichberechtigte Mitglieder der rechtlich verfassten Gemeinschaft versagt werden soll."

(17) M. Sellner, Remigration. Ein Vorschlag (Antaios 2024), S. 66.

(18) Karlsruher NPD-Urteil (2017), Leitsatz 9a: „Die Antragsgegnerin strebt nach ihren Zielen und dem Verhalten ihrer Anhänger die Beseitigung der freiheitlichen demokratischen Grundordnung an. Sie zielt auf eine Ersetzung der bestehenden Verfassungsordnung durch einen an der ethnischen „Volksgemeinschaft" ausgerichteten autoritären „Nationalstaat". Dieses politische Konzept missachtet die Menschenwürde aller, die der ethnischen Volksgemeinschaft nicht angehören, und ist mit dem grundgesetzlichen Demokratieprinzip unvereinbar."

(19) Gastbeitrag G. Vierfuß, https://sezession.de/70275/sellners-remigrationskonzept-ist-verfassungskonform.

(20) Sellner verteidigt sein Konzept auf X: „Für den bereits eingebürgerten, aber nicht assimilierten Teil einer Remigrationszielgruppe gebietet sich ein langfristiges, maßvolles Vorgehen: Bei Doppelstaatsbürgerschaften ist unter bestimmten Voraussetzungen ein Verlust der Staatsbürgerschaft möglich. Abgesehen davon sollen Assimilations- und Remigrationsdruck langfristig die Parallelgesellschaft abbauen." Genau damit betritt er aber die verfassungsrechtlich tiefgraue Zone.

(21) Grundlegend: Stefan Huster, Die ethische Neutralität des Staates (2002), 2. Aufl. 2017, S. 29/30 und 200 ff. Konsequent in diesem Geiste die ´Richterin mit Kopftuch´ fordernd: Aqilah Sandhu, https://verfassungsblog.de/der-anschein-der-neutralitaet-als-schuetzenswertes-verfassungsgut/. Auch K. A. Schachtschneider fordert die weltanschauliche Neutralität des Staates, u.a. wegen Art. 140 GG iVm. 136 I WRV (Die nationale Option, 2017), folgert allerdings gerade hieraus für den Islam verfassungsrechtliche „Grenzen der Religionsfreiheit", v.a. bei der Religionsausübung i.S.v. Art. 4 Absatz II GG.

(22) St. Huster a.a.O.

(23) So schon 1965 BVerfGE 19, 206 [216]: „Das Grundgesetz legt durch Art. 4 Abs. 1, Art. 3 Abs. 3, Art. 33 Abs. 3 GG sowie durch Art. 136 Abs. 1 und 4 und Art. 137 Abs. 1 WRV in Verbindung mit Art. 140 GG dem Staat als Heimstatt aller Staatsbürger ohne Ansehen der Person weltanschaulich-religiöse Neutralität auf. Es (...) untersagt auch die Privilegierung bestimmter Bekenntnisse." Fortgeführt in BVerfGE 24, 236 [246]; 30, 415 [422], 32, 98 [106], 23, 33 [28]; 41, 29 [49, 50, 51,]; 41, 65 [84]; 52, 223 [240 f., 249].

(24) Kritisch: Karl Albrecht Schachtschneider, Grenzen der Religionsfreiheit am Beispiel des Islam, Duncker & Humblot, 2010; auch Ulrich Vosgerau, Freiheit des Glaubens und Systematik des Grundgesetzes, Duncker & Humblot, 2007.

(25) Hingegen akzeptierte das BVerfG 2020 ein Kopftuchverbot für Rechtsreferendarinnen (Arg.: Anders als etwa in der Schule trete der Staat dem Bürger in der Justiz klassisch-hoheitlich gegenüber).

(26) Zum Ganzen: A. Heumann, Religionsfreiheit vor Gericht. Furchtbare Juristen. Das Bundesverfassungsgericht und sein Supergrundrecht der Religionsfreiheit, Junge Freiheit, 17.04.2015, URL: http://heumanns-brille.de/wp-content/uploads/2016/10/2015-04-17-JF-17-15-Seite-18-Rubrik-Forum-1.pdf

(27) EGMR vom 18.03.2011 (zit. nach Huster a.a.O., Einleitung, Seite XXXIX).

(28) §§ 3 – 15 Aufenthaltsgesetz („Ausländer dürfen nur in das Bundesgebiet einreisen oder sich darin aufhalten, wenn sie einen anerkannten und gültigen Pass oder Passersatz besitzen ...") und § 18 Asylgesetz.

(29) Das „Vorrang"-Problem betrifft vor allem die „Dublin-III"- sowie die „Schengen"-Verordnung der EU.

(30) Martin Wagener, Deutschlands unsichere Grenze. Plädoyer für einen neuen Schutzwall, München 2018. Wageners Lehrtätigkeit am Zentrum für Nachrichtendienstliche Aus- und Fortbildung endete 2021 mit der Erteilung eines Betretungsverbotes, nachdem der Verfassungsschutz Passagen seines Buches „Kulturkampf um das Volk: Der Verfassungsschutz und die nationale Identität der Deutschen" als extremistisch bewertet hatte (Wikipedia). Das „Schutzwall"-Buch wurde hingegen nicht als „Dienstvergehen" aufgefaßt.

(31) Sellner, Sezession.de /70285/debatte-mit-krah-2-dreifacher-konsensbruch

(32) Immer noch instruktiv: Manfred Kleine-Hartlage, Das Dschihad-System. Wie der Islam funktioniert (Resch-Verlag, 2010).

Der Beitrag erschien zuerst auf der Internetseite von RA Alexander Heumann: https://heumanns-brille.de/

Alexandre Kojève bei Verhandlungen 1961 in Santiago de Chile

Boris Blaha

Die Verschwörung

„…dass es außerhalb des Versprechens keine ‚Moralisiererei' geben darf"
Hannah Arendt

Im August 1945 – nicht einmal vier Monate nach der Kapitulation des Dritten Reiches – schickte der damals schon berühmte Pariser Philosoph Alexandre Kojève ein Memorandum an den Chef der provisorischen Regierung Frankreichs, Charles de Gaulle. Kaum war das auf tausend Jahre angelegte germanische Reich nach nur wenigen Jahren in einer gigantischen Katastrophe zerplatzt, empfahl Kojève seinem General die Errichtung eines neuen lateinischen Reiches, bestehend aus den katholischen Ländern Spanien, Italien und Frankreich, das mit der Grande Nation als *primus inter pares* das germanische Reich in die Rolle des unterworfenen Knechts zwingen sollte.

Aleyandre Kojève empfahl General Charles de Gaulle die Errichtung eines neuen lateinischen Reiches, bestehend aus den katholischen Ländern Spanien, Italien und Frankreich, das mit der Grande Nation als primus inter pares das germanische Reich in die Rolle des unterworfenen Knechts zwingen sollte.

Der Exil-Russe und Hegel-Kenner Kojève war nicht irgendwer. Kaum einer der französischen Mandarins, die in der Nachkriegszeit Rang und Namen gewannen, war nicht in seinen Vorlesungen zu Hegels *Phänomenologie des Geistes*, die er von 1933-39 an einer Pariser Hochschule hielt. In einem Zeitungsbeitrag von 2018 erinnerte Wolf Lepenies zu Kojèves 50sten Todestag an einen Satz, der deutlich machte, wie sich der um Selbstbewusstsein nicht verlegene Kojève selbst sah: „De Gaulle entscheidet über die Atombombe und Russland. Ich entscheide über alles andere."

In Frankreich wurde der Text des Memorandums erst 1990 veröffentlicht, eine deutsche Übersetzung erschien 1991[1]. Dass es sich dabei nicht um weltfremde Ideen eines Philosophen handelte, mögen ein paar wenige Hinweise verdeutlichen. Stellvertretend für viele deutsche Nachkriegsstimmen sei an Peter Glotz erinnert, der angesichts der drohenden deutschen Wiedervereinigung weniger aus Einsicht, denn aus Pflege seines anti-deutschen, anti-nationalen Affekts an die Tradition des Reiches anknüpfen wollte, um den *Irrweg des Nationalstaats* zu vermeiden. Außer dem „Anti-", mit dem mittlerweile eine ganze westdeutsche Generation versucht, sich aus der politischen Verantwortung zu stehlen, hatte er allerdings nicht viel anzubieten. Am 15. März 2013 erschien in der italienischen Tageszeitung *La Repubblica* ein Text von Giorgio Agamben, der mit einer apokalyptischen Warnung nachdrücklich an Kojèves Vorstellung vom lateinischen Reich erinnerte, um der drohenden deutschen Vormacht in Europa etwas entgegen zu setzen. Thomas Assheuer deutete daraufhin in DIE ZEIT Agambens Pamphlet als finalen Weckruf: „Entweder Europa schreibt seine Verfassung um und gründet ein ‚lateinisches Reich‘ unter Führung Frankreichs. Oder es zerfällt“.

Die wenigen Hinweise müssen genügen, um darauf aufmerksam zu machen, dass die Frage der politischen Ordnung Europas keineswegs beantwortet ist. Die Identifikation des Nationalsozialismus als „deutsches Problem“ verschleiert nur die westliche Dimension der Krise. Die nationale Entpolitisierung und europäische Zentralisierung einst nationalstaatlicher Bürokratien hat zwar den bürokratischen Sektor extrem vergrößert, dafür den nationalstaatlichen Souverän zugunsten einer Herrschaft des Niemand weiter entpolitisiert, an den fundamentalen Defiziten der politischen Ordnung aber wenig verändert. Außer den Profiteuren wird kaum jemand den Sumpf aus Korruption, Inkompetenz und maßloser Selbstüberschätzung, in dem die EU versinkt, als Leuchtturm politischer Klugheit hinstellen.

Die nationale Entpolitisierung und europäische Zentralisierung einst nationalstaatlicher Bürokratien hat zwar den bürokratischen Sektor extrem vergrößert, dafür den nationalstaatlichen Souverän zugunsten einer Herrschaft des Niemand weiter entpolitisiert, an den fundamentalen Defiziten der politischen Ordnung aber wenig verändert.

Im August 1950, nur fünf Jahre später als Kojèves Memorandum, begann Hannah Arendt mit der Niederschrift der ersten Textfragmente zur Frage „Was ist Politik“. Auch diese Texte, zahlreiche Briefwechsel und das Denktagebuch sind erst nach ihrem Tod aus dem Nachlass veröffentlicht worden. Weil Philosophen und Theologen immer nur *den* Menschen dachten, so Arendts einfache wie weitreichende Antwort, orientierten sich ihre Vorstellungen einer politischen Ordnung an einem singulären Körper, dessen unterschiedliche Organe und Regungen von einem Zentrum sowohl unter Kontrolle als auch zum Ausdruck zu bringen seien. Zur entscheidenden Frage jeder politischen Ordnung, wie einer prinzipiell unendlichen Menge unterschiedlicher Meinungen ein gewaltfreier Austragungsort ihrer Differenzen einzurichten sei, hatten die Metaphysiker nicht viel zu sagen. Es könnte sich daher lohnen, eine dezidiert philosophische Perspektive, eine sich tastend davon emanzipierende politische und die tatsächliche Entwicklung mit dem Schwerpunkt auf Deutschland gegeneinander zu beleuchten.

Das Ende des Nationalstaats

Kojève wie Arendt gingen durch die Erfahrung der zwei Weltkriege davon aus, dass die Zeit der kontinentaleuropäischen Nationalstaaten vorbei sei, kamen aber aus unterschiedlichen Wegen zu dieser Einsicht und zogen gänzlich andere politische Schlussfolgerungen aus der gleichen Erfahrung. Kojève machte es an der Niederlage des Dritten Reiches und seiner Wunschvorstellung fest, dass Frankreich zukünftig auf dem Kontinent wieder die erste Geige zu spielen hätte. Dazu müsse man mit der gesamten nationalen, liberalen Tradition brechen, die blockierende Links/Rechts-Opposition überspringen, um als lateinisches Reich unter Frankreichs Führung ‚den gesamten Okzident – den lateinischen und den anderen – vor dem Ruin zu retten‘. Indem er de Gaulle als gerechten christlichen Herrscher gegen den Tyrannen Hitler positionierte, argumentierte Kojève in vertrauten Bahnen. Als Beleg für die deutschen ideengeschichtlichen Kontinuitäten führte Fritz Fischer einen Vortrag an, den Helmut von Moltke 31 Jahre zuvor im November 1914 gehalten hatte. Moltke formulierte seinerzeit durchaus ähnlich, aber mit germanischem statt lateinischem Herrschaftsanspruch: „Die romanischen Völker haben den Höhepunkt ihrer Entwicklung schon überschritten, sie können keine befruchtenden Elemente in die Weltentwicklung hineintragen. Die slawischen Völker, in erster Linie Russland, sind noch zu weit in der Kultur zurück, um die Führung der Menschheit zu übernehmen. Unter der Herrschaft der Knute würde Europa in den Zustand geistiger Barbarei zurückgeführt werden. England verfolgt nur materielle Ziele. Eine günstige Weiterentwicklung der Menschheit ist nur durch Deutschland möglich.“[2]

Zwei Weltkriege später wäre eine ‚germanische Marschrichtung‘ unter deutscher Führung, selbst ohne England, für Frankreich tödlich, eine Wendung, mit der Kojève den okzidentalen Antagonismus zwischen dem lateinischen und dem germanischen wieder umkehrt. Für ihn sollte der Weltgeist ab jetzt französisch sprechen. Bei der Frage, wie die Autonomie des lateinischen Allgemeinwillens zur Geltung zu bringen sei, wie und durch wen er konkret politisch verkörpert werden könne, hielt sich Kojève bedeckt. Neben General de Gaulle tauchte nur ein weiterer Name auf, der allerdings eigens betont und somit als Präzedenzfall herangezogen werden kann. Nach dem Ende der liberalen, d.h. nationalen oder nationalistischen Periode, müsse man sich dem imperialen Problem neu stellen: „Man kommt gewissermaßen in die Zeit Gregors VII. zurück – allerdings mit dem Unterschied, dass es die Kirche nun auf der politischen Ebene nicht mehr mit einem pränationalen sondern mit einem postnationalen Reich zu tun haben wird. Und das ändert die Situation grundlegend: es erfordert von neuem eine Haltung und eine Entscheidung, die ‚total' sind."[c] Die Erwähnung von Gregor VII., der auch die Zuchtrute Gottes genannt und mit dem Alleinherrschaftsanspruch des *Dictatus Papae* bekannt wurde, in Verbindung mit dem Wort ‚total' lässt erahnen, dass Kojève eine französisch dominierte Herrschaft des EINEN im Sinn hatte. Von den 27 einzeln formulierten Ansprüchen des *Dicatus Papae* sei nur diejenige zitiert, die das Urteilen und Rechtswesen betrifft: „Dass sein Urteilsspruch von niemandem widerrufen werden darf und er selbst als einziger die Urteile aller widerrufen kann."

„Ich bin auch nicht der Meinung, dass Nationalismus tot ist. Im Gegenteil. Was tot ist, ist die Nation oder besser der Nationalstaat als Organisation von Völkern. Dies dürfte jedem Historiker, der weiß, dass die Nation von ihrer Souveränität abhängt und von der Identität von Staat, Volk und Territorium, klar sein."
Hannah Arendt

Wie der feudale Fürst, der aus militär-ökonomischen Gründen mit dem Aufkommen der Artillerie irgendwann seine Krieger nicht mehr ausreichend ausstatten kann, in der Nation aufgehoben wird, müsse der Nationalstaat, um sich im Umfeld von Imperien behaupten zu können, größeren Gebilden weichen. Die auf eine klassische Nationalökonomie und -bevölkerung begrenzte Kriegsfähigkeit der Nazis hätte sich als nicht mehr ausreichend erwiesen. Auch mit stetig wachsendem Sklavenarsenal aus den eroberten Gebieten hätte Hitlers idealer Nationalstaat seine imperialen Ansprüche nicht umsetzen können und sei an seinen zentralen Widersprüchen gescheitert. Um moderne Armeen auszustatten, im Kampf um Anerkennung kriegs- und behauptungsfähig zu bleiben, müssten Nationen in größeren Reichen aufgehoben werden. Wer sich gegen Gebilde wie den sowjetischen „*Imperial*sozialismus" oder den angelsächsischen „*Imperial*kapitalismus" als merklich kleineres Europa behaupten wolle, könne dies nur mit einem ebenfalls imperialen Konstrukt *verwandter* Nationen. Deutschland, so resümierte Kojève seine geschichtliche Lektion, hätte diesen Krieg verloren, weil es ihn als Nationalstaat gewinnen wollte.[d]

Während der Philosoph seiner Vorstellung von Gemeinwesen eine ökonomisch begründete hegelsche Geschichtsdialektik unterlegte, in der keine Stufe übersprungen werden kann: vom Landesherrn zur Nation, von der Nation zum Reich und vom Reich zur Menschheit, die Nation somit als ein notwendiges Durchgangsstadium angesehen wurde, das im Reich aufgehoben werden wird, konfrontierte sich Arendt weitaus intensiver den ungewohnten Erfahrungen der Zwischenkriegszeit, um zu zeigen, wie der Nationalstaat, der kein Nationalitätenstaat sein wollte, als politisches Experiment an seinen inneren Widersprüchen zerfallen ist. Kojève wie Arendt einte die Emphase auf der Fähigkeit, sich als Gemeinwesen nach den Erfahrungen neu zu konstituieren.[e] Am 21. April 1946 schrieb sie an Gershom Scholem: „Ich kann sie nicht daran hindern, ein Nationalist zu sein, obwohl ich auch nicht recht einsehen kann, warum sie so stolz darauf sind. Ich bin auch nicht der Meinung, dass Nationalismus tot ist. Im Gegenteil. Was tot ist, ist die Nation oder besser der Nationalstaat als Organisation von Völkern. Dies dürfte jedem Historiker, der weiß, dass die Nation von ihrer Souveränität abhängt und von der Identität von Staat, Volk und Territorium, klar sein."

Die von einigen immer noch glorifizierten ‚Friedensmacher'[f] der Versailler Verträge nach dem Ersten Weltkrieg hätten, um ihren *status quo* als Siegermächte zu erhalten, nicht nur das gerade durch den Krieg gescheiterte französische Modell des Nationalstaates in den Osten exportiert, mit dem grandiosen Experiment vom Selbstbestimmungsrecht der Völker[g] eine Unzahl von (kriegerischen) Konflikten angezettelt, die zum Teil bis heute andauern, sondern auch ganz ungeniert gefordert, dass die nationalen Minderheiten sich entweder assimilieren oder liquidiert werden müssten, was außer den erwünschten Nationen nicht nur die nationalen Minderheiten hervorbrachte, die gegen ihren jeweiligen Nationalstaat in Stellung zu bringen und als Kriegspfand zu nutzen waren, sondern auch eine der größten aller europäischen ‚Nationen' zum Vorschein brachte: die Massen von staatenlosen Flüchtlingen, die, aus jeder Rechtsgemeinschaft herausgesetzt, außerhalb der Gesetze stehend, nicht nur die apolitische Vorstellung von individuellen Menschenrechten ad absurdum führten, sondern das Recht innerhalb wie zwischen den Nationen von innen heraus zersetzten.

Das Experiment, eine internationale Körperschaft als Garanten der Menschenrechte einzusetzen, war so schnell an den politischen Realitäten gescheitert, dass man sich nur wundern kann, wie viele die Lektion bis heute nicht verstanden haben. Mit den Juden, die niemand haben wollte, führten die Nazis der westlichen Welt die Hohlheit ihrer unveräußerlichen Menschenrechte vor. Entweder man setzte die alteuropäische Tradition fort, den Schutz des jeweiligen Landesherren zu erbitten oder man setzte seine Hoffnungen auf einen revolutionären Aufbruch, der in der Folge der Franz. Revolution mit der Koppelung von Volkssouveränität und Menschenrechten das eigentliche Modell eines Nationalstaates abgegeben hatte.

Das Experiment, eine internationale Körperschaft als Garanten der Menschenrechte einzusetzen, war so schnell an den politischen Realitäten gescheitert, dass man sich nur wundern kann, wie viele die Lektion bis heute nicht verstanden haben.

Wo aber die Nation den Staat okkupierte, zersetzte sie die gewachsenen Rechtsinstitutionen und pervertierte das Recht zur Funktion eines einigen Volkswillens: Recht ist, was dem Volke nutzt. Wer sich als nationale Minderheit weder assimilieren noch liquidieren ließ, wurde denaturalisiert und aus der Staatsbürgerschaft entlassen.[h] Die Bürgerkriege, die den Ersten Weltkrieg in die Zwischenkriegszeit verlängerten, hatten Völkerwanderungen zur Folge, „wie sie Europa seit Jahrhunderten, ja seit Jahrtausenden nicht mehr gekannt hatte."[i] Es entstanden die „überflüssigen Menschen", über deren Daseinsrecht andere entschieden.

Da kein Staat die staatenlosen Flüchtlinge haben wollte, waren sie nicht deportierbar. In einer Ordnung von Nationalstaaten, die alle aneinander grenzten, blieb als einziger gesetzloser Ort für die staatenlosen Flüchtlinge das Internierungslager. Die Verwüstungen im Inneren waren noch gewichtiger. „Da der Staatenlose ‚die Anomalie darstellt, für die das Gesetz nicht vorgesorgt hat', kann er sich nur dadurch normalisieren, dass er den Verstoß gegen die Norm begeht, die im Gesetz vorgesehen ist, nämlich das Verbrechen."[j] Es entstand die verrückte Situation, dass rechtlose und völlig unschuldige Flüchtlinge Verbrechen begehen mussten, um dadurch wieder Teil einer Rechtsgemeinschaft zu werden, aus der sie zuvor ausgesetzt worden waren.[k] Gegenüber der Masse von rechtlosen Flüchtlingen formierte sich eine nicht weniger gesetzlose Polizei, die mit den Staatenlosen machen konnte, was sie wollte, ein Instrument, dass autoritäre bis totalitäre Regierungen vorzüglich zu nutzen wussten.

Das Ende der französischen Revolution

Mit der französischen Revolution entstand nicht nur das Modell des Nationalstaates, sondern mit der Volkssouveränität zugleich das Element, das zur größten Gefahr dieses Nationalstaates wurde, auch darin waren sich Kojève wie Arendt im Prinzip einig. Während die von den remigrierten Postmarxisten kräftig beförderte antifaschistische Ideologie den Nationalsozialismus in die reaktionäre Ecke zu bannen suchte, um die revolutionäre Utopie erhalten zu können, ahnten Kojève wie Arendt das Verhängnis, das die französische Revolution auf dem Kontinent hinterlassen hatte. „Es ist ja klar, dass die Hitlerparole ‚Ein Reich, ein Volk, ein Führer' nur eine – schlechte – deutsche Fassung des Ordnungsrufes der französischen Revolution ist: ‚Die Republik ist eine und unteilbar" schrieb Kojève an de Gaulle und attestierte Hitler, ein aus der Zeit gefallener Robespierre mit napoleonischer Attitüde zu sein. Die Frage, ob die französischen Institutionen dem Ansturm einer revolutionären Massenbewegung standhalten würden, stellte er sich im Unterschied zu Arendt, die nach der Emigration in die USA sehr genau die Unterschiede zwischen der französischen und der amerikanischen Revolution studiert hatte, jedoch nicht.

Mit der Volkssouveränität als Grund einer Nation statt dem Gesetz als Zivilisierung eines Landes entstand auch die größte Gefahr des Nationalstaats: die Mobilisierung des Mobs.[1] „Da diese Staatsform gleichzeitig die Errichtung verfassungsmäßiger Regierungen bedeutet und wesentlich auf der Herrschaft der Gesetze gegen willkürlich despotische Verwaltungen beruht hatte, war es auch die Gefahr, die gerade für diese Regierungen tödlich war. Sobald das immer prekäre Gleichgewicht zwischen Nation und Staat, zwischen Volkswillen und Gesetz, zwischen nationalem Interesse und legalen Institutionen verloren ging zugunsten eines demagogisch verhetzten Volkswillens [...] erfolgte die innere Zersetzung des Nationalstaates mit großer Geschwindigkeit.“[m] Ohne politische Institutionen, die über ausreichend anerkannte Autorität verfügen, medial angefachten Massenhysterien etwas entgegen zu setzen, ist die Mobilisierung des Mobs der Untergang des alten Europa, eine Lektion, die man schon aus den Erfolgen der nationalsozialistischen Bewegung hätte lernen können und die heute – nach der Erfahrung einer Pandemie, die nur in den Medien existierte – über die Zukunft Europas entscheidet.

Weder Sozialismus noch Liberalismus

Nach dem Krieg hielten Arendt wie Kojève die Rückkehr zu einer bürgerlichen liberalen Ordnung für einen verhängnisvollen politischen Fehler, bewerteten allerdings den Stalinismus unterschiedlich. Ohne politische Idee, die den nationalen Rahmen der revolutionären unteilbaren Republik überschreite, so warnte Kojève eindrücklich de Gaulle, würde die liberale Entpolitisierung aus den Franzosen degenerierte, korrupte *bourgeois* machen, womit Frankreich in wenigen Jahren in der Bedeutungslosigkeit verschwinden, die zivilisatorischen Errungenschaften einer christlich-katholischen Welt vergessen würden. Der am Maßstab einer Sicherung des bloßen Lebens und einer Vergötterung eines aus allen Machtoptionen isolierten Individuums orientierte pazifistische Liberalismus wolle die politische Realität unterschiedlicher Gemeinwesen zugunsten einer zentralisierten und bürokratisierten Verwaltung mit angeschlossener Polizei für die Zwangsmittel auflösen, den Staat also in einen sozial-ökonomischen Polizeistaat verwandeln, während der internationalistische Sozialismus jede politische Differenzidentität und ihren Kampf um Anerkennung dadurch überspringe, dass er die gesamte Menschheit als Basis totaler Herrschaft und Planung ansetzen würde. Stattdessen seien Imperien *verwandter Nationen* mit der Religion als verbindendem Element die einzige Möglichkeit, dem Verschwinden Frankreichs als eigenständigem Gebilde vorzubeugen. Statt der Familie der Nationen teilte Kojève die Welt in drei unterschiedliche Imperien ein und nahm dabei die Religion als den wichtigsten politischen Faktor einer Verwandtschaft: den slawisch-sowjetisch-orthodoxen Block, den germanisch-angelsächsisch-protestantischen Block und den lateinisch-katholischen mit Frankreich an der Spitze. Ein Land wie Deutschland, das fähig sei, einer Illusion bis zur Erschöpfung nachzulaufen, hielt er für politisch hoffnungslos, eine Einschätzung, der man – bislang wenigstens – schwerlich widersprechen kann. Deutschland würde sich im germanisch-protestantischen Block einsortierten oder erneut zur großen Gefahr Europas werden. Eine Freiheitsperspektive für die mitteleuropäischen Länder, die gegen ihren Willen in das sowjetische Imperium eingezwungen wurden, spielte für Kojève keine Rolle.

Statt der Familie der Nationen teilte Kojève die Welt in drei unterschiedliche Imperien ein und nahm dabei die Religion als den wichtigsten politischen Faktor einer Verwandtschaft: den slawisch-sowjetisch-orthodoxen Block, den germanisch-angelsächsisch-protestantischen Block und den lateinisch-katholischen mit Frankreich an der Spitze.

Arendt, die zur Sichtung, Inventur und Verteilung noch vorhandener jüdischer Kulturgüter nach dem Krieg aus den USA wieder nach Europa gekommen war, merkte ebenfalls schnell, dass die Adenauer-Republik keinerlei Anstalten machte, sich ihrer tatsächlichen politischen Lage zu konfrontieren und schrieb schon 1952

1818 malte Friedrich Heinrich Füger die Ermordung Julius Cäsars in Öl.

enttäuscht an ihren Mann von der Wiederkehr des „verstunkenen Liberalismus".[n]

Der Fluchtpunkt von Liberalismus und (Öko-)Sozialismus, so lassen sich beider Warnungen zuspitzen, ist die Verwandlung der Menschheit in ein einziges globales Lager unter einheitlicher bürokratischer Herrschaft, die Menschen, ihre Unterschiede, ihre Fähigkeiten und ihre Geschichten in behavioristisch steuer- und planbare Reiz-Reaktionsindividuen zurück züchtet, eine von heute und den ‚Fortschritten' von Big Tech aus gesehen, merklich näher gekommene Dystopie.

Der Fluchtpunkt von Liberalismus und (Öko-)Sozialismus, so lassen sich beider Warnungen zuspitzen, ist die Verwandlung der Menschheit in ein einziges globales Lager unter einheitlicher bürokratischer Herrschaft, die Menschen, ihre Unterschiede, ihre Fähigkeiten und ihre Geschichten in behavioristisch steuer- und planbare Reiz-Reaktionsindividuen zurück züchtet, eine von heute und den ‚Fortschritten' von Big Tech aus gesehen, merklich näher gekommene Dystopie.

Während jedoch Kojève die totalitären Erfahrungen in links und rechts aufspaltete und das politische Genie Stalins hervorhob, der sowohl gegenüber der trotzkistischen „Utopie" wie gegenüber dem Anachronismus eines Hitlerschen National-Sozialismus die Notwendigkeit eines begrenzten, aber beherrschbaren Imperial-Sozialismus erkannt habe, stellte Arendt nach den totalitären Einbrüchen die Frage, wie denn überhaupt Herrschaft in die Politik gekommen war, der sie ursprünglich fremd gewesen sei.

Der Tyrann und die Verschwörung

Während der Gesellschaftsvertrag nur eine fiktive Unterstellung der Philosophen ist, erscheint die Verschwörung als jener politische Knoten, an dem sich Politik, Macht und Recht in negativer wie positiver Weise verschränken. In der gegenwärtigen Phase der intensiven Ideologisierung der veröffentlichten Meinung erhielt der Begriff der Verschwörung einen nicht nur mehrdeutigen, sondern manichäischen Charakter. Aus der Sicht derjenigen, die eine alleinige Herrschaft über den Diskurs etablieren wollten, wurde jede abweichende Meinung, egal wie sachlich fundiert sie begründet war, als Verschwörungstheorie diffamiert, während die so Diffamierten darauf insistierten, gegenüber der organisierten Lüge einer bloßen Herrschaftsanmaßung die eigentliche Tatsachenwahrheit – das haltgebende republikanische Element – zu vertreten. Damit ist ein politischer Sinn von Verschwörung wieder ans Licht gekommen, der in der deutschen Nachkriegsgeschichte, obwohl er durch die Kriegsverbrecherprozesse eigens eingeführt worden war, zunächst schnell wieder in der Verschattung verschwunden war. Der Begriff der Verschwörung im Zentrum der

Der Begriff der Verschwörung im Zentrum der öffentlichen Auseinandersetzung weist darauf hin, dass der demokratische Kontext verlassen und der tyrannische betreten wurde. Der Tyrann unterscheidet nur nach dem, was seine Macht stützt und was sie bedroht. Wer nicht für uns ist, ist gegen uns.

öffentlichen Auseinandersetzung weist darauf hin, dass der demokratische Kontext verlassen und der tyrannische betreten wurde. Der Tyrann unterscheidet nur nach dem, was seine Macht stützt und was sie bedroht. Wer nicht für uns ist, ist gegen uns. Aus der in einem demokratischen Kontext erwünschten Opposition wird im tyrannischen Kontext der Extremist und die Verschwörung, die rechtzeitig entdeckt und unschädlich gemacht werden muss, und sei es auch nur, um den Tyrannen als entschlossenen Retter erscheinen zu lassen. Aus der Sicht der Tyrannei bezeichnet der Extremismus alles, nur nicht die Tyrannei selbst.

Der Tyrann liebt die Verschwörung, solange er noch nicht an der Macht ist und er fürchtet nichts mehr als die Verschwörung, wenn er an der Macht ist, eine nahe liegende Paranoia, die man sowohl bei Stalin wie Hitler in ausgeprägter Form finden konnte und die auch gegenwärtig eine Rückkehr zu rechtlichen Verhältnissen zu blockieren sucht. Usurpatoren der Macht wissen intuitiv um ihre fehlende Legitimation. Sie wissen auch, dass die Beseitigung eines Tyrannen seit Alters her kein Verbrechen, sondern die angemessene Wiederherstellung eines zivilisierten Zustandes ist, in dem die Herrschaft der Gesetze wieder eingerichtet wird. Das macht die Tyrannen, die mit dem Rücken zur Wand stehen, und alle diejenigen, die von ihren verteilten Privilegien abhängig sind, so gefährlich.

Endnoten

a Das Lateinische Reich. In: Tumult. Schriften zur Verkehrswissenschaft 15 (1991), S. 92–122

b Fritz Fischer: Zum Problem der Kontinuität der deutschen Geschichte von Bismarck zu Hitler, in: Bracher et al. (Hg): Nationalsozialistische Diktatur 1933 - 1945 , Eine Bilanz, Bonn 1986, S. 770

c ebd. S. 120

d man muss an dieser Stelle darauf hinweisen, dass Israel Gefahr läuft, in einer ähnlichen Sackgasse zu landen. Die einzige sinnvolle politische Initiative nach dem von Arafat provozierten Scheitern der israelisch-palästinensischen Verhandlungen kam dazu von Donald Trump, der versuchte, den theokratisch verfassten Iran zu isolieren und Israel in potenzielle Allianzen mit anderen arabischen Staaten einzubinden

e vgl dazu vom Autor: Gesetzung und Bewegung, https://www.hannah-arendt.de/2019/05/gesetzung-und-bewegung/ ,

f vgl.: Margaret MacMillan: Die Friedensmacher, Wie der Versailler Vertrag die Welt veränderte, Berlin, 2018 und aus weniger illusionärer Perspektive: Robert Gerwarth: Die Besiegten. Das blutige Erbe des ersten Weltkriegs, München 2016

g Das Urteil des Internationalen Militärgerichtshofes in Nürnberg erwähnte in seiner Begründung ausdrücklich Punkt 1 des Parteiprogramms, das Adolf Hitler am 24. Februar 1920 in München verkündete: „Wir fordern den Zusammenschluss aller Deutschen auf Grund des Selbstbestimmungsrechtes der Völker zu einem Großdeutschland.", in: Das Urteil von Nürnberg, München 2005, S. 22

h Es hat auch in der Hochphase der Corona-Massenhysterie nicht viel gefehlt und man hätte die Ungeimpften in Lagern konzentriert.

i vgl. Hannah Arendt: Elemente und Ursprünge totaler Herrschaft, Frankfurt a.M. 1986, S. 422

j ebd. S. 446

k Heute entledigen sich sogenannte „Flüchtlinge" ganz bewusst ihrer Staatsbürgerschaft, weil sie längst gelernt haben, dass sie aus der Position der Vogelfreien der zerfallenenden Aufnahmegesellschaft am erfolgreichsten ihre Maßstäbe aufzwingen können. Selbst ein großer Teile der Richter demonstriert mit der Verweigerung einer angemessenen rechtlichen Sanktionierung den Unwillen, an diesem Zustand etwas zu ändern. Schon diese Konstellation, die innerhalb kurzer Zeit eine zivilisierte Rechtsgemeinschaft in eine Barbarei transformiert, führt das Gerede von der Integration ad absurdum. Einen Integrationssog können nur Gemeinwesen erzeugen, deren Gemeinschaft aus der Sicht der Neuankömmlinge erstrebenswert erscheint. Mit Deutschen, die nach dem verlorenen Krieg den Selbsthass der Juden kultiviert haben, ist das schwer vorstellbar.

l nicht zufällig erschien 2023 das Buch des Althistorikers Michael Sommer unter dem Titel: Volkstribun - Die Verführung der Massen und der Untergang der römischen Republik

m Elemente und Ursprünge, S. 434

n Brief aus Freiburg am 24. Mai 1952 an Blücher: „Mit der trügerischen Sicherheit hast Du mehr als recht. Hier auch, alles normalisiert sich. An Jaspers war das schon so deutlich. Wieder der alte verstunkene Liberalismus."

Aus dem Film „Animal Farm – Aufstand der Tiere"

Linksradikalismus von rechts: Die falsche Antwort auf die Krise der liberalen Demokratie

Jens Woitas

Die klassische Gewaltenteilung zwischen Legislative, Exekutive und Rechtsprechung funktioniert kaum noch. Alle diese Gewalten sind zur Beute von allmächtigen Parteien geworden.

Die These, dass die liberale Demokratie in unseren Tagen in einer tiefen Krise steckt, bedarf kaum noch einer Begründung. Das Gefüge der „etablierten" Parteien verschwimmt zu einem Einheitsbrei, der eindeutige Alternativen und damit die Option klarer politischer Richtungsentscheidungen durch Wahlen nicht mehr zulässt. Angesichts dieser Kartellbildung verschwinden zunehmend auch Kritik und kontroverse Diskussionen aus den Mainstream-Medien. Diese können somit keine politische Öffentlichkeit mehr herstellen, die als Voraussetzung für lebendige Demokratie unerlässlich ist. Auch als Korrekturfaktor in Gestalt einer „vierten Staatsgewalt" fallen diese Medien weitgehend aus, was umso schlimmer ist, da auch schon die klassische Gewaltenteilung zwischen Legislative, Exekutive und Rechtsprechung kaum noch funktioniert. Alle diese Gewalten sind nämlich zur Beute von allmächtigen Parteien geworden, die – wie wir schon gesehen haben – zu einem Kartell verschmolzen sind und sich deshalb nicht mehr gegenseitig kontrollieren können. Die Bürger haben zunehmend das Bewusstsein, dass sie keinen Einfluss mehr auf politische Entscheidungen besitzen, sodass von Demokratie („Volksherrschaft") im Wortsinne nicht mehr gesprochen werden kann. Seinen Gipfelpunkt erreicht dies dort, wo putschartige, mit Notstandssituationen begründete Entscheidungen offensichtlich das

Staatsganze schädigen, und damit automatisch auch das gesamte Staatsvolk: Bankenrettung, unkontrollierte Masseneinwanderung, „Corona“, Energiewende und die Hochrisikostrategie gegenüber Russland.

Diese Problematik ist keineswegs auf Deutschland beschränkt, sondern findet sich mit leichten Akzentverschiebungen in vielen Demokratien des Westens. Es greift viel zu kurz, rein inländische Ursachen etwa in der Person Angela Merkel, der Ampelregierung oder einer nicht wirklich vorhandenen staatlichen Souveränität der Bundesrepublik zu suchen. Vielmehr sehen wir in den USA, dem Vereinigten Königreich und in Frankreich Zustände unserer eigenen Krise, die in den genannten Staaten lediglich schon weiter fortgeschritten ist und auch bei uns böse Ahnungen von einem mittelfristig bevorstehenden Kollaps des politischen Systems weckt. In allen genannten Ländern existieren aber auch starke Gegenkräfte in Gestalt von Gegenöffentlichkeit und insbesondere von sogenannten „Rechtspopulisten“, die immerhin nach Alternativen zur vom Mainstream propagierten Alternativlosigkeit von aus der Not geborenen politischen Entscheidungen suchen. In diesem Artikel will ich mich mit der Frage beschäftigen, ob es aus der politischen Richtung des Rechtspopulismus überzeugende Lösungsansätze für die Krise der liberalen Demokratie gibt. Wir werden dabei leider sehen, dass dies nicht so ist und uns in Wirklichkeit von Trump, Le Pen, Farage, Höcke und Co. nur ein zweiter Aufguss von in der Praxis längst katastrophal gescheiterten marxistischen Ideen serviert wird. Diese Erkenntnis soll nicht als Anbiederung an den polit-medialen Mainstream missverstanden werden, sondern als Warnung der Opposition vor Irrwegen und als Aufruf zur Suche nach besseren Ideen.

Wir sehen in den USA, dem Vereinigten Königreich und in Frankreich Zustände unserer eigenen Krise, die in den genannten Staaten lediglich schon weiter fortgeschritten ist und auch bei uns böse Ahnungen von einem mittelfristig bevorstehenden Kollaps des politischen Systems weckt.

Der populistische Lösungsansatz läuft darauf hinaus, dass in einer erneuerten Demokratie die Politik endlich wieder vom Volkswillen bestimmt sein müsste. Das hört sich zunächst sehr vernünftig an, ist aber mit großen Fragezeichen verbunden. Bei den meisten politischen Fragen kann das Volk nämlich gar keinen einheitlichen Willen besitzen, weil es sich in unterschiedliche Interessengruppen und Grundhaltungen aufteilt. Es ist etwa völlig sinnlos, sich beim Thema „Bürgergeld“ auf einen Volkswillen zu beziehen. Das Volk muss sich hier in Leistungsempfänger und Leistungserbringer mit einander widerstreitenden Interessen spalten, zwischen denen ein Kompromiss gefunden werden muss. Es gibt zwar die bereits genannte Situation, in der es bei politischen Fragen um Interessen des Gesamtstaates geht, und damit zwangsläufig auch um Interessen des gesamten Staatsvolkes. Auch hier gibt es aber – Stichwort „Massenmigration“ – sehr unterschiedliche Interessen und Ansichten darüber, wie etwa das übergeordnete Ziel einer Einwanderungsbegrenzung umgesetzt und gestaltet werden sollte. Auch dabei existiert zunächst kein klar definierbarer Volkswille.

Der populistische Lösungsansatz läuft darauf hinaus, dass in einer erneuerten Demokratie die Politik endlich wieder vom Volkswillen bestimmt sein müsste. Das hört sich zunächst sehr vernünftig an, ist aber mit großen Fragezeichen verbunden.

Wenn man diese Problematik tiefer theoretisch durchdringen will, landet man fast zwangsläufig bei dem Demokratiemodell des Aufklärungsphilosophen Jean-Jacques Rousseau (1712-1778). In diesem Bild muss eine demokratische Regierung durch eine Instanz ausgeübt werden, die den „allgemeinen (Volks-)Willen“ (volonté générale) sehr viel besser erkennen kann als das – zumindest zu Rousseaus Zeiten – in der Regel ungebildete und abergläubische Volk selbst. Es ist völlig klar, dass diese Vorstellung sehr leicht zum Einfallstor für eine totalitäre Diktatur werden kann. Tatsächlich rechtfertigten im 20. Jahrhundert kommunistische Diktatoren mit genau dieser bei Rousseau entliehenen Begründung ihre absolute Herrschaft als demokratisch. In der „Deutschen Demokratischen Republik“ waren in diesem Weltbild institutionalisierte Machtkontrolle und politische Opposition weder notwendig noch akzeptabel, weil ja die unfehlbare Einheitspartei SED automatisch den Volkswillen verkörperte. Heute stellt sich die AfD als eine Partei dar, die quasi von selbst das deutsche Volk vertreten würde, sodass allen anderen Parteien eine wirkliche demokratische Legitimation fehle. Wenn es noch keine absoluten AfD-Mehrheiten gibt, dann liegt das in dieser Sicht der Dinge entweder an einer Benachteiligung der Partei durch die Mainstream-Medien oder gar an Wahlbetrug.

In anderen Formen des Populismus werden Personen wie Donald Trump, Wladimir Putin oder Viktor Orbán zu Verkörperungen ihrer Völker. Dies knüpft an die Vorstellung des Geschichtsphilosophen Oswald Spengler (1880-1936) an, der für das 21. Jahrhundert in Analogie zur altrömischen Kaiserzeit eine Herrschaft moderner „Cäsaren" als nahezu gesetzmäßig vorhersagte. In Extremformen des heutigen Populismus kommt es wie bei den „Freien Sachsen" oder den „Reichsbürgern" zu einer Beschwörung der Monarchie als quasi-natürlicher Staatsform. Hier wird ebenfalls eine Einzelperson zur Verkörperung des gesamten Volkes erklärt. Auch bei Cäsarismus und Monarchie wird aber in Orientierung an Rousseau eine Instanz proklamiert, welche den allgemeinen Volkswillen erkennen und verkörpern soll. Die Tendenz zur Tyrannei ist bei solchen Personenherrschaften sogar noch stärker ausgeprägt als bei den Ein-Parteien-Diktaturen des Sowjetkommunismus. Man sieht überdeutlich, dass hier auf der rechten Seite des politischen Spektrums typisch linksradikale und marxistische Denkmuster auftauchen, wobei sich die Protagonisten solcher Ansichten dieses Umstandes zumeist gar nicht bewusst sind. Bessere Zukunftsentwürfe müssen unbedingt politischen Pluralismus und institutionelle Machtkontrolle beinhalten und sich vor allem der Tatsache bewusst sein, dass es auch nach einem Ende der Vorherrschaft des heutigen polit-medialen Machtkartells Interessenkonflikte und unterschiedliche politische Grundhaltungen geben wird und auch geben muss.

Die Analogie zwischen Rechtspopulismus und Linksradikalismus lässt sich sogar noch sehr viel weiter treiben, als es mit dem Verweis auf das beiden gemeinsame Demokratiemodell von Jean-Jacques Rousseau schon geschehen ist. Beiden ist nämlich ebenfalls gemeinsam, dass sie Politik auf eine reine Machtfrage reduzieren, die auf dem Weg einer Revolution entschieden werden müsse.

Die Analogie zwischen Rechtspopulismus und Linksradikalismus lässt sich sogar noch sehr viel weiter treiben, als es mit dem Verweis auf das beiden gemeinsame Demokratiemodell von Jean-Jacques Rousseau schon geschehen ist. Beiden ist nämlich ebenfalls gemeinsam, dass sie Politik auf eine reine Machtfrage reduzieren, die auf dem Weg einer Revolution entschieden werden müsse. Marxisten sehen die gesamte Weltgeschichte als einen – nur in seiner Form aber nicht in seinem Wesen veränderlichen – ökonomischen Konflikt zwischen besitzenden und ausgebeuteten „Klassen". Der Rechtspopulismus nimmt diese Sichtweise in seiner bestimmenden Vorstellung von einem Grundkonflikt zwischen „Volk" und „Eliten" wieder auf. Eine keineswegs nebensächliche Konsequenz daraus ist, dass in beiden Ideologien Wahrheit zu einer reinen Machtfrage werden muss. Der Marxismus setzt seine eigene Propaganda den – tatsächlichen oder vorgeblichen – Lügen der herrschenden Klassen entgegen. Mit seiner eigenen revolutionären Machtübernahme wird er dann selbst zur unanfechtbaren Wahrheit erklärt. Genauso ist es auch im heutigen Rechtspopulismus zu einer fast schon dogmatischen Überzeugung geworden, dass der polit-mediale Machtkomplex ein einziges Lügengebilde darstellt, das angesichts des Wahrheitsanspruches der Gegenöffentlichkeit keine Existenzberechtigung mehr besitzt. Zwischentöne und sachliche Abwägungen werden bei Themen wie „Corona", „Klima" oder „Ukraine", aber auch auf anderen Politikfeldern zunehmend unmöglich. Dies führte in der inhaltlichen Auseinandersetzung mit dem Nahostkonflikt allzu viele Oppositionelle in die Denkfalle des Antisemitismus. Weil ja der polit-mediale Mainstream definitionsgemäß nur lügen kann, musste in diesem Weltbild das Hamas-Massaker vom 7. Oktober 2023 zwangsläufig die Schuld Israels sein. Die Folgen dieser Verirrung entzweien und schwächen die politische Opposition bis heute.

Auch im heutigen Rechtspopulismus ist es zu einer fast schon dogmatischen Überzeugung geworden, dass der polit-mediale Machtkomplex ein einziges Lügengebilde darstellt, das angesichts des Wahrheitsanspruches der Gegenöffentlichkeit keine Existenzberechtigung mehr besitzt. Zwischentöne und sachliche Abwägungen werden bei Themen wie „Corona", „Klima" oder „Ukraine", aber auch auf anderen Politikfeldern zunehmend unmöglich.

Aus der fragwürdigen Reduzierung von Politikinhalten und Wahrheitssuche auf Machtfragen folgt unmittelbar eine weitere Analogie zwischen Marxismus und Rechtspopulismus. Die Lösung aller Probleme kann in diesen Weltbildern nur eine Revolution sein, die auf fast schon magische Weise sowohl zur vollkommenen Erkenntnis der Wahrheit als auch zu einem Ende des gesellschaftlichen Unterdrückungsmechanismus führt. Unter „Revolution" verstehe ich hier nicht unbedingt einen gewaltsamen Umsturz der politischen Verhältnisse. Auch Wahlsiege mit einem – tatsächlichen oder nur angenommenen – Wählerauftrag zu einer radikalen, das politische System erschütternden Politikwende können als „revolutionär" bezeichnet werden. Der revolutionäre Impuls ist in den Jahrzehnten nach dem Umbruch von 1989/90 immer mehr von links nach rechts gerückt. Die Linken haben mehrheitlich Lehren aus den Kommunismus-Katastrophen des 20. Jahrhunderts gezogen und sich deshalb von Revolutionären zu spießig-konservativen Verteidigern des ökonomischen und politischen status quo entwickelt. Die Rechten laufen aber mit ihrer neo-revolutionären Haltung genau in dieselben marxistischen Denkfallen hinein, die George Orwell (1903-1950) in seiner Fabel Animal Farm literarisch meisterhaft beschrieben hat: Die Revolution führt nicht zu einer Idealgesellschaft, in der alle Unterdrückung verschwindet – von rechts gesehen wird hier meistens eine idealisierte Marktgesellschaft an die Stelle des utopischen Kommunismus gesetzt – sondern zu einer neuen Gewaltherrschaft, die schlimmer ist als die alte. Um dies zu kaschieren, muss das revolutionäre Regime immer neue Sündenböcke identifizieren und schließlich physisch ausrotten. Heute drohen noch keine massenhaften „Liquidierungen", aber die Sündenböcke sind schon da: Freimaurer, „Zionisten", sexuelle Minderheiten, die Pharmazie, politische Exponenten des „tiefen Staates", etc. Ebenso wenig wie Gerechtigkeit schafft die populistische Revolution von „uns hier unten" gegen „die da oben" Wahrheit, sondern setzt nur neue Formen dogmatischer Lügen – etwa die Leugnung eines Wirkungszusammenhanges zwischen der chemischen Zusammensetzung einer Atmosphäre und ihrem Wärmehaushalt – an die Stelle alter Lügen wie der Wirksamkeit und Sicherheit von „Corona-Impfstoffen".

Ebenso wenig wie Gerechtigkeit schafft die populistische Revolution von „uns hier unten" gegen „die da oben" Wahrheit, sondern setzt nur neue Formen dogmatischer Lügen – etwa die Leugnung eines Wirkungszusammenhanges zwischen der chemischen Zusammensetzung einer Atmosphäre und ihrem Wärmehaushalt - an die Stelle alter Lügen wie der Wirksamkeit und Sicherheit von „Corona-Impfstoffen".

Es ist aus meiner Sicht entscheidend wichtig, das hier beschriebene Phänomen eines „Linksradikalismus von rechts" zu erkennen, damit die daraus zwangsläufig resultierenden Folgen eines rechtspopulistischen „Revoluzzertums" noch rechtzeitig vermieden werden können. Das bedeutet keineswegs, den gegenwärtigen Zustand der liberalen Demokratie zu beschönigen oder gar die sich immer mehr zu einem neuen Totalitarismus entwickelnde Vorherrschaft des polit-medialen Kartells („unsere Demokratie") zu rechtfertigen. Man darf nur nicht den Teufel mit dem Beelzebub austreiben und unter Berufung auf den „Volkswillen" auf dem Umweg über Rousseaus Demokratiemodell seine eigene Diktatur mit gleichfalls unanfechtbaren Macht- und Wahrheitsansprüchen errichten wollen. Von der unbedingten Notwendigkeit von Pluralismus und institutioneller Machtkontrolle auch nach einem Sieg der heutigen Opposition habe ich schon gesprochen. Dazu muss sich noch eine weitere Erkenntnis gesellen: Die zähe und geduldige Suche nach der Wahrheit ist sehr viel wichtiger als reine Machtfragen. Die heute zu Unrecht Mächtigen können ihre falsche Dominanz nur verlieren, wenn ihr Anspruch, mit Macht Wahrheit zu begründen, immer wieder von neuem infrage gestellt wird. Dabei darf man aber diesen Fehler nicht kopieren und neue fragwürdige Dogmen errichten. Stattdessen muss man sich bewusst machen, dass Wahrheit niemals und für niemanden ein endgültiger Besitz sein kann, sondern immer nur in ergebnisoffenen, argumentativen Auseinandersetzungen angenähert werden kann, die in der Lage sind, Richtiges von Falschem zu unterscheiden. Dies geht auf die Wissenschaftstheorie des liberal-skeptischen Philosophen Karl Popper (1902-1994) zurück, dessen Buch „Die offene Gesellschaft und ihre Feinde" für jeden heutigen Oppositionellen Pflichtlektüre sein sollte. In diesem Sinne sollten Alternativmedien Foren für Wahrheitssuche und lebendige Diskussionen sein, aber nie selbst Propaganda betreiben. Anderenfalls müssen sie leider vom „Westfernsehen" zu einer bloßen Variante des „Ostfernsehens" werden.

Die heute zu Unrecht Mächtigen können ihre falsche Dominanz nur verlieren, wenn ihr Anspruch, mit Macht Wahrheit zu begründen, immer wieder von neuem infrage gestellt wird. Dabei darf man aber diesen Fehler nicht kopieren und neue fragwürdige Dogmen errichten.

Wenn auf dem beschriebenen Wege erst einmal eine klare Sicht auf die uns betreffenden Probleme erreicht worden ist, müssen ergebnisoffene Diskussionen über Lösungen folgen. Demokratischer Pluralismus kann hier zu vollkommen neuen Denkansätzen führen, die Auswege aus den scheinbar ausweglosen Sackgassen unserer Gegenwart weisen könnten. Es besteht dabei allerdings die Gefahr, dass eine ungefilterte Sicht auf die Größe der Bedrohungen zu Angstreflexen führen kann, die dann wiederum eine Flucht in die Diktatur begünstigen. In einer solchen Situation wären wir nicht die Probleme los, aber immerhin die Verantwortung für sie. Vor dieser Versuchung sollte man sich hüten. Die liberale Demokratie ist nicht tot, sondern ist trotz allen unvermeidlich mit ihr verbundenen Mängeln immer noch die beste Staatsform, die Menschen je hervorgebracht haben. Es geht nicht darum, sie abzuschaffen, sondern sie zu erneuern.

Was Volks- und Völkerkunde zur Klimadiskussion beitragen können

Dr. Christian Böttger

Im Mai 2019 fand unter dem Titel: „Annalena Baerbock vor Ort" eine Open-Air-Veranstaltung statt. Dort führte die Grünen-Politikerin, in freier Rede und etwas holprig, Folgendes aus:

„Ich hab´ letztens gelesen, bei der BBC ist das so, die sagen, unsere öffentlichen Kanäle sind aufgrund von Fakten und Wissenschaft. Und z. B. Klimaleugner werden da in TV-Sendungen überhaupt nicht eingeladen, weil sie sagen: wir argumentieren hier auf der Grundlage von Fakten und wir geben denjenigen, die diese Fakten leugnen, kein Forum. Und ich glaube, daß sollte auch der Standard dann in öffentlichen Medien hier bei uns sein." (1)

Diese Einstellung bekräftigte sie noch einmal beim Kongreß des Verbandes der deutschen Zeitschriftenverleger im November des gleichen Jahres. Es dürfte klar sein, daß eine solche Haltung weder im Einklang mit dem Grundgesetz steht, noch mit der vielbeschworenen „Offenen Gesellschaft" – ein Begriff, den man stets als Offenheit gegenüber Migranten fehlinterpretiert und nicht als Offenheit gegenüber Argumenten und Meinungen versteht, wie er ursprünglich gemeint war. (2) Allerdings ist dieses Postulat von Karl Popper (1902 – 1994) ohnehin nur theoretischer Natur, da jeder Gesellschaft die Tendenz zur ideologischen Geschlossenheit innewohnt. Die aktuellen Entwicklungen in der BRD sind das beste Beispiel dafür. Das betrifft vor allem eben auch die These vom menschengemachten Klimawandel.

Jeder Gesellschaft innewohnt die Tendenz zur ideologischen Geschlossenheit. Die aktuellen Entwicklungen in der BRD sind das beste Beispiel dafür. Das betrifft vor allem eben auch die These vom menschengemachten Klimawandel.

Die Annahme, daß der CO2-Ausstoß einen Klimawandel bewirken könnte, ist nicht neu. Schon als Abiturient bin ich mit dieser Frage konfrontiert worden und ich habe dieses Problem damals nicht anders verarbeitet, als die Jünger von Greta

Thunberg das heute tun. Ich sehe mich deshalb weit entfernt davon, ein „Klimaleugner" zu sein, auch wenn mein Wissen heute wesentlich über meine damaligen Erkenntnisse hinausgeht. In einer Jahresarbeit im Fach Biologie schrieb ich 1973 dazu folgendes:

„Eine bedeutende Nebenwirkung, die das in der Atmosphäre enthaltene Kohlendioxyd hervorruft, ist die Fähigkeit, den thermischen Zustand der Atmosphäre zu beeinflussen und somit unerwünschte Klimaveränderungen herbeizuführen. Kohlendioxyd besitzt die Fähigkeit, Sonnenstrahlen sehr intensiv zu absorbieren und wie das Glasdach eines Gewächshauses zu wirken. Es kann zwar von Sonnenlicht durchdrungen werden, ist aber nicht in der Lage, infrarote Wärmestrahlung nach außen gelangen zu lassen. Diese Tatsache wurde schon im vorigen Jahrhundert erkannt. Eine Verdopplung der Kohlendioxydmenge in der Atmosphäre würde eine Temperaturerhöhung um ca. 2 Grad C verursachen. Da aber schon eine Temperaturerhöhung von 4 – 5 Grad C die Eismassen der Erde zum Schmelzen bringen würde, könnte eine Erhöhung des Meereswasserspiegels die Folge sein." (3)

Es geht heute gar nicht mehr um wissenschaftliche Auseinandersetzung, sondern nur noch um die ideologische Selbstbehauptung verschiedenster Interessengruppen geht.

Im Gegensatz zu heutigen Darstellungen erwähnte ich damals aber noch gegenläufige Tendenzen durch den Ausstoß von industriellem Staub, das Abschirmvermögen des Staubes, der so eine Erdabkühlung begünstigen könnte. Und hinsichtlich des Schmelzens von Gletschern spielt der Staub auch eine Rolle, was die einseitige Sicht auf das CO2 relativiert:

„Die Auswirkungen des Staubes können verschiedener Art sein. So ist uns bekannt, daß durch Staubablagerungen auf Gletschergebirgen der Reflexionsgrad vermindert wird, wobei eine stärkere Absorption der Sonnenstrahlen erfolgt. Die Folge davon wäre ein vorzeitiges Schmelzen der Eismassen." (4)

Es steht z. B. auch außer Frage, daß die weltweit stattfindenden Urbanisierungstendenzen und die damit einhergehende Schaffung von städtischen Wärmeinseln die Temperatur der unteren Atmosphäre verändert hat – ganz unabhängig vom CO2-Ausstoß.

Die politisch ausgerichtete Klimaforschung kennt zwar auch Begriffe wie Römisches Optimum, Mittelalterliche Warmzeit und Kleinen Eiszeit, leugnet allerdings ihre reale Existenz.

All diese Sachverhalte spielen heute in der Diskussion gar keine Rolle mehr. Warum, weiß ich nicht. Ich werte das als ein deutliches Zeichen dafür, daß es gar nicht mehr um wissenschaftliche Auseinandersetzung, sondern nur noch um ideologische Selbstbehauptung verschiedenster Interessengruppen geht. Auch andere Tatsachen, wie der natürliche Klimawandel durch die verschiedenen Klimazyklen oder kosmische Strahlung werden nicht mehr erwähnt oder zu einer Randerscheinung erklärt. Die aufgezeigten Zitate belegen jedenfalls, daß ich mich mit diesem Thema schon zu einer Zeit beschäftigt habe, als an Annalena noch gar nicht zu denken war. Die von mir 1973 dargelegten Auffassungen waren damals geradezu „revolutionär". Heute müßte die Wissenschaft aber schon weiter vorangeschritten sein und könnte neue Zusammenhänge aufzeigen, sollte man meinen.

Während meines Geschichtsstudiums von 1983 bis 1988 erfuhr ich ganz vage, wie negative Klimaveränderungen zu Völkerwanderungen und Bevölkerungsrückgang geführt haben könnten – und habe mir noch nichts dabei gedacht. Erst als 2010 ein ehemaliger sorbischer Kommilitone von mir, Peter Milan Jahn, seine Dissertation vorgelegt hat, wurde ich mit dem Phänomen der sog. „Kleinen Eiszeit" konfrontiert. (5) Die politisch ausgerichtete Klimaforschung kennt zwar auch Begriffe wie Römisches Optimum, Mittelalterliche Warmzeit und Kleinen Eiszeit, leugnet allerdings ihre reale Existenz. Wie dies geschieht, kann man auf klimafakten.de ganz gut nachvollziehen. Dort lesen wir:

„Erstens war die Mittelalterliche Warmzeit ein eher regionales Phänomen. Zwar gibt es in der Tat Belege dafür, dass damals Teile der Erde (etwa der Nordatlantik) wärmer waren als heute. Diese Erwärmung und der damit verbundene Rückgang des arktischen Eises ermöglichte es beispielsweise den Wikingern, weiter nach Norden zu fahren, als dies vorher denkbar gewesen wäre. Doch gleichzeitig war es an anderen Orten der Erde wesentlich kälter als heute, ... Auch weitere Untersuchungen ka-

Zulu-Kraal in Umlazi mit Hütten, 1849 von George French Angas.

men zu dem Ergebnis, dass es keine Belege gibt für eine weltweite ‚Mittelalterliche Warmzeit' – ebenso wenig übrigens wie für eine weltweite ‚Kleine Eiszeit', die nach manchen Behauptungen danach stattgefunden haben soll. " (6)

Diese Darstellungen eint meistens die Vorstellung, die Kleine Eiszeit habe nur partiell und auf der Nordhalbkugel stattgefunden, während es anderswo wärmer war. Doch in den letzten Jahren sind immer mehr Klimaforscher zu dem Ergebnis gekommen, daß die Kalt- und Warmzeiten weltweite Phänomene waren. Bei den Studien für mein Südafrika-Buch (7) bin ich u. a. auf die Forschungsergebnisse des großartigen südafrikanischen Historikers Thomas Huffman (*1944) von der Archäologischen Abteilung der Universität Witwatersrand gestoßen. Mit seinem Handbuch zur südafrikanischen Eisenzeit (200 n. Chr. – 1840) hat er 2007 ein gigantisches Werk von unschätzbarem Wert vorgelegt, an dem heute kein Autor, der zur Geschichte Südafrikas schreibt, vorbeikommt. Anknüpfend an die Forschungsergebnisse (8) des namhaften südafrikanischen Klimaforschers Peter Tyson, (Universität Witwatersrand) gelang es Huffman, die Bedeutung des permanenten Klimawandels für die Prozesse der Migration und Ethnogenese in Südafrika herauszuarbeiten:

„*Throughout the Iron Age, climatic fluctuations played a significant role in structuring human geography. When EIA people first entered southern Africa, the climate was warmer and wetter than today. Between about AD 700 to 900 the climate was colder and drier than at present, and EIA farmers would have retreated to more optimal areas. The climate became better again sometime during the Middle Iron Age, between AD 900 to 1300. At about AD 1700, however, the 'Little Ice Age' reached its nadir, and its impact upon human population was particularly severe.* " (9)

„*Während der gesamten Eisenzeit spielten Klimaschwankungen eine wichtige Rolle bei der Strukturierung der menschlichen Geographie. Als die Leute der Frühen Eisenzeit zum ersten Mal in das südliche Afrika eindrangen, war das Klima wärmer und feuchter als heute. Zwischen etwa 700 und 900 n. Chr. war das Klima kälter und trockener als heute, und die Landwirte der Frühen Eisenzeit hätten sich in optimalere Gebiete zurückgezogen. Das Klima wurde irgendwann in der mittleren Eisenzeit zwischen 900 und 1300 n. Chr. wieder besser. Um 1700 n. Chr. erreichte die ‚Kleine Eiszeit' jedoch ihren Tiefpunkt, und ihre Auswirkungen auf die menschliche Bevölkerung waren besonders gravierend.* " (Übers. C. B.)

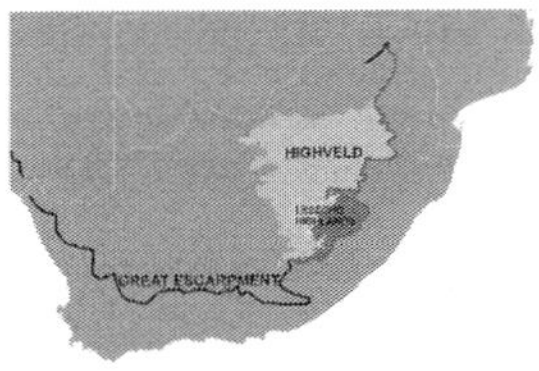

Ganze Landstriche (das sog. Highveld) wurden in dieser Zeit von den Bantustämmen weitgehend verlassen und die Buren konnten hier später nachrücken, ohne auf nennenswerten Widerstand zu stoßen,

Zu diesen gravierenden Auswirkungen gehörte, daß ganze Landstriche (das sog. Highveld) in dieser Zeit von den Bantustämmen weitgehend verlassen wurden und die Buren hier später nachrücken konnten, ohne auf nennenswerten Widerstand zu stoßen, wenn man von der Zufallsbegegnung mit den Matabelestämmen 1837 einmal absieht. Allein der hier dargestellte Sachverhalt zeigt aber unmißverständlich, daß die Annahme, die Kleine Eiszeit habe nur partiell und auf der Nordhalbkugel stattgefunden, nicht stimmen kann. Nach der Darstellung von Huffman/Tyson finden die Klimazyklen der Nordhalbkugel auch in Südafrika ihre Entsprechung. Klimafakten.de scheint mir deshalb keine seriöse Quelle zu sein, auch wenn MDR-Aktuell (Hörfunk) sich auf diese beruft. (10) Eine Institution, die auf alle Fragen eine Antwort weiß und keine Zweifel und Widersprüche mehr kennt, nennt man im allgemeinen Sekte. Der MDR täte gut daran, sich von den „Fake News" von klimafakten.de, hinter denen eine ominöse private Stiftung steht, zu distanzieren.

Für die nördliche Hemisphäre hat Dr. habil. Harald Kehl, PD an der TU-Berlin, Institut f. Ökologie, 2008 folgende Graphik erarbeitet (11), die Auskunft über das zyklische Auftreten von Optima und Pessima in den letzten 11.000 Jahren gibt:

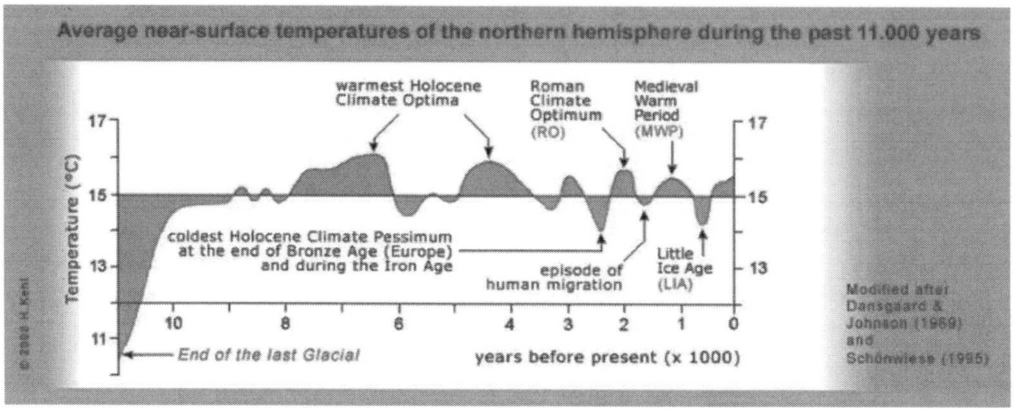

Was bedeuten diese auf- und niedergehenden Kurven ganz praktisch, also mikrohistorisch für das Alltagseben der Völker und Kulturen?

Aber was bedeuten diese auf- und niedergehenden Kurven ganz praktisch, also mikrohistorisch für das Alltagseben der Völker und Kulturen? Greifen wir die letzten drei Optima heraus, weil sie mit drei kulturellen Entwicklungsschüben in Europa einhergehen. Das erste Optimum, was uns interessieren soll, fällt mit der Blüte der Spätbronzezeit zusammen, die die Lausitzer Kultur, die nordische Bronzezeitkultur und die Urnenfelderkulturen hervorbrachte. Charakteristisch für die Urnenfelderkulturen sind zahlreiche neue Bronzeprodukte. Das beginnt bei einfachen Arbeitsgeräten, geht über filigranen und anspruchsvollen Schmuck bis zu hochwertigen Waffen. Es entstanden gußtechnisch kompliziertere Bronzen. Bronzeschild, Kappenhelm, Lanze und Griffzungenschwert setzten sich jetzt in der Bewaffnung durch. Die Verwendung des von Pferden gezogenen Streitwagens ist durch Fürstengräber bezeugt. Der Pflugbau und die Einführung weiterer Getreidearten wie Roggen und Hafer gehören zu den Verbesserungen der landwirtschaftlichen Produktion. Große, mit Wällen und Gräben befestigte Anlagen – oft auf Höhen – zeugen vom Zusammenschluß der Menschen in größeren Verbänden. (12) Ein Bevölkerungswachstum ist unter diesen Bedingungen naheliegend, so daß es in diesem Zeitabschnitt zu ausgedehnten Wanderzügen kam (z. B. die Wanderungen der Dorer nach Griechenland oder der Italiker nach Italien.). Auch die Prägermanen der nordischen Bronzekultur (Nordischer Kreis), die in engem Zusammenhang mit den anderen Indoeuropäern der Urnenfelderkulturen gesehen werden müssen, waren von dieser kulturellen Blüte betroffen. Das bezeugen zahlreiche Mecklenburger Bodenfunde (Königsgrab von Seddin, Schwerter aus Barkow, bronzene Spiralplattenfibeln aus Plauerhagen usw.). Doch in der späten Bronzezeit, etwa seit dem 9. Jh. v. Chr., setzten gravierende Veränderungen in der Kulturentwicklung ein. Ein stärkerer Rückgriff auf primitive Rohstoffe wie Knochen und Stein ist jetzt im nördlichen Mitteleuropa zu beobachten. (13) Das hat zur Legende von den „primitiven Germanen" beigetragen. Solche von Lehrern der 1968-Generation in Westdeutschland verbreiteten Legenden sind mir persönlich von Zeitzeugen berichtet worden und noch heute virulent – in Unkenntnis der wahren Zusammenhänge. Wodurch aber war dieser Zeitabschnitt der

Das erste Optimum fällt mit der Blüte der Spätbronzezeit zusammen, die die Lausitzer Kultur, die nordische Bronzezeitkultur und die Urnenfelderkulturen hervorbrachte. Charakteristisch für die Urnenfelderkulturen sind zahlreiche neue Bronzeprodukte. Das beginnt bei einfachen Arbeitsgeräten, geht über filigranen und anspruchsvollen Schmuck bis zu hochwertigen Waffen.

Bronzezeit und beginnenden Eisenzeit gekennzeichnet? Die obenstehende Graphik gibt uns eine eindeutige Auskunft. Es handelte sich um den Beginn einer schrecklichen Kaltzeit am Ende dieser Periode.

Erst als es um 200 v. Chr. wieder bedeutend wärmer zu werden begann, kam es über vier Jahrhunderte zu einer neuen Blüte der Kulturentwicklung. Die Klimaforschung spricht vom „Römischen Optimum", auf dessen vielbeachtete Kulturentwicklung ich nicht weiter eingehen muß. Jedenfalls bricht diese Temperaturentwicklung etwa um 200 n. Chr. ab und das Klima wird in der Völkerwanderungszeit etwas rauer und kühler (siehe Graphik). Es kommt zu einem allgemeinen Niedergang der antiken Stadtkultur und Baukunst. Das 6. und 7. Jh. n. Chr. bildeten in kultureller Hinsicht die „dunklen Jahrhunderte" und erst ab 800 spricht man in der Kulturgeschichte von der „Karolingischen Renaissance", die den dunklen Jahrhunderten der Völkerwanderungszeit und des Frühmittelalters ein Ende setzte. Der Kulturaufschwung zur Zeit Karls des Großen betraf das Bildungswesen, die Literatur und die Baukunst. Zwischen 900 und 1300 erreichte die „Mittelalterliche Warmzeit" ihr Optimum. Jetzt wurde es bedeutend wärmer und viele Gletscher schmolzen. Im Berliner Raum wie auch in anderen Gegenden der norddeutschen Tiefebene konnten im Hochmittelalter sogar erfolgreich Wein angebaut werden. Doch vom 15. und vor allem vom 16. Jh. an begann es allmählich kälter zu werden. Gemälde vom 16. und 17. Jh. zeigen zugefrorene Kanäle in den Niederlanden. Das war der Beginn der „Kleinen Eiszeit".

Das 6. und 7. Jh. n. Chr. bildeten in kultureller Hinsicht die „dunklen Jahrhunderte" und erst ab 800 spricht man in der Kulturgeschichte von der „Karolingischen Renaissance", die den dunklen Jahrhunderten der Völkerwanderungszeit und des Frühmittelalters ein Ende setzte.

Der Frage, wie sich u. a. die Kleine Eiszeit mikrohistorisch auf die Kultur und Lebensweise der unteren Volksschichten ausgewirkt hat, ist der sorbisch-wendische Volkskundler Peter Milan Jahn in dem bereits erwähnen gigantischen Werk nachgegangen. Es liefert uns konkrete Einblicke in die an der Neiße gelegene Oberlausitzer Standesherrschaft Muskau an der Wende vom 18. zum 19. Jh. Bekanntheit erlangte die Landstadt durch den Fürsten Hermann von Pückler-Muskau, der mit seinem Landschaftspark als Landschaftskünstler in die Geschichte eingegangen ist. Bad Muskau zählt heute zum amtlichen sorbischen Siedlungsgebiet. Im Mittelpunkt der Arbeit steht das Leben von Hanso Nepila (1766 – 1856), ein wendischer Fronarbeiter aus Rohne. Zu den ausgewerteten Quellen und Dokumenten gehören neben der Autobiographie Nepilas auch alte Chroniken des „Lausitzischen Magazins", das 1768 sein Erscheinen als wissenschaftliche Zeitschrift begonnen hatte. Ein Meteoriteneinschlag am 16. Februar 1768 bei Lauban in der östlichen Oberlausitz bildete für diese die Veranlassung, ein täglich geführtes Wetterjournal für die Oberlausitz zu publizieren.

Vom 15. und vor allem vom 16. Jh. an begann es allmählich kälter zu werden. Gemälde vom 16. und 17. Jh. zeigen zugefrorene Kanäle in den Niederlanden. Das war der Beginn der „Kleinen Eiszeit".

Die Wetteraufzeichnungen des Magazins zeigen ein detailliertes Bild. Zunächst fallen ungewöhnliche Kälteeinbrüche im Frühjahr auf, so für 1768, als starke Nachtfröste zu den Eisheiligen die Baumblüte schädigte. Ein ohnehin verregneter Sommer wurde von schweren Gewittern im Herbst abgelöst und im November kam heftiger Frost hinzu, der die Erde ¼ Elle tief frieren ließ. (14)

Obwohl sich der Februar im darauffolgenden Jahr (1769) durchaus vorfrühlingshaft zeigen konnte, war die zweite Märzhälfte eher durch heftige Nachtfröste und Schneegestöber gekennzeichnet. Im Mai regnete es bei empfindlicher Kälte bis zum 12. ununterbrochen, was zu dramatischem Mehltaubefall führte. Eine Gewitterserie beherrschte den Juni. Der von langanhaltenden Niederschlägen geprägten Sommer wurden von heftigen Frösten im Herbst abgelöst. Schnee oft schon Anfang Oktober verhinderte die Aussaat des Roggens. Gewaltig tobende Wirbelstürme im November schlossen sich daran an und ab 16. November lag bereits zu viel Schnee, um die Felder weiter bestellen zu können.

Auch im darauffolgenden frostigen Frühjahr schneite es vom kalendarischen Frühlingsanfang bis Ende März fast ununterbrochen, obwohl es seit Weihnachten überwiegend nur matschig und regnerisch war. Anfang April taute es, von starken Überschwemmungen begleitet, doch schon über Ostern sollte sich das ändern. In der Nacht zu Karfreitag, dem 13. April 1770, erwachte man mit heftigen Schneefällen,

Das Gemälde IJsvermaak („Eisvergnügen") von Hendrick Avercamp zeigt Menschen auf einem zugefrorenen Kanal in den Niederlanden im kalten Winter 1608. Heute dagegen sind die Kanäle im Winter meist eisfrei. Künstlerische Darstellungen solcher Szenen sind nur aus der Zeit zwischen 1565 und 1640 bekannt.

die nur von etwas Sonne am Ostersonntag unterbrochen wurden. Danach wurde es trübe und kalt und am 31. Mai so frostig, daß das ganze Gemüse nebst Kartoffeln eingingen. Pünktlich zum Beginn der Getreideernte stellte sich mit Hagel und Gewitter auch noch eine den ganzen Sommer anhaltende Regenzeit ein. Überall in Mitteleuropa stiegen die Getreidepreise. In der Schweiz (Basel) hatte sich schon 1770 der Kornpreis gegenüber 1768 fast verdoppelt. (15) Eine Besserung war nicht in Sicht, denn starke, lang andauernde Regenfälle im Oktober 1770 machten auf eine gute Ernte im darauffolgenden Jahr wenig Hoffnung.

Die Produktionsausfälle in der Landwirtschaft bewirkten nicht nur schwere Hungersnöte, sondern auch Säuglinge und Kleinkinder erkrankten unter der extremen Witterung.

Das Bild im Januar 1771 wurde von ungeheuren Schneegestöbern bestimmt. Starke Temperaturschwankungen folgten im Februar und Ende März setzte eine anhaltende Kältewelle mit starken Schneefällen ein. Die Schneedecke war zu Ostern übersät mit erfrorenen und verhungerten Singvögeln und Hasen. „Die Heidebauern, anstatt mit der Feldbestellung und Sommeraussaat zu beginnen, mußten sich einen Weg zu ihren Kirchen Schaufeln, wenn sie etwas über Ostern hören wollten." (16) Naßkalte Witterung um den Gefrierpunkt beherrschte den April. Im Juni regnete es mit einer Ausnahme jeden Tag. Regenschauer und starke Güsse wechselten sich ab. Der wärmste Sommertag war der 2. September und auch im Oktober gestaltete sich das Wetter zur Winteraussaat vielversprechend. Vier Monate lang hatte man nichts als Niederschläge erlebt. Die daraus resultierende Hungersnot erreichte deshalb auch vor der Ernte 1772 ihren Höhepunkt und erfaßte mehr oder weniger ganz Mitteleuropa. Die Produktionsausfälle in der Landwirtschaft bewirkten nicht nur schwere Hungersnöte, sondern auch Säuglinge und Kleinkinder erkrankten unter der extremen Witterung.

Zweimal hintereinander war die Ernte total vernichtet worden. Es kam zu kollektiven Auszügen bettelnder Bauern, aber auch von kleinen Handwerkern und Gewerbetreibenden bereits Ende des Jahres 1771. Auch aus dem Erzgebirge sind solche Scharen von Bettlern bezeugt. Der Weg verlief von der Oberlausitz aus nicht in Richtung Dresden, das von Bettlern aus dem Erzgebirge überlaufen war, sondern in nördliche Richtung. Zuerst ging es nach Cottbus, einer damals Brandenburgischen

Exklave in Sachsen, in der ebenfalls wendische Bauern lebten. Aber dort war an eine gute Ernte auch nicht zu denken gewesen. Doch einen Unterschied gab es: „Die preußischen Domänenbauern im Kreis Cottbus wurden über die Kriegsmagazinverwaltung ihres Staates aber viel besser mit Getreide versorgt." (17) Seit Februar 1772 lief, von Küstrin aus, die Versorgung für den Kreis Cottbus an. Manches Grenzdorf im Kreis Cottbus mußte durch Wachen regelrecht abgeriegelt werden, um die Hilfesuchenden abzuwehren. Die einzelnen Staaten im Reich ergriffen nun protektionistische Maßnahmen. Bereits im September 1771 war in Sachsen ein Verbot für die Getreideausfuhr ergangen. Etwas später wurde die Einfuhr von Lebensmitteln von Zöllen befreit. In halb Europa begann man die Grenzen dicht zu machen, um eine negative Handelsbilanz zu vermeiden und den jeweiligen Binnenmarkt am Leben zu erhalten. Der Argwohn gegenüber kontinental operierenden Großhändlern wuchs. Ende Februar 1772 sah sich der Rat der Stadt Leipzig gezwungen, eine Anordnung zur Ausweisung von Bettlern zu erlassen. Bis Ostern 1772 waren in den Straßen von Leipzig 3.732 Todesopfer der Hungersnot zu beklagen. In Dresden waren es bis Ostern 6.225 Personen. Das Getreide, das über den Hamburger Hafen nun eintraf, kostete das Dreifache des normalen Preises und war für die Armen unerschwinglich. (18)

Die einzelnen Staaten im Reich ergriffen nun protektioni-stische Maßnahmen. Bereits im September 1771 war in Sachsen ein Verbot für die Getreideausfuhr ergangen. Etwas später wurde die Einfuhr von Lebensmitteln von Zöllen befreit. In halb Europa begann man die Grenzen dicht zu machen, um eine negative Handelsbilanz zu vermeiden und den jeweiligen Binnenmarkt am Leben zu erhalten.

Die zurückgebliebenen Familienangehörigen in den Heidedörfern der Lausitz waren am Ende, denn Anfang März 1772 war selbst das Tierfutter von den Bewohnern aufgezehrt. Das Vieh hatten die Fronbauern in den standesherrlichen Forst getrieben, wo es sich selbst dürres Waldgras suchen muße. Das hatte aber zur Folge, daß nicht nur das Brot fehlte, sondern auch Milch, Butter und Käse. Man behalf sich mit dem „Grünen Mus", das sich im Frühjahr 1772 alle bäuerlichen Einwohner hier teilten. Dieses war weder gesalzen noch gefettet und bestand aus allem frischen knospenden Grünzeug, Blättern von Linden- und Pflaumenbäumen, Hopfen, Hederich, Raps, Kartoffelkraut und Brennnesseln. Die Kinder pflückten Löwenzahn, Pfennigkraut, Sauerampfer und Schafgarbe und formten daraus eßbare Knöllchen. Um den Hunger zu stillen wurde auch eine Art von Brotersatz gebacken, der aus gemahlenen Eicheln, Spreu vom Heidekorn, vom Leinsamen, den Blüten vom Heidekraut und geschnittenem Stroh bestand. (19) Daß in solchen Notzeiten auch Hunde und Katzen als Nahrung dienten, ist verständlich.

Ein besonderes Phänomen jener Zeit kennen Ethnologen von allen Kontinenten. Es wird als „Geophagie" bezeichnet und bedeutet die kollektive Sitte, bestimmte ton- und salzhaltige Erden zu verzehren. Instinktiv auf diese Weise angegangene Mangelerscheinungen von Salzen und Spurenelementen konnten so ausgeglichen werden.

Ein besonderes Phänomen jener Zeit kennen Ethnologen von allen Kontinenten. Es wird als „Geophagie" bezeichnet und bedeutet die kollektive Sitte, bestimmte ton- und salzhaltige Erden zu verzehren. Instinktiv auf diese Weise angegangene Mangelerscheinungen von Salzen und Spurenelementen konnten so ausgeglichen werden. Bei den Heidewenden in der Kleinen Eiszeit ist diese kollektive Sitte nur von Kindern bezeugt: Im Rahmen von gespielten Familienfesten und großen Festmählern formten die Kindergruppen zunächst Kringel und Lebkuchen aus Lehm. Danach „verrührten die Kinder ihre Kreationen mit Wasser, dem sie mitunter frische, helle Holzspäne beimengten und erhielten dann eine Pampe, die sich mit einiger

Irgendwie einen Teller Essen bekommen: In dieser Lage befanden sich Hunderttausende während der Hungersnot, die als Folge einer Klima-Anomalie in den Jahren von 1770 bis 1772 grassierte (Gouache, Ende des 18. Jahrhunderts).

Phantasie wie weißer Mehlbrei mit Milch ansah und tatsächlich essen ließ.“ (20) Dabei erwies sich manches lehmhaltige Material als zu grob, scharf und steinig, so daß es zu Magenbeschwerden kam.

Trotz aller Anlaufschwierigkeiten, die den völlig entkräfteten Lausitzer Fronbauern im Sommer 1772 zu schaffen machten, konnte die Ernte in jenem Jahr vollständig geborgen werden. Auch 1773 war die Ernte gut geraten.

Das Abendland, das mit der Taufe König Chlodwigs 498 in Frankreich seinen Ausgangspunkt genommen hatte, unter Karl dem Großen eine erste Blüte erlebte, beendete in der kleinen Eiszeit seinen Zyklus. Das soll nicht heißen, daß die Kleine Eiszeit die Ursache für die Revolution war, aber sie lieferte den dazu notwendigen Impuls, den revolutionären Elan und eröffnete so die Möglichkeit zum Abschluß des Kulturzyklus, einer ganzen Epoche. Es folgte die „Moderne“, die nur noch ein Surrogat davon war.

Die Mißernten und Hungersnöte waren zum Glück nicht immer zur gleichen Zeit in Europa aufgetreten. Sie häuften sich lediglich im 16., 17. und 18. Jh. In Frankreich sticht besonders das Jahr 1788 heraus:

„Aber die Vorsehung ... verhängte im Jahr 1788 eine neue Heimsuchung über Frankreich, die den einzelnen schwerer traf, als der noch so scharfe Steuerdruck und als alle Sorge um den finanziellen Zustand des Staates. Nämlich eine allgemeine Mißernte mit nachfolgender Hungersnot, die das Tohuwabohu der Erregungen und Anklagen auf das leidenschaftlichste vermehrte. ... Nicht auf das ernste, mühselige und fast verzweifelte Studium der möglichen Abhilfen waren die allgemeinen Schichten Frankreichs gestimmt, als 1789 die Generalstände in Versailles zusammenkamen. ... Nicht auf Hilfsbereitschaft für die die Nation führende Monarchie war diese innerhalb der Etats généraux mitvertretende Erwartung Frankreichs gestimmt, sondern auf Anklage und Beschuldigung, die zum Haß wurden, sobald der Name Marie Antoinettes in Betracht kam, der ‚Autrichienne‘, der ‚Madam Déficit‘. Denn die Königin wurde in ihren Einflüssen auf den König und die Regierung – und in dem Unheil dieser Einflüsse – immerhin weit überschätzt.“ (21)

Der Rest ist bekannt. Am 16. Oktober 1793 bestieg Marie Antoinette, die „Österreicherin“, die eigentlich Maria Antonia hieß, die Guillotine. Der Fränkische Adel folgte ihr nach. Es kam zu einem tiefgreifenden Elitenwechsel. Und wieder fällt die Kaltzeit mit dem Abschluß einer Kultur zusammen. Das Abendland, das mit der Taufe König Chlodwigs 498 in Frankreich seinen Ausgangspunkt genommen hatte, unter Karl dem Großen eine erste Blüte erlebte, beendete in der kleinen Eiszeit seinen Zyklus. Das soll nicht heißen, daß die Kleine Eiszeit die Ursache für die Revolution war, aber sie lieferte den dazu notwendigen Impuls, den revolutionären Elan und eröffnete so die Möglichkeit zum Abschluß des Kulturzyklus, einer ganzen Epoche. Es folgte die „Moderne“, die nur noch ein Surrogat davon war.

Offensichtlich sind Teile unserer Gesellschaft geradezu besessen von der Vorstellung, die deutsche Wirtschaft ruinieren zu müssen. Die Ökonomie als Basis unseres Lebens scheint unsere intellektuellen Eliten kaum noch zu interessieren.

Die Kleine Eiszeit endete jedoch nicht abrupt, denn diesbezügliche klimatische „Ausreißer“ gab es noch bis in das 19. Jh. hinein. So kam es im Deutschen Bund 1847 zu 193 bekannten Hungerunruhen. Solche Lebensmittelunruhen häuften sich zwischen 1840 und 1850. Die Kartoffel- und Getreideernte war z. B. in Preußen im Jahr 1846 um 30 – 50% geringer ausgefallen, als in den Vorjahren. In Schlesien ging der Roggenertrag sogar um 60% zurück. Starkregen im April und anschließende Trockenheit waren die Ursache dafür. 1852 entstand Rodolf Virchows Bericht „Die Noth im Spessart“. (22) Diese Not war u. a. darauf zurückzuführen, daß die kalte und nasse Witterung im Jahr 1851 die Kartoffelernte fast völlig ausfallen ließ. Schlechte Getreideernten hatten bereits 1846 und 1847 eine große Teuerung gebracht und wirkten sich auch auf den Spessart aus.

Das waren also die Bedingungen, die mit der Kleinen Eiszeit einhergingen. Die Kleine Eiszeit – sie hatte etwa um 1700 ihren Höhepunkt – fällt aber genau mit jenem Zeitabschnitt zusammen, die die Historiker und Klimaforscher als „vorindustrielle Zeit“ bezeichnen. Diese sog. „vorindustrielle Zeit“ endete nach Auffassung eines Forscherteams um Ed Hawkins von der englischen University of Reading zwischen 1720 und 1800. (23) Die Klimaerwärmung wird aber genau seit dieser vorindustriellen Zeit festgestellt. Wenn jedoch als Ausgangspunkt für die Klimaerwärmung die vorindustrielle Zeit und damit die Kleine Eiszeit gewählt wird, ohne daß dieser Sachverhalt in der öffentlichen Debatte Erwähnung findet, dann kann das nicht seriös sein. Ganz natürlich mußte die Temperatur nach der Keinen Eiszeit wieder ansteigen. Das heißt nicht, daß es keinen menschengemachten Anteil am Klima-

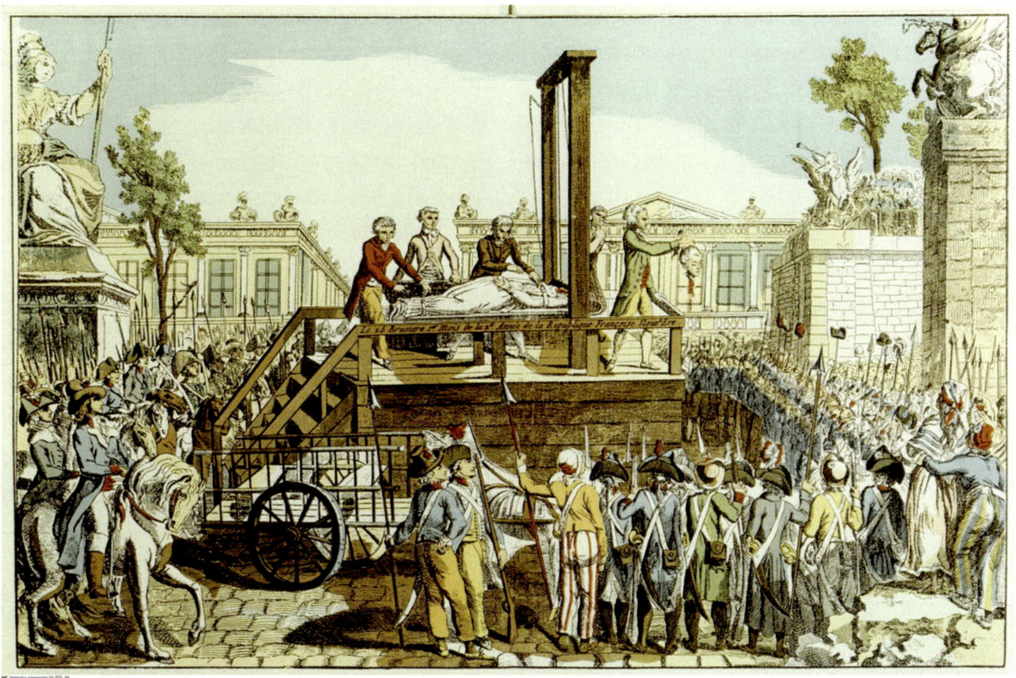

Öffentliche Hinrichtung von Marie Antoinette am 16. Oktober 1793. Radierung eines unbekannten Künstlers, ca. 1793.

wandel durch CO2-Ausstoß geben könnte. Aber wir wissen nicht, wie hoch dieser ist. Wissen wir aber nicht genau, wie hoch er ist, läßt sich auch kein 1,5 Grad Ziel des Temperaturanstiegs festlegen, denn das Klima läßt sich von uns nicht einstellen wie eine Maschine (mechanistisches Denken). Wir müßten über alle Faktoren und entsprechende Daten verfügen, die das Klima beeinflussen, um hier genaue Aussagen treffen zu können. Monokausal das CO2 dafür verantwortlich zu machen, hat etwas infantiles, denn monokausal denken Einfältige und Kinder. Und so ist es auch nicht zufällig, daß die Bewegung um „Fridays for Future" aus Kindern besteht. Sie wurde dazu noch von einer jungen Frau angeführt, die an einem Asperger-Syndrom leidet. „Gebt den Kindern das Kommando, denn sie wissen nicht, was sie tun."

Der ganze Vorgang erinnert einen Historiker nicht nur an die Kinderkreuzzüge im Mittelalter, sondern auch an eine Begebenheit aus der südafrikanischen Geschichte. Es geht um ein Mädchen. Ihr Name: Nongqawuse (1841 – 1898). Sie galt als Prophetin und gehörte zum Volk der Xhosa. 1856, da war sie gerade 15 Jahre alt, behauptete sie, von drei Geistern beauftragt worden zu sein, das Volk zur Tötung des gesamten Viehs und zur Vernichtung der Ernte zu veranlassen. Die Geister der Toten würden danach wieder auferstehen (Elementargedanke?) und große gesunde Viehherden aus der Erde auftauchen. Außerdem würden große Felder mit Getreide erntereif erscheinen. Daraufhin wurden tatsächlich ca. 300.000 bis 400.000 Rinder getötet. Nach dem Scheitern der Prophezeiung starben bis zu 50.000 Menschen den Hungertod.

Nongqawuse (1841; † 1898 in der Kapkolonie) war eine Prophetin aus dem Volk der Xhosa im heutigen Südafrika. Ihre Vorhersagen führten zur Viehtötung der Xhosa, welcher bis zu 50.000 Menschen durch die davon verursachte Hungersnot zum Opfer fielen*

Der Vergleich ist durchaus nicht abwegig. Schon werden Forderungen nach einem Klima-Lockdown laut. Offensichtlich sind Teile unserer Gesellschaft geradezu besessen von der Vorstellung, die deutsche Wirtschaft ruinieren zu müssen. Die Ökonomie als Basis unseres Lebens scheint unsere intellektuellen Eliten kaum noch zu interessieren. Sie schützen die Wölfe mehr als das Nutzvieh. Hätte man das einem Bauern nach einer Zeitreise in die Welt von vor 100 Jahren berichtet, hätte er uns für völlig geistig verwirrt gehalten. Vielleicht hätte er sogar mit seinem Jagdgewehr auf uns geschossen, denn er hätte eine gefährliche, ansteckende und damit um sich greifende Geisteskrankheit in uns vermutet. Und – hätte er so unrecht damit gehabt? Natürlich ist dieses Gehabe um den Wolf ein Ausdruck von romantischer Naturschwärmerei einer übersatten Herrschaftselite, insbesondere des Bildungsbürgertums. Was denn sonst? Lebensmittel stellen keinen zentralen Wert mehr dar. Das kann kein gesunder Zustand für eine Gesellschaft sein.

Innerhalb der „Moderne" neigt sich jedoch diese spätbürgerliche Phase ihrem

Ende. Nicht eine Klimakatastrophe in Richtung immer höherer Temperaturen, sondern eine neue „Kleine Eiszeit" steht vor der Tür. (24) Klimaforscher rechnen damit, daß etwa 2021, 2030 oder 2050 aufgrund der Verminderung der Sonnenaktivität die nächste Kälteperiode kommt. Wir müssen dann zwar wesentlich mehr heizen, sollen aber aufgrund einer angenommenen menschengemachten Klimaerwärmung wesentlich mehr für die Heizung bezahlen – von Jahr zu Jahr mehr. Eine Rentnerin oder ein Rentner, die z. B. 750 Euro Rente ausgezahlt bekommen, werden das nicht mehr stemmen können. Wohngeld löst das Problem nicht, denn wer größere Ersparnisse hat, bekommt kein Wohngeld, sondern muß von der Substanz zehren. Hier könnte ein riesiges Heer der Unzufriedenen heranwachsen – natürlich nicht nur unter den Rentnern.

Die Frage ist durchaus nicht abwegig: Wird es vielleicht nach Klimaverschlechterungen und ungewöhnlichen Kälteeinbrüchen sogar zu schweren sozialen Unruhen kommen wie ab 1788 in Frankreich?

Die Frage ist durchaus nicht abwegig: Wird es vielleicht nach Klimaverschlechterungen und ungewöhnlichen Kälteeinbrüchen sogar zu schweren sozialen Unruhen kommen wie ab 1788 in Frankreich? Wir wissen es nicht. Die westlichen Eliten, auch die Eliten der BRD, haben sich auf den menschengemachten Klimawandel festgelegt. Sie könnten sich damit aber auch bis auf die Knochen blamieren, sollte es jetzt zu einer Kleinen Eiszeit kommen. Es gibt nämlich noch andere Erklärungsmuster für Klimaschwankungen. (25)

Erschreckend daran ist – und das hat mich wirklich bis ins Mark erschüttert –, daß das Bundesverfassungsgericht sich in die Klimadiskussion eingemischt hat. (26) Am 24. März 2021 hatten acht Richter unter dem Vorsitz von Stephan Harbarth einstimmig das Urteil zum Klimaschutzgesetz beschlossen. Danach sei der Gesetzgeber bis zum 31. Dezember 2022 verpflichtet, die Fortschreibung der Minderungsziele der Treibhausemissionen für die Zeiträume nach 2030 näher zu regeln. Dabei beziehen sie sich auf den Artikel 20a GG und eine Gesetzgebung, die sich das Ziel gesetzt hat, die Erwärmung der Erde auf deutlich unter 2 Grad Celsius und möglichst auf 1,5 Grad Celsius gegenüber dem vorindustriellen Niveau zu begrenzen. Hier kommt also wieder das vorindustrielle Niveau ins Spiel, das bekanntlich durch die „Kleine Eiszeit" geprägt war. Da wir aber nicht wissen, wie hoch der menschengemachte Anteil am Klimawandel ist und welche Faktoren – außer CO2 – noch eine Rolle dabei spielen, können wir auch kein 1,5 Grad Ziel festlegen. Wie bereits ausgeführt: Das Klima ist keine Maschine, an der ich mal eben 1,5 Grad einstellen kann! Der Kenntnisstand der Wissenschaft ist einfach noch viel zu gering, um hier konkrete Ziele definieren zu können.

Das Ziel der Klimapolitik besteht nach meiner Auffassung nämlich gar nicht in der Klimarettung, sondern in der Umverteilung des Weltvermögens. Eine gigantische Umverteilung ist geplant. Diesmal von Nord nach Süd.

Und der wissenschaftliche Kenntnisstand ist auch noch viel zu gering, um überhaupt eine Aussage zur Wirkung von CO2 treffen zu können. Einige Klimaforscher haben das getan und werden derzeit heiß diskutiert. (27) Da ich kein Klimaexperte bin, werde ich mich an dieser Diskussion nicht beteiligen. Im Rahmen dieser Abhandlung konnte ich deshalb auch nur die Schnittstellen aufzeigen, wo es Ungereimtheiten gibt und Widersprüche, wo wir belogen werden und um die Früchte unserer harten Arbeit betrogen werden sollen. Es galt, diktatorische Ansätze, die einer „deutschen Unbedingtheit" (Plessner) zu entspringen scheinen, zu erkennen und zu entlarven. (28) Diktatorische Ansätze, die, wie in der völlig überzogenen deutschen Corona-Politik, einen deutschen Sonderweg darstellen. (29) Dazu kommt: Es geht um Geld, um sehr viel Geld, das der Bürger für die „Klimarettung" ausgeben soll. Zwar propagieren die Grünen im Wahlkampf eine Klimarettung mit sozialem Ausgleich – das muß man der Ehrlichkeit halber sagen – doch ist eine Durchsetzung solcher Forderungen nicht sehr glaubhaft, weil die Welteliten bereits etwas ganz anderes beschlossen haben.

Das Ziel der Klimapolitik besteht nach meiner Auffassung nämlich gar nicht in der Klimarettung, sondern in der Umverteilung des Weltvermögens. Eine gigantische Umverteilung ist geplant. Diesmal von Nord nach Süd. Das hat bereits 2010 der Chefvolkswirt des Potsdamer Instituts für Klimaforschung, Ottmar Edenhofer im Gespräch sowohl mit der NZZ als auch mit der FAZ offen zugegeben. Zur globalen

Verteilung von Emissionsrechten pro Kopf der Bevölkerung meinte er: „Das würde eine erhebliche Umverteilung bewirken, vor allem zugunsten von Afrika und Indien“ (30) und „dann ist Afrika der große Gewinner, und es fließt viel Geld dorthin. Das hat für die Entwicklungspolitik enorme Konsequenzen.“ (31) Ganz nebenbei gesagt, Edenhofer war nicht nur für den Weltklimarat aktiv, sondern von 1987 bis 1994 Mitglied des Jesuitenordens. Da wird einiges klar. Das ganze Netzwerk von Verflechtungen aufzuzeigen, dem Edenhofer angehört, kann in diesem Rahmen nicht geleistet werden.

Ottmar Georg Edenhofer

Tatsächlich geht es den intellektuellen Eliten um globale Entwicklungspolitik, eine ökologisch verschleierte Entwicklungshilfe auf unsere Kosten. Hat die Entwicklungshilfe der letzten 50 Jahre, die wesentliche Anteile von Staatshaushalten afrikanischer Staaten subventionierte, schon nichts gebracht, so erhofft man sich jetzt mit der Umverteilung astronomischer Summen durch Klimaabgaben den großen Durchbruch. Daß sich die herrschenden Eliten Afrikas seit der Unabhängigkeit ihrer jeweiligen Länder als völlig unfähig erwiesen haben, hat man bei uns immer noch nicht begriffen. Und was meinen diese „Klimaretter“ eigentlich, woher die Summen für die „erhebliche Umverteilung“ kommen? Wo gewaltige Summen abfließen, muß jemand einen erheblichen Verlust erleiden! Wem eigentlich werden diese Summen weggenommen? Es sind wieder einmal die Armen, die Rentner und der verarmte handwerkliche und kleingewerbliche Mittelstand, die dieses kapitalistische Weltexperiment bezahlen sollen, denn diese Schichten machen den größten Teil der Gesellschaft aus. Der soziale Sprengstoff, der darin verborgen liegt, ist in seiner Wirkung noch gar nicht erkannt.

Tatsächlich geht es den intellektuellen Eliten um globale Entwicklungspolitik, eine ökologisch verschleierte Entwicklungshilfe auf unsere Kosten. Hat die Entwicklungshilfe der letzten 50 Jahre, die wesentliche Anteile von Staatshaushalten afrikanischer Staaten subventionierte, schon nichts gebracht, so erhofft man sich jetzt mit der Umverteilung astronomischer Summen durch Klimaabgaben den großen Durchbruch.

Was sich hier westliche Intellektuellengehirne ausgedacht haben, Gehirne von Menschen, die sich zeitlebens ausschließlich vom Staat durch extrem hohe Gehälter haben alimentieren lassen, verschlägt einem fast die Sprache. Diese Wissenschaftler tun gerade so, als resultiere unser CO2-Verbrauch aus einem ausschweifenden Luxusleben. Sie schließen von sich auf die gesamte Bevölkerung. Und die ist eben auf fossile Heizmittel angewiesen. Da wir aber als Mittel- und Nordeuropäer im Winter nicht ohne Heizung auskommen können – schon gar nicht in einer neuen „Kleinen Eiszeit“ – würde diese Umverteilung letztendlich zu einer Verarmung von ¾ der Bevölkerung auf Harz IV Niveau führen. Und dieses Niveau müßte dann noch weiter abgesenkt werden. Die Reichen werden sich – wie immer – rauszuwinden verstehen. Ausschließlich die Armen, bzw. ein verarmter Mittelstand werden die Lasten tragen. Darauf muß die Zivilgesellschaft eine klare Antwort finden und die kann nur lauten: So nicht! Jetzt muß ein deutliches „Halt“ gesprochen werden. Der Aufbau einer breiten Volksbewegung aller demokratischen Kräften zur Abwehr von Klimahysterie, globalem Umverteilungswahn und einheimischer Massenarmut ist jetzt das Gebot der Stunde.

Quellen und Anmerkungen

1. Baerbock, Annalena: „Annalena Baerbock vor Ort“. Open-Air-Veranstaltung 2019
2. Popper, Karl: Die offene Gesellschaft und ihre Feinde. 1945
3. Böttger, Christian: Die Gefahren, die durch die Verschmutzung der Atmosphäre entstehen, und ihre Bekämpfung. Jahresarbeit im Fach Biologie (12. Klasse). Berlin 1973, S. 3
4. Ebenda, S. 4
5. Jahn, Peter Milan: Vom Roboter zum Schulpropheten. Hanso Nepila (1766 – 1856). Mikrohistorische Studien zu Leben und Werk eines wendischen Fronarbeiters und Schriftstellers aus Rohne in der Standesherrschaft Muskau. Bautzen 2010
6. https://www.klimafakten.de/behauptungen/behauptung-im-mittelalter-war-es-waermer-als-heute#:~:text=Die%20Mittelalterliche%20Warmzeit%20ist%20hier,in%20S%C3%BCdamerika%20teils%20deutlich%20k%C3%BChler.
7. Böttger, Christian: Autonomie für die Afrikaanse Nation. Ein Superethnos in Südafrika. Schnellbach 2020
8. Tyson, P. D. & Lindesay, J. A.: The climate of the last 2000 years in southern Africa.

In: The Holocene 2, 1992; Tyson, P. D., Karlen, W., Holmgren, K. & Heiss, G.: The little Ice Age and medieval warming in South Africa. In: South African Journal of Science 96. 2000; Tyson, P. D., Lee-Thorp, J., Holmgren, K. & Thackeray, J. F.: Changing gradients of climate change in southern Africa during the past millennium: implications for population movements. In: Climate Change 52, 2002

9. Huffman, Thomas N.: Pre-colonial history of Southern Africa. In: South African History online (SAHO) 2010: http://www.sahistory.org.za/article/pre-colonial-history-southern-africa
10. Matsche, Thomas: Wissenschaftsleugnung und wie man ihr begegnen kann. 5 Methoden, die Laien beim Entlarven von Desinformationen helfen sollen. Sendung vom 04. 06. 2021, 8.53 Uhr; Nach klimafakten.de sollen z. B. Pseudoexperten daran zu erkennen sein, daß sie nicht zitiert oder diskutiert werden. Sie sollen zukünftig mit einem „P" gekennzeichnet werden. Das ist eine Argumentation, die einfach nur lächerlich ist und an die schlimmsten Phasen der Geschichte erinnert, weil sie Andersdenkende in abwertend gemeinte Kategorien einteilt, um sie aus der Diskussion herauszuhalten. Deutlich sind hierin Anhaltspunkte einer in Entstehung begriffenen Diktatur zu erkennen.
11. https://www.science-e-publishing.de/project/lv-twk/002-holozaene-optima-und-pessima.htm
12. Lexikon früher Kulturen, Band 2, Leipzig 1984, S. 368
13. Die Germanen. Ein Handbuch, Berlin 1983, Band 1, S. 75
14. Jahn, Peter Milan: a. a. O., S. 142 f.
15. Ebenda, S. 148
16. Ebenda, S. 152
17. Ebenda, S. 162
18. Ebenda, S. 164 f.
19. Ebenda, S. 167 f.
20. Ebenda, S. 171
21. Ullsteins Weltgeschichte, hrsg. von Prof. Dr. Julius v. Pflugk-Harttung, Bd. Neuzeit 1650 – 1815, Berlin 1905, S. 427
22. Virchow, Rudolf: Die Noth im Spessart. Eine medicinisch-geographische und historische Skizze. In: Gesammelte Abhandlungen aus dem Gebiet der öffentlichen Medicin und Seuchenlehre, Bd. 1, Berlin 1879
23. Titz, Sven: Was bedeutet eigentlich „vorindustriell"? In: NZZ-online v. 03. 02. 2017
24. Odenwald, Michael: Trotz Klima-Erwärmung: Forscher sagen Mini-Eiszeit wie im Mittelalter voraus. In: Fokus Online v. 18. 01. 2019
25. Miersch, Michael: Ein Physiker erschüttert die Klimatheorie. Welt online vom 14. 12. 2009; siehe auch: Schlesinger, Xaver Philipp: Zwei Studien und Henrik Svensmark contra den menschengemachten Klimawandel. In: der Freitag digital (Blog aus der Community) vom 07. 08. 2019
26. Schon die Einmischung in die Definition des Volksbegriffs hätte zu einem Aufschrei in der ethnologischen Wissenschaft führen müssen. Das Grundgesetz kennt nämlich durchaus einen ethnischen Volksbegriff, nämlich in Artikel 116 mit dem Begriff der deutschen Volkszugehörigkeit. Der Artikel 116 wurde u. a. geschaffen, um nach dem Zweiten Weltkrieg Menschen, die nie die deutsche Staatsbürgerschaft besaßen, aber ethnische Deutsche sind, in die Bundesrepublik zu integrieren. Vor 1989 waren das z. B. die Siebenbürger Sachsen, Banater Schwaben und nach 1989 verstärkt die Rußlanddeutschen. Es kann nicht die Aufgabe des Bundesverfassungsgerichtes sein, den Volksbegriff neu zu definieren oder seinen Gebrauch zu reglementieren. Die Wissenschaftsfreiheit muß unantastbar bleiben!
27. Uhlig, Stephan: Der natürliche Klimawandel. Fakten aus geologischer, archäologischer und astrophysikalischer Sicht. Weltbuch-Verlag 2021
28. Plessner, Helmuth: Grenzen der Gemeinschaft. Eine Kritik des sozialen Radikalismus. (Erstausgabe 1924) Frankfurt am Main 2018
29. Auch in der Corona-Politik scheint diese „deutsche Unbedingtheit" zum Ausdruck zu kommen, vergleicht man die bundesdeutschen Maßnahmen mit denen in Österreich. Wer regelmäßig die österreichische Nachrichtensendung ZiB2 auf 3sat verfolgt, dem wird der Unterschied bewußt: Waren die Geschäfte in Österreich bis zum 24. Dezember geöffnet, um den Geschäftsleuten das Weihnachtsgeschäft noch zu ermöglichen, wurde die BRD 9 Tage vor Weihachten in den harten Lockdown geschickt und damit ein schwerer wirtschaftlicher Schaden angerichtet. Besonders die Textilgeschäfte waren betroffen und mußen ihre Waren der Vernichtung zuführen. Angela Merkel könnte mit ihrer Politik als ein menschliches Sinnbild dieser „deutschen Unbedingtheit" in die Geschichte eingehen (Merkel und Kurz als Sinnbilder einer Neuauflage des deutschen Dualismus? Diesmal ginge es dann nicht um Vorherrschaft in Deutschland, sondern um Vorbildlichkeit, den besseren Weg in und für Europa). Ihr protestantischer Familienhintergrund liefert die Grundlage dafür. Plessner würde in diesem Zusammenhang auf das Luthertum verweisen, das für die Deutschen im Norden prägend war: „Protestantismus ist die Religion der Konzessionslosigkeit, weil jeder Mensch unmittelbar zu Gott ist, und damit ein Bruch mit der Wirklichkeit." Ebenda, a. a. O., S. 20
30. Im Gespräch: Ottmar Edenhofer: In: FAZ-Net v. 30. 11. 2010
31. NZZ am Sonntag v. 14. 11. 2010

Der Tondichter des Nordlands

Vor 160 Jahren wurde der finnische Komponist Jean Sibelius geboren

Heinz-Siegfried Strelow

Frühsommer 2024. In der finnischen Hauptstadt steht die Hitze. 30 Grad Celsius im Schatten sind selbst für Einheimische ein Extrem. Der Verfasser dieser Zeilen hat gerade das Wohnhaus des Generalfeldmarschalls Gustav v. Mannerheim verlassen, der die „Weißen" im Bürgerkrieg Finnlands am Ende des Erste Weltkrieges anführte, und St. Johannis, die größte neugotische Kirche Skandinaviens, besucht und findet Schatten unter den hohen, weitausladenden Bäumen bei der Festungsanlage gegenüber dem Hafen. Von hier hat man einen herrlichen Ausblick auf den Hafen von Helsinki, hinter dem sich zur Linken der schneeweiße klassizistische Dom der Lutheraner und rechts davon die Uspenski-Kathedrale der Orthodoxen erheben. Helsinki, das ist eine der schönsten und saubersten Städte Europas, aber auch eine Stadt an der Schnittstelle zwischen dem politisch nun wieder eisig erstarrenden Verhältnis zwischen „dem Westen" und Rußland.

Was für die Norweger Edward Grieg ist, das ist dieser Mann schwedischen Geblüts für das finnische Volk. Seine Musik ist Nationalromantik, aber sie ist unendlich viel mehr.

Was verbindet Mitteleuropäer mit Finnland? Soweit man sich für Musik interessiert, zweifellos ein Name: Jean Sibelius. Was für die Norweger Edward Grieg ist, das ist dieser Komponist für das finnische Volk. Seine Musik ist Nationalromantik, aber sie ist unendlich viel mehr.

„Er gab die Stimmen der mythischen Vorzeit ebenso unreflektiert wieder wie das, was er von dem imaginären Geisterwesen der Natur in sein Ohr flüstern hörte." Mit diesen Worten beschrieb der finnische Kulturkritiker Sigurd Frosterus die Musik seines großen Landsmannes Jean Sibelius. Sieben Sinfonien, zehn sinfonische Dichtungen, eine Oper, Chorwerke und über 200 Klavierstücke umfasst sein Ouevre. Herbert v. Karajan und Leonard Bernstein zählten zu seinen Bewunderern und dirigierten mehrfach seine grandiosen, romantisch-düsteren Werke. Der Soziologe und Vertreter der „Frankfurter Schule“ Theodor Wiesengrund Adorno hingegen bezeichnete Sibelius als den „schlechtesten Komponisten des Jahrhunderts“, einen Repräsentanten einer antimodernistischen Naturmystik. Wer also war dieser Mann, der derart polarisierte?

Der Soziologe und Vertreter der „Frankfurter Schule“ Theodor Wiesengrund Adorno bezeichnete Sibelius als den „schlechtesten Komponisten des Jahrhunderts“

Ein finnischer Patriot von schwedischer Herkunft

Jean Sibelius wurde am 8. Dezember 1865 im finnischen Hämeenlinna als Sohn einer schwedisch-stämmigen Familie geboren. Mit drei Jahren verlor er seinen Vater und dies Erlebnis mag auch Auswirkungen auf sein verinnerlichtes Wesen gehabt haben. In seiner Kindheit war Sibelius ein zunächst nicht gefördertes Naturtalent, das als 15jähriger Klavier und Violine zu spielen begann. Seine Vorliebe galt besonders Schubert und Beethoven, zeitweise auch Wagner, von dem er sich später aber abwandte. Und: Schon als sensibel veranlagtes Kind war er von der Natur verzaubert und galt in der nüchternen protestantischen Umgebung als Tagträumer, der bei seinem Heimatort Hämeennlinna oft einsame Stätten aufsuchte, vor allem Weiher und Seen in der Tiefe des Waldes.

Zunächst besuchte er das Musikinstitut in Helsinki, um anschließend von 1889 bis 1890 in Berlin zu studieren. In dieser Zeit bereiste er viele Zentren Europas, so Rom, Paris und Wien, wo er prägende Einflüsse der Musik Anton Bruckners empfing. In München inspirierten ihn Gemälde von Böcklin, Stuck und Klinger zu den späteren Kompositionen „En Saga“ und „Der Schwan von Tuonela“. Wieder nach Finnland heimgekehrt, heiratete er seine Frau Aino und arbeitete zunächst als Musiklehrer an der Universität Helsinki, betätigte sich aber auch als freischaffender Komponist. Große Bekanntheit erlangte er 1899 mit der Veröffentlichung seiner sinfonischen Dichtung „Finnlandia“. Das Stück wurde schlagartig populär und galt vielen finnischen Patrioten als nationaler Hymnus in dem noch zum Russischen Reich gehörenden Großfürstentum. 1900 dirigierte er seine Werke auf der Pariser Weltausstellung.

Große Bekanntheit erlangte Sibelius 1899 mit der Veröffentlichung seiner sinfonischen Dichtung „Finnlandia“. Das Stück wurde schlagartig populär und galt vielen finnischen Patrioten als nationaler Hymnus in dem noch zum Russischen Reich gehörenden Großfürstentum.

Zwar notierte Sibelius 1912 in seinem Tagebuch „Wie ich dieses finnische Volk liebe. Wie nah es an meinem Herzen ist“, jedoch rechnete er sich nicht vollständig ihm zu. Schließlich hatte er schwedische Vorfahren. Überdies war Finnland als ein Teil des Zarenreiches auch russisch geprägt und so lebte Sibelius in einem Helsiniki, in dem man eine Melange aus diesen drei Nationen verspürte. Das Großfürstentum besaß, anders als man heute das Zarenreich gerne als drakonischen Staat darstellt, eine relative Autonomie mit Wahlen zum Reichstag, zu dem die unterschiedlichsten Parteien kandidieren konnten. In Helsiniki blieben die Russen denn auch im Wesentlichen auf die Bürokratie und das Militär beschränkt, man empfand sie nicht als Unterdrücker. Im nicht allzu fernen St. Petersburg dirigierte Sibelius 1908 sogar am Hofe der Familie des Zaren.

Es war die Welt vor der „Urkatastrophe“ des 20. Jahrhunderts, in die der Kontinent mit Ausbruch des Ersten Weltkrieges gestürzt wurde. Der schwedische Schriftsteller Ernst Malmberg, der zusammen mit den Malern Armas Järnefelt und Albert Edelfeldt zu den Freunden des jungen Sibelius gehörte, erinnert sich an diese Zeit: „In den Sommern der Romantik, die in den Jahren vor der Jahrhundertwende herrschten, war alles so anders, daß ein Mensch der Nachkriegszeit es schwer haben mag, sich in die damalige Mentalität hineinzuversetzen, und auch wir, die wir mittendrin lebten, betrachten mit fremden Augen die Erscheinungen und wundern uns, wie spielerisch leicht das Leben genommen wurde und wie sorglos das Dasein sein konnte.“ (Zitiert in Tomi Mäkelä: „Jean Sibelius. Poesie in der Luft“, Wiesbaden 2007, S. 134).

Kaukola Ridge bei Sonnenuntergang von Albert Edelfelt

Ein Musiker zwischen Spätromantik und Moderne

Das Finnland der Jahrhundertwende war ein Land im kulturellen Aufbruch und Wandel. „Die für das Profil der Sibelius-Generation wichtige Idee eines verlängerten Jahrhunderts stellte sich auch in der Musik als Einheit von Klassik (dem Hauptstil) und Romantik (einem Nebenstil) einschließlich des Impressionismus, Symbolismus, Naturalismus und Frühexpressionismus (Derivate) als eine große Epoche dar." betont der Musikwissenschaftler Tomi Mäkälä in seiner Sibelius-Biographie. Der „Tondichter" wandte sich dabei schon ab 1890 von konventionellen Streichquartetten ab und modernen Orchesterwerken wie „Kullervo" oder „Die Oceaniden" zu. Sein unverwechselbarer Stil der „reinen Musik" entstand, die er als „reines, kaltes Wasser statt Cocktails" charakterisierte. Und immer wieder waren es Natureindrücke oder „Naturgeister" der finnischen Mythologie, die ihn faszinierten.

Sein unverwechselbarer Stil der „reinen Musik" entstand, die er als „reines, kaltes Wasser statt Cocktails" charakterisierte. Und immer wieder waren es Natureindrücke oder „Naturgeister" der finnischen Mythologie, die ihn faszinierten.

Der Erste Weltkrieg bedrückte den mit der deutschen Kultur symphatisierenden Komponisten zutiefst. Er begann sich immer mehr in sein einsam gelegenes,

„Diktatur und Krieg widern mich an. Der bloße Gedanke an Tyrannei und Unterdrückung, Sklavenlager und Menschenverfolgung, Zerstörung und Massenmord machen mich seelisch und physisch krank."
Sibelius

1904 erworbenes Holzhaus „Ainola" bei Helsinki zurückzuziehen. Als im Oktober 1918 nach dem blutigen Bürgerkrieg zwischen „Roten" und „Weißen" letztere mit deutscher Waffenhilfe den Sieg errangen und Finnland zur Monarchie unter Prinz Friedrich Karl von Hessen proklamierten, gehört auch Sibelius zu den prominenten Unterstützern des Königtums. Es sollte freilich kurzlebig sein; mit dem Ende des Ersten Weltkrieges und der Niederlage der Mittelmächte schwanden auch die Aussichten des deutschen Prinzen auf den finnischen Thron, und so erklärte Friedrich Karl am 14. Dezember 1918 seinen Verzicht auf die Krone. Das Königsbanner, das für wenige Wochen über Helsinki wehte, wurde wieder eingeholt.

Sibelius betätigte sich in der neuen finnischen Republik nicht, wenngleich er den Konservativen nahestand. 1929 schrieb er seine letzte Komposition, danach begann das „große Schweigen von Ainola". 1957 erklärte er einem Journalisten der Frankfurter Allgemeinen Zeitung, der ihn besuchte, daß der politische Zeitgeist jener Jahre ein wichtiger Grund für seine 20 Jahre währende Schaffenskrise war: „Diktatur und Krieg widern mich an. Der bloße Gedanke an Tyrannei und Unterdrückung, Sklavenlager und Menschenverfolgung, Zerstörung und Massenmord machen mich seelisch und physisch krank."

Das Verdikt von Theodor W. Adorno

Ein Chefideologe der „Frankfurter Schule" und Ziehvater der „68er" musste solche Musik wohl auch hassen: Weil sich in ihr eine anti-modernistische und anti-aufklärerische Grundhaltung zeigt und in ihr das Archaische, die Natur, das Volkstümliche zum Klingen gebracht wird.

In den 1930er Jahren gehörten Sibelius Werke zu den beliebten Stücken im Repertoire deutscher Orchester. Und auch wenn Sibelius nicht mit den Nationalsozialisten symphatisierte, wurde ihm seine Popularität in jener Zeit zum Problem. Vor allem zog er sich den unversöhnlichen Haß von Theodor W. Adorno zu, der 1956 in einem berüchtigten Essay Sibelius als „den schlechtesten Komponisten des Jahrhunderts" ablehnte. Ein Anwurf, auf den Sibelius übrigens nie reagierte.

Ein Chefideologe der „Frankfurter Schule" und Ziehvater der „68er" musste solche Musik wohl auch hassen: Weil sich in ihr eine anti-modernistische und anti-aufklärerische Grundhaltung zeigt und in ihr das Archaische, die Natur, das Volkstümliche zum Klingen gebracht wird. Obwohl zweifellos ein Künstler an der Grenze von der Spätromantik zur Moderne, lehnte Sibelius konstruierte Atonalität ab. Sibelius Musik ist in der Tat die totale Antimoderne – der Finne verstand das Komponieren als organischen, evolutionären, nicht dialektisch-logischen Vorgang. Und genau das macht auch den Zauber, die Schönheit seiner Musik aus. Seine Sinfonien und „Tondichtungen" sind Lautmalerei, die die Natur wiedergeben sollen. Oft auf nur ganz sparsam skizzierten Grundmotiven baut sich ein bisweilen schroffes oder melancholisches Pathos und ein äußerst eigenwilliger Rhythmus auf.

So prachtvoll und kräftig seine ersten Stücke sind, so düster ist sein letztes großes Werk, die 1926 geschriebene Tondichtung „Tapiola", benannt nach der höchsten Gottheit des finnischen Heidentums. In dieser Musik spürt man die Aura der nordischen Wälder – nicht romantisch durchsonnt, sondern ernst und bisweilen unheimlich, wie er in den wenigen Worten der Programmschrift dazu erklärte.: „Da dehnen sich des Nordlands düstre Wälder / Uralt, geheimnisvoll in wilden Träumen / In ihnen wohnt des Waldes mächt'ger Gott / Waldgeister weben heimlich in dem Dunkel." - Mehr muß zu dieser Musik nicht gesagt werden, ihre Zauberkraft spricht für sich.

Am 19. September 1957 starb Jean Sibelius. Einen Tag vor seinem Tod notierte er im Tagebuch, daß ein Zug Kraniche über sein Grundstück flog, „die Vögel meiner Jugend", deren Schreie für ihn wie „Trompetenklänge" waren: Ein Vogel trennte sich von der Gruppe und drehte wie zum Abschied eine Ehrenrunde über dem greisen Komponisten.

Yukio Mishima – Traditionalist oder Außenseiter?

Zum hundertsten Geburtstag des japanischen Schriftstellers am 14. Januar 2025

Karim Most

„In dem Lokal roch es teils nach Medizin, teils nach Parfüm – ein typisch amerikanischer Geruch. Fast alle der Gäste waren Frauen, einige in reiferen Jahren, andere alt. Mit arroganter Miene und grellrot geschminkten Lippen saßen sie da und verzehrten Süßspeisen und belegte Brote. Obgleich es hier sehr laut und lebhaft zuging, umgab eine Atmosphäre der Einsamkeit die einzelnen Frauen. Wenn man sie essen sah, wirkten sie wie ebenso viele Verzehrmaschinen – sehr einsam, sehr traurig.

Yukio Mishima

Yukio Mishima

Am 25. November 1970 stürmt Yukio Mishima, begleitet von seinem Freund und Liebhaber Hisso Morita sowie drei weiteren Mitgliedern der von Mishima 1968 gegründeten paramilitärischen Vereinigung Tate no Kai, zu deutsch etwa Schildbund oder Schildgesellschaft, die Kommandantur des Befehlskreises Ost der japanischen Streitkräfte, nimmt den dortigen Oberbefehlshaber General Mashita gefangen und zwingt ihn alle Soldaten der Kommandostelle unter dem Balkon des Hauptgebäudes Aufstellung nehmen zu lassen. Mishima erscheint auf dem Balkon, gekleidet in die Uniform der Tate no Kai, weiße Handschuhe tragend, ein Stirnband umgebunden und hält eine Rede, in der er seiner Zuhörer sowohl vor dem Kommunismus Rußlands und Chinas als auch vor einer vollständigen Verwestlichung Japans nach amerikanischem Muster warnt. Aus Mishimas Sicht hatten sich in der japanischen Gesellschaft Selbstzufriedenheit und Korruption breitgemacht. Mishima fordert eine nationale Wiedergeburt. Wenn die Armee, so Mishima, sich wieder an den Tugenden der Samurai orientierte, würde sie zum Mittelpunkt einer Bewegung, die eine kulturelle Erneuerung Japans, jenseits von Marxismus und Liberalismus zur Folge hätte. Abschließend fordert Mishima die anwesenden Soldaten zum Aufstand auf: Für den Kaiser, für die Traditionen, für Japan – Er erntet Gelächter. Als Mishima sein Manifest vorträgt und die Besetzung des japanischen Parlaments verlangt, glaubt er wohl selbst nicht an einen Erfolg. die Reaktion der Soldaten muß ihn trotzdem bitter enttäuscht haben. Mishima zieht sich zurück und macht sich daran, ein Ritual zu vollziehen, das dem euopäisch geprägten Menschen nur schwer verständlich ist. Im Büro General Mashitas bereitet sich Mishima auf den rituellen Selbstmord der Samurai vor, das Seppuku. Er umfaßt ein eigens zu diesem Zweck mitgeführtes Schwert – Mishima muß schon bei der Vorbereitung der Aktion vom 25. November einen Selbstmord mit eingeplant haben – und stößt sich die Klinge in die rechte Bauchseite. Nach einem Aufschrei ist nur noch leises Keuchen zu hören. Blut strömt aus der Wunde. Morita, Mishimas Freund und Liebhaber, macht sich daran, Mishima, dem Ritual entsprechend, den Kopf abzuschlagen, um ihn von seinen Qualen zu erlösen. Es mißlingt. Einer der anwesenden Gefolgsleute nimmt ihn beseite und ergreift das Schwert Moritas. Mit einem entschieden geführten Hieb trennt er Mishimas Kopf vom Rumpf. Nun ist es an Morita, seinem Freund zu folgen. Dem Liebhaber Mishimas fehlt jedoch die Kraft, das Seppuku zu vollziehen. Mehrere Versuche, von eigener Hand zu sterben, scheitern. Schließlich sirbt auch er durch das Schwert eines seiner Gefolgsleute. Die Presse überschlägt sich: „Mishima ist verrückt geworden!“ Und: „Er hatte doch Frau und Kinder.“ Yukio Mishima: Wer war dieser Mann? Und was führte ihn zu dieser Tat?

Kindheit und Jugend

Yukio Mishima bei der Einschulung 1931

Am 14. Januar 1925 wird Yukio Mishima als Kimitake Hiraoka geboren. Sein Vater, ein Beamter, ist ein Verehrer Hitlers und seiner Ideologie. Seine Mutter Shizue, zu der Mishima Zeit seines Lebens engen Kontakt hält, gilt im Haushalt als Mensch zweiter Klasse. Das Zentrum der Familie bildet die dominante Großmutter Mishimas, Shizues Schwiegermutter. Sie entscheidet, daß das kränkliche und schwache Kind weitestgehend isoliert von den Anstrengungen des Alltags aufwächst. Mit anderen Jungen darf Kimitake nicht spielen. Nach Meinung der Großmutter sind sie zu wild und zu grausam. Hin und wieder werden jedoch Mädchen ins Haus eingeladen. Beim Tee darf Kimitake sich mit ihnen unterhalten. Ansonsten hält er sich in seinem Zimmer auf. Der einzige Zugang zur Welt, der ihm nicht verwehrt bleibt, ist der Zugang über Bücher. Früh lernt er lesen und schreiben. Seine einsamen Stunden sind ausgefüllt mit der Lektüre von Thomas Mann, Rilke, Wilde und Gide. Daneben schätzt er die Heldensagen der griechisch-römischen Antike und die Rittergeschichten des europäischen Mittelalters. In jenen Geschichten kommt er zum ersten Mal mit dem Todesthema in Berührung. Der Tod als Opfergang des Helden erscheint ihm als natürliches Attribut seiner Stärke. Dieser Gedanke wird ihn bis zu seinem eigenen Lebensende beschäftigen. Aber auch die reine Körperkraft der Helden zieht ihn an. Dem Muskelspiel eines Herkules gewinnt er eine erotische Note ab, und nackte schwitzende Männerkörper beginnen ihn zu faszinieren. Neben der Literatur widmet

Satsuma-Samurai, in den 1860er-Jahren, Fotografie von Felice Beato

sich der junge Kimitake auch den bildenden Künsten. Mit Vorliebe malt er Bilder von edlen, blutverschmierten Rittern und Helden. Ein Bild, welches ihn in dieser Zeit besonders fasziniert, ist eine Darstellung der heiligen Johanna von Orleans. Und er ist entsetzt, als er erfährt, daß die auf dem Bild dargestellte Person eine Frau ist und kein Mann, so wie er es vermutete. Von diesem Zeitpunkt an haßt er Frauen in Männerkleidung. Mit 12 Jahren erlebt er seine ersten Orgasmus, nachdem er ein Bild des gefesselten und von Pfeilen durchbohrten St. Sebastian betrachtet hat. Von nun an onaniert er regelmäßig und in seinen erotischen Phantasien vermischen sich Vorstellungen von muskelbepackter, schwitzender Männlichkeit und Tod. Trotz dieser frühen Entwicklung in Richtung sadomasochistischer Homosexualität versucht Mishima später auch Geschmack an Frauen zu finden. Während seines Studiums lernt er eine junge Frau kennen, die er Sonoko nennt. Die Beziehung verläuft zwar im Sande, als Mishima jedoch erfährt, daß sie einen anderen Mann geheiratet hat, betrinkt er sich nach Strich und Faden. Im Gegensatz zu seinen sexuellen Neigungen ist seine Entwicklung zum Literaten eher als gradlinig zu bezeichnen. Bereits Anfang der vierziger Jahre erscheint seine Erzählung „Der blühende Wald“. Der junge Autor gilt bald als zentrale Figur der neuen romantischen Richtung innerhalb der japanischen Literatur. In Folge dieser Entwicklung legt ihm sein Lehrer und Mentor Shimizu nahe, sich ein Pseudonym zu wählen. Vermutlich spielte hierbei auch die Sorge Kimitakes eine Rolle, wie sich sein eher kunstfeindlicher Vater zu den literarischen Ambitionen seines Sohnes stellen würde. Man entscheidet sich für den Namen Yukio Mishima. Yukio leitet sich von Yuki ab und bedeutet übersetzt Schnee. Der Name Mishima bezieht sich auf eine Gegend in der Nähe des Fujiyama, von der aus man einen besonders schönen Blick auf den schneebedeckten Gipfel des erloschenen Vulkans hat. 1944 legt Mishima die Abschlußprüfung an der Adelsschule Gakushuin ab. Er besteht als Bester und wird aufgrund seiner hervorragenden Leistungen vom Kaiser persönlich ausgezeichnet. Zum Kriegsdienst wird er aus gesundheitlichen Gründen nicht herangezogen. Stattdessen arbeitet er während der restlichen Zeit bis zum Ende

Samurai, ca. 1860

Julius Evola beschrieb Japan in seinem Werk „Revolte gegen die moderne Welt" als Land, in welchem sich durch Shintoismus und Zen-Buddhismus eine Gesellschaft entwickelte, die streng nach traditionellen Gesichtspunkten ausgerichtet und hierarchisch gegliedert war und in der besonders die ritterliche Ethik der Samurai eine hohe Wertschätzung erfuhr.

des zweiten Weltkrieges in einer Flugzeugwerft. Nach dem Krieg beginnt Mishima auf Geheiß seines Vaters, der wohl hofft, seinem Sohn eine Karriere als Beamter schmackhaft machen zu können, ein Studium der Rechtswissenschaften, das er 1947 abschließt. Nachdem er eine Zeitlang im Finanzministerium beschäftigt ist, nimmt er jedoch seinen Abschied von dort, um sich nun ganz der Schriftstellerei zu widmen.

Japanische Tradition und US-Kultur

1949 erscheint Mihimas autobiographisch gefärbter Roman „Geständnisse einer Maske". Einer der Schwerpunkte in diesem Werk ist die Auseinandersetzung des Protagonisten mit seiner Homosexualität. Auch Mishima ist homosexuell. Allerdings sieht er sich damit in Einklang mit den japanischen Traditionen, so wie er selbst sie interpretiert. Der italienische Rechtsextremist, Kulturphilosoph und Vordenker des Neofaschismus in Italien Julius Evola beschrieb Japan in seinem Werk „Revolte gegen die moderne Welt" als Land, in welchem sich durch Shintoismus und Zen-Buddhismus eine Gesellschaft entwickelte, die streng nach traditionellen Gesichtspunkten ausgerichtet und hierarchisch gegliedert war und in der besonders die ritterliche Ethik der Samurai eine hohe Wertschätzung erfuhr. Ähnlich wie China war auch Japan ein Land, das in selbstgewählter

Isolation lebte. Die von Evola angedeuteten Traditionen konnten sich somit bis weit in die Neuzeit erhalten. Abgeschottet von der Außenwelt wurde in Japan eine spezielle, ja einmalige Tradition am Leben gehalten, in der auch Sexualität eine gleichsam anerkannte und öffentliche Rolle spielte. Erotik, ja Pornographie waren feste Bestandteile in Kunst und Kultur. Der Besuch eines Bordells hatte nichts anrüchiges an sich und auch die Liebe des Mannes zum Manne wurde toleriert. Dies änderte sich Mitte des 19. Jahrhunderts. Nach der vollständigen Aufteilung Afrikas rückte Asien in den Mittelpunkt des kolonialen Interesses der westlichen Großmächte. Indien war seit langem britische Kolonie Aber das Reich der Mitte und das Land der aufgehenden Sonne lockten. 1853 erzwangen die USA schließlich die Öffnung Japans; gewaltsam. Sogenannte Freundschaftsabkommen mußten geschlossen werden, ausländische Einflüße drangen ein. Den Soldaten und Diplomaten folgten christliche Missionare. Diese schlugen entsetzt die Hände über dem Kopf zusammen. Pornographische Darstellungen auf Holzschnitten? Riesenphalli an den Eingängen zu Bordellen? Nach christlichen Maßstäben eine Sünde. Eine Welle der Verunsicherung erschütterte Japan; der Beginn der Verwestlichung setzte ein. Bis 1945 konnten westliche Einflüße und eigene Traditionen jedoch in einem mehr oder weniger stabilen Gleichgewicht gehalten werden. Das Nebeneinander von traditioneller Lebensweise und materialistisch ausgerichteter moderner Zivilisation konnte nach dem Zweiten Weltkrieg jedoch nicht länger aufrechterhalten werden. Die im Interesse der Allierten, besonders den USA, liegende Enwicklung Japans zum modernen Staat westlicher Prägung erfuhr eine dramatische Steigerung. Nach der Niederlage Japans galt es, ebenso wie im Nachkriegsdeutschland, die Frage zu klären, wie sich Japan überhaupt zu einer quasi faschistischen Militärdiktatur entwickeln konnte. Eine Welle der Aufarbeitung aber auch der Infragestellung der eigenen Vergangenheit setzte ein. Wie in Deutschland unterzog man sich einer Umerziehung; größtenteils freiwillig. Westliches Denken und Handeln galt nun als modern. Die Nachahmumg des „american way of life“ versinnbildlichte diese Entwicklung, die von den USA immer gefördert wurde. Schließlich suchte man nach Beginn des kalten Krieges nach neuen und zuverlässigen Verbündeten. Und Japan lag, durch die geographische Nähe zu Rußland und China bedingt, strategisch äußerst günstig.

Mishima 1953

Der Kern Mishimas Kritik am Westen und an den USA liegt somit nicht unbedingt in einer Ablehnung der auch für ihn schätzenswerten Traditionen und Errungenschaften des Abendlandes, sondern in der Auflösung aller Traditionen und in Folge dessen die Atomisierung der menschlichen Gemeinschaft.

Westliche und östliche Traditionen in Mishimas politischem Denken

Aufgrund seiner Bildung und aufgrund seiner Reisemöglichkeiten ist Mishima sehr wohl in der Lage, auch westliche Traditionen anzuerkennen und wertzuschätzen. In der Tat ist es beispielsweise die antike hellenistische Kultur, die ihm anläßlich eines Griechenlandaufenthalts 1952 die Erkenntnis vermittelt, daß die Bücherwelt seines abgedunkelten Kinderzimmers im Vergleich zur Wirklickeit ein eher müder Abklatsch der Realität ist. Sein eigenes Äußeres – anläßlich einer Fotoausstellung im Jahr 1955 bekundet er seinen Ekel vor schmalschultrigen Intellektuellen – versucht er durch hartes Training aufzupeppen. Interessanterweise verschreibt sich Mishima auch hier zuerst westlichen Sportarten wie dem Body-Building und dem Boxen, bevor er die Kampfkünste der Samurai für sich entdeckt und mit dem Training von Judo, Karate und Kendo beginnt. Der Kern seiner Kritik am Westen und an den USA liegt somit nicht unbedingt in einer Ablehnung der auch für ihn schätzenswerten Traditionen und Errungenschaften des Abendlandes bzw. der westlichen Zivilisation begründet, sondern vielmehr darin, daß beispielsweise die USA weniger Emily Dickinson, Nathaniel Hawthorne und Walt Whitman als vielmehr Coca Cola, McDonalds und Kentucky Fried Chicken nach Japan einführen. Das Ergebnis dieser Entwicklung ist für ihn die Auflösung aller Traditionen und in Folge dessen die Atomisierung der menschlichen Gemeinschaft. Soziale Bündnisse wie Clan, Sippe und Familie zerfallen, und die individualisierten Menschen vegetieren in Schnellimbissen, auf Rennbahnen und in Spielhallen vor sich hin, immer getrieben von der Sehnsucht nach flüchtigen Kontakten zum Zwecke einer nur noch materiell empfundenen Triebbefriedigung und immer in Furcht vor wirklicher Gemeinschaft und Nähe.

Yamamoto (1659 bis 1719): „Der loyale Gefolgsmann verwirklicht nicht seine eigene Existenz, sondern die seines Fürsten." „Sei darum voll entschlossen, diese Ziele zu erreichen, ohne im mindesten zu schwanken, selbst wenn die Lehren Buddhas oder der Götter dem entgegenstehen."

Das „Hagakure" und der „aktive Nihilismus"

Noch während des zweiten Weltkriegs war das „Hagakure" eine beliebte Lektüre der Japaner. Den Kamikazepiloten galt es sogar als Pflichtlektüre. Als Verfasser gilt der Japaner Tsuramoto Tshiro, der die Ratschläge seines Lehrmeisters, des zum Samurai gewordenen Priesters Joco Yamamoto (1659 bis 1719), aufzeichnete. 1967 veröffentlichte Mishima einen Kommentar zum „Hagakure". Literarisch ist das Werk nicht von allzugroßer Bedeutung. Interessant ist jedoch, daß Mishima hier sein Verständnis von Kaiserkult, Treue und Opferbereitschaft eingehend darstellt. Im September 1970 veröffentlichte er schließlich einen Artikel, der sich mit der Philosphie des chinesischen Gelehrten Wang Jang Min beschäftigt. Galt diesem der Tod als Auflösung ins große Nichts, so waren seine japanischen Anhänger der Meinung, daß der bewußt herbeigeführte Tod, sei es auf dem Schlachtfeld, sei es durch eigene Hand, die höchste Form von Askese sei. Definiert wurde diese Haltung als „aktiver Nihilismus". Vielleicht ist es kein reiner Zufall, daß der Begriff an Oswald Spenglers „heroischen Nihilismus" erinnert. Die von Spengler geschilderte Anekdote des Wächters in Pompeji, der sich nach dem Ausbruch des Vesuvs weigerte, seinen Posten zu verlassen, weil die Wachablösung nicht erschienen war, veranschaulicht den Begriff wohl sehr gut und Mishima hätte dieses Beispiel der Treue und des Pflichtbewußtseins bis in den Tod sicherlich gut gefallen. Das Zentrum, an dem sich Mishimas „aktiver Nihilismus" ausrichtet, ist das japanische Kaisertum. In ihm sieht Mishima ein Ideal verwirklicht, das hoch über der Wirklichkeit steht und das sich auf göttliche Prinzipien gründet. Natürlich weiß auch Mishima, daß der japanische Kaiser kein Gott, sondern nur ein Mensch ist, mit eben auch menschlichen Schwächen. Aber der Verzicht auf seine göttliche Legitimation nach 1945 ist für Mishima ein Verrat an all denen, die im Zweiten Weltkrieg im Namen des Kaisers für Japan gestorben sind. Auch der Kaiser ist nicht unfehlbar, aber er stellt für Mishima das Zentrum japanischer Kultur und Geschichte dar. In diesem Zentrum vereinigen sich die Erfahrungen und Traditionen des gesamten japanischen Volkes. Den Kaiser zu schützen bedeutet für Mishima Japan zu schützen. Über Bestechlichkeit und Korruption im Umfeld des Kaiserhauses macht sich Mishima keine Illusionen. Seiner Meinung nach können nur integre junge Männer und Frauen, die sich bedingungslos für den Kaiser aussprechen, das traditionelle Japan noch retten.

Das Zentrum an dem sich Mishimas „aktiver Nihilismus" ausrichtet ist das japanische Kaisertum. In ihm sieht Mishima ein Ideal verwirklicht, das hoch über der Wirklichkeit steht und das sich auf göttliche Prinzipien gründet.

Die Gründung der Tate no Kai und Mishimas Tod

„Auch Amerika hat durch seine ihm eigene Lebens- und Weltanschauung eine „Kultur" begründet, die der genaue Gegensatz der alten europäischen Tradition ist. Denn es hat endgültig der Religion des Praktischen und der Leistung zum Durchbruch verholfen, und es hat das Hauptaugenmerk auf den Gewinn, auf die große industrielle Produktion und auf die mechanische, sichtbare und mengenmäßig erfaßbare Leistung gerichtet, so daß alles andere daneben unwesentlich geworden ist. Es hat eine Großartigkeit geschaffen, die ohne Seele und rein technischer Natur ist, bar jedes Lichtes der Innerlichkeit und bar jeder wahren Geistigkeit. Amerika hat auch der Auffassung, die den Menschen als Qualität und Persönlichkeit in einem organischen Gefüge sieht, seine eigene gegenübergestellt, die ihn zum bloßen Werkzeug der Produktion und materiellen Leistung in einem zusammengewürfelten Gesellschaftshaufen macht."

Mishima: „Amerika hat eine Großartigkeit geschaffen, die ohne Seele und rein technischer Natur ist, bar jedes Lichtes der Innerlichkeit und bar jeder wahren Geistigkeit."

Julius Evola

Ob Mishima mit der politischen Philosophie Evolas vertraut war, wissen wir nicht. Vielleicht hat er ihn nicht einmal gekannt. Im Gegensatz zum vielgelesenen Spengler war Evola ein Außenseiter. Auch unter Rechten. Dem vorangestellten Zitat aus Evolas bereits erwähntem Werk „Revolte gegen die moderne Welt" hätte er aber sicher zugestimmt. Aus Mishimas eigener Sicht war für seine Ideale im modernen Japan jedenfalls

kein Platz mehr. Da auch seine Posen in der Art eines „harten Burschen" sowie seine homoerotischen Neigungen zunehmend auf Ablehnung stoßen, sieht sich Mishima gezwungen, dem Druck von öffentlicher Meinung und Familie nachzugeben. 1958 heiratet er die Japanerin Yoko Sugiyama. Der Ehe entspringen zwei Kinder. Trotzdem versucht er weiter den Weg der Samurai zu gehen. Ende der sechziger Jahre schwappt die Welle der Studentenunruhen auch nach Japan über. Sie ist sozialistisch und kommunistisch ausgerichtet und viele der Hochschulabsolventen jener Jahre gebärdeten sich in der Folgezeit als Linksintellektuelle. Mishima tritt auch in dieser Zeit patriotisch, traditionsverbunden und kaisertreu auf. Er beginnt, junge Studenten um sich zu scharen, die wie er der extremen Rechten zuzurechnen sind. Die Tate no Kai wird gegründet; der Organisationsform nach eine paramilitärische Formation. Der Vergleich hinkt zwar etwas, aber man fühlt sich doch ein wenig an die sogenannten Wehrsportgruppen der bundesdeutschen Neonaziszene vor allem in den 1970er und frühen 1980er Jahren erinnert. Der paramilitärische Charakter der Organisation wird auch dadurch deutlich, daß man Uniformen trägt und bei den Streikräften um die Möglichkeit einer Teilnahme an Manövern nachfragt. Die im Jahr 1968 gegründete Organisation umfaßt etwa 80 Mitglieder. Diese rekrutieren sich größtenteils aus der Leserschaft einer rechtsgerichteten japanischen Studentenzeitschrift. Durch Mishimas Kontakte erhält die Tate no Kai schließlich die Genehmigung, zusamen mit Einheiten der japanischen Streitkräfte zu trainieren. Finanzielle Zuwendungen erhält man über den damaligen Premierminister Sato Eisaku.

Mit Mishimas Tod endete jedenfalls der Versuch, so etwas wie ein neues Samuraitum zu begründen und mit einem politischen Auftrag zu versehen: dem Schutz Japans und des Kaisertums. Mishimas persönlicher und politischer Lebensweg war der eines Traditionalisten und Nostalgikers um jeden Preis.

Kaiser Hirohito auf dem Schimmel Shirayuki

Das Programm der Tate no Kai besteht im wesentlichen aus drei Punkten:

1) Der Kommunismus ist unvereinbar mit japanischer Tradition, Kultur und Geschichte und läuft dem Kaisersystem zuwider.

2) Der Kaiser ist das zentrale Symbol japanischer Geschichte, kultureller Gemeinsamkeit und der nationalen Identität.

3) Angesichts der kommunistischen Bedrohung ist die Anwendung bewaffneter Gewalt gerechtfertigt.

Mit Mishimas Tod endete jedenfalls der Versuch, so etwas wie ein neues Samuraitum zu begründen und mit einem politischen Auftrag zu versehen: dem Schutz Japans und des Kaisertums.

Der letzte Programmpunkt zeigt bereits, daß der Weg zum Putschversuch schon mit Gründung der Tate no Kai vorgezeichnet war. Somit war die Tate no Kai im Grunde eine Gruppierung, die auch vor terroristsicher Gewalt nicht zurückschreckte. Auch wenn sie selber das nicht so gesehen haben mag. Aus der Sicht Mishimas und seiner Gefolgsleute stand Japan an einem Abgrund. Der Linksextremismus war in der westlichen Welt nicht länger nur Gesprächstoff materiell abgesicherter und überfeinerter Salonbolschewisten, sondern politische Entscheidungen wurden auf der Straße ausgefochten und durchgesetzt. Linksextreme Demonstranten beherrschten Straßen und Plätze, lieferten sich dabei Gefechte mit der Polizei und stellten die staatliche Autorität in Frage. Nach Meinung Mishimas war der Zeitpunkt zum Handeln gekommen, zumal sich in der westlichen Welt erste linksterroristisch motivierte Gruppen bildeten und für blutige Terrorakte verantwortlich zeichneten. Mishima war sich sicherlich im Klaren darüber, daß der Gang zur Kommandantur des Befehlskreises Ost sein letzter sein würde. Auch als Idealist, als der er sich fühlte, wußte er die Perspektiven seines Handelns wohl richtig einzuschätzen. Mit Mishimas Tod endete jedenfalls der Versuch, so etwas wie ein neues Samuraitum zu begründen und mit einem politischen Auftrag zu versehen: dem Schutz Japans und des Kaisertums. Mishimas persönlicher und politischer Lebensweg war der eines Traditionalisten und Nostalgikers um jeden Preis. Er selbst und seine Vorstellungen wirkten im modernen Japan nicht mehr zeitgemäß, und sie waren es wohl auch nicht. Hierin liegt der Grund für sein Scheitern. Mutmaßlich wurde er durch seine Tat, aber auch durch seine unbestreitbare literarische Begabung, zum Märtyrer und zum Aushängeschild der extremen Rechten in Japan. Sein notorisches Außenseitertum und seine Provokationen verhinderten indes jede Breitenwirkung und ließen seine politischen Visionen mit ihm untergehen.

Europa und die Seele des Ostens
Buchbesprechung von Werner Olles

In Zeiten, in denen im Osten und Süden der Ukraine zwei slawische Brudervölker – Rußland und die Ukraine – in einen grausamen, unbarmherzigen Krieg verstrickt sind, der bereits zu Zehntausenden Gefallenen auf beiden Seiten geführt hat, sind Bücher wie Walter Schubarts „Europa und die Seele des Ostens" geradezu ein humaner Appell, dessen Intensität in einem scharfen Kontrast zum Krieg und der durch ihn verursachten quälenden Not steht. Einmal mehr wird hier das Ausgeliefertsein des einfachen Soldaten in den physischen Gemetzeln, die sich zu einer metaphysischen Konfrontation der Zivilisationen entwickelt hat, sichtbar. Doch geht es in Schubarts Werk nicht über die physischen und psychischen Schäden eines schrecklichen Krieges, vielmehr liegt das Hauptanliegen des Autors, wie er in seiner Einleitung schreibt, „in dem elementaren Erlebnis des Gegensatzes zwischen dem westlichen und östlichen Menschen. Es steht nicht im Zeichen des Untergangs, sondern der Erneuerung des Lebens. Es ist nicht vom bedrohten Westen, sondern vom erwachenden Osten her empfunden. Es ist außerhalb der römisch-germanischen Völker entstanden, räumlich und geistig, an einem Punkt, von wo sich der Blick über das Abendland als Ganzes werfen ließ".

Schubarts Blick gilt jedoch nicht nur Rußland, nachdem es entdeckt hat, daß der Westen etwas Ungeheuerliches in sich birgt, nämlich die Überordnung der Materie über den Geist, d.h. die postmoderne Relativität aller Werte, und es vor ihm zurückgeschreckt ist, sondern auch Europa. Allerdings einem von Osten gesehenen Europa, in dessen Werdendem und notwendig Kommendem er bereits „den Weltkampf und Ausgleich zwischen Westen und Osten und die Geburt einer westöstlichen Weltkultur" durch den entstehenden johanneischen Menschen – den prometheischen Menschen sieht er bereits vom Tode gezeichnet – sieht. Durch die „Sammlung der Besten" gelange ein neues Element des Geistes in die Welt, in dem östliche Denktraditionen mit westlichen Philosophien in einen harmonischen Dialog treten, den dieser Kenner beider Welten als Entwicklungsgesetz betrachtet, das in drangvoller Zeit nicht nur die Probleme des untergehenden Abendlandes mit seiner Leere moderner, technizistischer Betriebsamkeiten, begleitet von einer vollständigen Entchristlichung der westlichen Kultur, beleuchtet. Schubart verspricht sich in einer konsequenten „Rhythmik des Weltgeschehens" über Nationen und Rassen hinaus auch neue Hoffnung auf Heilung des westlichen Menschentums durch die russische Seele, die dem krassen, ungezügelten kapitalistischen Materialismus Einhalt gebietet und Europa von seiner zerstörerischen Fortschrittsdoktrin zum Glauben an das Ewige und die Tradition zurückführt. Ohne die Russen, so Schubart, ist dies unmöglich!

Am 5. August 1897 in Sonneberg geboren, gehört der promovierte Jurist Walter Schubart zu jenen Autoren, deren konservativer Humanismus in schroffer Ablehnung des Positivismus und Naturalismus stand. Daß sein vorliegendes Hauptwerk erst nach dem

Walter Schubart (1897 - 1941)

Zweiten Weltkrieg im Deutschland bekannt wurde, verdankt sich Heinrich Böll, der während der Zeit des Kalten Krieges Schubarts Bücher lobte, ungeachtet der Tatsache, daß sie mancherlei vom eigenen Werk trennte. Böll erkannte in Schubarts inspirativem Antrieb, der souverän aus dem Erbe altabendländischer und antiker Formen wählte, um ein pessimistisches Bild westlicher Kultur zu zeichnen, die ihren Weg verloren hat, und dessen Tendenzen zur Mystik der traditionellen Werte Rußlands unverkennbar waren, auf den ersten Blick eine Unvoreingenommenheit zur „Seele des Ostens", die ihn faszinierte. Selbst der seelenlose Kommunismus hatte es nicht vermocht, eine dauerhafte negative und gottfeindliche Hierarchie aufzubauen, die durch ihre Dummheit und ihren aggressiven Willen zur Zerstörung des Geistes und des Denkens die Negation jeglicher Spiritualität war.

Schubarts Kontakt mit Oswald Spengler in den 1920er Jahren in München, seine Heirat mit der lettischen Jüdin Vera Englert, vor allem aber die Übersiedelung nach Riga nach der Machtübernahme der Nationalsozialisten 1933, die seine Bücher als „unerwünschtes und schädliches Schrifttum" auf den Index setzten, lassen bereits die Problematik einer Zeit erkennen, die welteröffnenden Wahrheiten gegenüber und der Darstellung der west-östlichen Welt als einer von Gewalten durchtobten Arena, in der der Mensch auch unter Druck vor dem Hintergrund des Kriegsgeschehens seine Würde bewahren muß, fremd gegenüberstand und halbherzige Lösungen propagierte.

1939 erschien Walter Schubarts „Dostojewski und Nietzsche", auch hier spielt das geistige Verhältnis zwischen Rußland und Deutschland, das aus der Ontologie kommt, eine wichtige Rolle; ein Jahr später „Geistige Wandlung. Von der Mechanik zur Metaphysik", das wie sein Hauptwerk im Schweizer Exilverlag Vita Nova in Luzern erschien und das Schicksal der menschlichen Existenz im Kampf mit Materialismus, Progressismus, dem „wissenschaftlichen Weltbild" und allen Formen der westlichen Entartung schildert. 1941 erschien „Religion und Eros" als einziges seiner Werke in Deutschland im Verlag C. H. Beck und wurde von den hauptamtlichen Kritikern aus der Hexenküche des NS prompt zerrissen.

Am 19. Juli 1941 wurde der Kulturphilosoph Walter Schubart von der sowjetischen Geheimpolizei GPU in Riga festgenommen und in ein Gefangenenlage in Kasachstan verschleppt. Hier ist er am 15. September 1942 unter ungeklärten Umständen ums Leben gekommen. Über den Tod seiner Frau, die mit ihm zusammen verhaftet und verschleppt wurde, ist bis heute nichts Näheres bekannt.

1997 erschien die erste russische Übersetzung von „Europa und die Seele des Ostens" und führte zunächst zu durchaus kontroversen Diskussionen. Inzwischen wird das Werk als grundlegend für eine spirituelle national-russische Wiedergeburt angesehen, von Philosophen wie Alexandr Dugin gelobt und wegen seiner präzisen Schilderungen von Menschen und Ereignissen, seiner sensiblen Rhythmik und Bilderfülle des West-Ost-Problems, das Schubart als exzellenten Kenner beider Welten auszeichnet, international beachtet. Daß Walter Schubart in Deutschland heute zu den „vergessenen Autoren" zählt, spricht indes für den geistig-intellektuellen Zuschnitt unseres Kulturbetriebs. Der überhäuft inzwischen nahezu jeden Schund über einen angeblichen Klimawandel, eine nicht stattgefundene „Pandemie" und die pathologische LGTB-Agenda und ihre Schreiberlinge mit sogenannten „Literaturpreisen". Umso verdienstvoller ist es, daß der Lindenbaum-Verlag Schubarts Hauptwerk in sein Programm aufgenommen hat und es damit einer Leserschaft nahebringt, die die Prophezeiungen des Mönchs Phileteus von 1520 besser versteht: „Denken Sie daran, daß die beiden Roms gefallen sind, das dritte, Moskau, steht noch, und es wird kein viertes geben!"

Walter Schubart: „Europa und die Seele des Ostens". Lindenbaum Verlag, Beltheim-Schnellbach 2025. 324 Seiten.

„Der Eurasien-Komplex: Warum und wie dem Westen die Zukunft entgleitet“ von Uwe Leuschner und Thomas Fasbender

Buchbesprechung von Hanno Borchert

Das Buch „Der Eurasien-Komplex: Warum und wie dem Westen die Zukunft entgleitet“ von Uwe Leuschner und Thomas Fasbender ist ein äußerst interessantes und anregendes Werk, das die geopolitischen Verschiebungen im 21. Jahrhundert beleuchtet. Die Autoren, ein Ostdeutscher (Leuschner) und ein Westdeutscher (Fasbender), bringen ihre umfangreichen Erfahrungen aus jahrzehntelanger Tätigkeit in Eurasien – insbesondere in Russland, China und Zentralasien – ein, um ein Plädoyer für Kooperation statt Konfrontation zwischen West und Ost zu formulieren. Das 256-seitige Buch im Paperback-Format ist im Verlag edition ost, einem Imprint der Eulenspiegel Verlagsgruppe, erschienen und kombiniert persönliche Anekdoten mit geopolitischer Analyse und richtet sich an Leser, die sich für internationale Beziehungen, insbesondere mit Russland, Zentralasien und China und die Zukunft des Westens interessieren.

Dem Buch vorangestellt ist ein Zitat von Lucie Varga (1904-1941), einer österreichisch-jüdischen Historikerin und Mitinitiatorin der Mentalitätsgeschichte, in dem es heißt: „Ganz in der Nähe ist eine Welt zu Ende gegangen. Eine neue Welt entsteht mit bisher unbekannten Konturen. Verfügen wir nicht über alle Mittel, sie zu verstehen? Der Historiker kann jetzt die Geschichte, die sich gerade begibt, aus nächster Nähe beobachten. Er kann sich viele Dokumente aus erster Hand besorgen. Und er kann, wenn er will, an Ort und Stelle gehen, beobachten und Gespräche führen. Mehr noch: Er kann in dem Land, das er untersucht, leben, um es in es in seinen Denkgewohnheiten und Verhaltensmustern zu begreifen. Aber dennoch fällt es außerordentlich schwer, die Gegenwart richtig zu interpretieren.“

Der zentrale Gedanke des Buches ist, daß der Westen – insbesondere Europa und die USA – durch Vorurteile, Überheblichkeit und falsche Narrative seine Fähigkeit verliert, die globale Zukunft mitzugestalten. Die Autoren greifen die These von Zbigniew Brzeziński auf, wonach die Zukunft der Welt in Eurasien entschieden wird, relativieren sie jedoch: Eine konstruktive Zusammenarbeit mit Ländern wie Russland und China sei möglich, wenn der Westen seine Politik der Konfrontation aufgibt. Leuschner und Fasbender kritisieren scharf, daß ideologisch motivierte Entscheidungen – etwa das „De-Coupling“ von globalen Lieferketten oder kostspielige Sanktionen – wirtschaftliche Chancen vergeben und den Westen schwächen. Ein prägnantes Zitat aus dem Buch lautet: „Statt kaufmännisch vernünftig entscheiden wir weltanschaulich verbohrt“ (S. 130), was die Kernkritik an einer beratungsresistenten Politik, insbesondere in Deutschland, zusammenfaßt.

Die unbedingte Stärke des Buches liegt in der Verknüpfung von persönlichen Erlebnissen und fundierter Analyse. Leuschner, mit seiner Erfahrung im DDR-Außenhandel und als Logistiker in Russland, und Fasbender, der von 1992 bis 2015 in Moskau lebte und arbeitete und heute das Geopolitik-Ressort der Berliner Zeitung leitet, schildern anschaulich, wie die Menschen in Eurasien denken und fühlen. Diese Einblicke machen das Buch lebendig und zugänglich. Beispielsweise beschreibt Fasbender die Euphorie der 1990er-Jahre, als der Osten als Markt unbegrenzter Möglichkeiten galt, und den Wandel hin zu einem Bedrohungsszenario, das durch westliche Skepsis genährt wurde.

Die Autoren vermeiden eine einseitige Parteinahme, indem sie weder Ost noch West glorifizieren, sondern auf Kooperationsmöglichkeiten hinweisen. Die persönliche Perspektive der Autoren ist aber stark auf Rußland fokussiert, was zur Folge hat, daß andere eurasische Regionen wie Indien oder Südostasien etwas in den Hintergrund rücken.

Insgesamt ist „Der Eurasien-Komplex“ ein lesenswertes Werk, das durch seine klare Sprache, persönliche Authentizität und kritische Haltung besticht. Es fordert den Leser auf, eurozentrische Denkmuster zu hinterfragen und Eurasien eher als Partner statt als Gegner zu betrachten.

Für alle, die die globalen Machtverschiebungen besser verstehen wollen, bietet das Buch eine erfrischende Perspektive und einen leidenschaftlichen Appell für ein Miteinander. Es ist nicht nur eine Chronik verpaßter Chancen, sondern auch ein Weckruf, die Zukunft aktiv mitzugestalten.

Leuschner, Uwe / Fasbender, Thomas: Der Eurasien-Komplex: Warum und wie dem Westen die Zukunft entgleitet. Edition Ost, ISBN 978-3-360-02818-1

Konservativer Stil und die Ästhetik der Düfte

Roman Wachter

Ein Stil sagt mehr als tausend Worte, er komprimiert bestenfalls das Wesen eines Mannes auf seine Quintessenz. Es ist für den konservativen Mann daher elementar, ein Zeichen zu setzen und seine «Reviere zu markieren». Nicht auf gewalttätige und penetrante Weise, sondern durch die Verfeinerung des Geschmacks, die bestenfalls ansteckend wirkt und ein ästhetisches Klima schafft, in dem es sich für uns zu leben lohnt.

Bereits Friedrich Nietzsche wusste das, der laut seinen Studenten seine Flakons unter den Hörern zirkulieren zu lassen pflegte, um deren Urteil über seine neuen Parfums zu hören. Diese Haltung ist nicht trivial oder oberflächlich, sofern man die Oberfläche als etwas sieht, das einer gehörigen Portion Tiefe bedarf, um wirken zu können. Oberflächlich bedeutet, dass hinter dem Schein nichts zu finden ist ausser Eitelkeit. Stil bedeutet, dass dieser Schein eine Warnung ist, die gesellschaftliche Distanzen, ja vielleicht sogar Hierarchien schafft. Die eigene Mode setzt sich aus tausenderlei Facetten des Menschen zusammen – nicht der Mensch aus der Mode. Was wir heute erleben, ist hingegen eine Vermassung des Geschmacks nach unten, die dazu führt, dass Stilbewusstsein ausschliesslich den Gesetzen des Marktes unterworfen ist. Eines Marktes, der suggeriert, dass Stil käuflich und jedes Markenprodukt mit Qualität verbunden sei. Johnny Depp bewirbt ein Parfum und man kann sich sicher sein, dass morgen das ganze Strassenbahnabteil danach riecht. Es ist schwer, hier seine Identität zu finden, zumal das Angebot mit jedem Jahr dergestalt weiter wächst, dass auch nur ein bruchstückhafter Überblick sich immer unmöglicher gestaltet.

Was tun? Das Entscheidende ist, Duftstoffe zu separieren und seine Farbpalette zu finden, hernach seine persönlichen Favoriten auszuklammern und anhand dieser Einzelteile sein Nischenprodukt zu finden. Nische bedeutet nicht, dass etwas ausgefallen ist, sondern dass die Reichweite geringer und damit Seltenheit und Originalität verbunden ist. Denn machen wir uns nichts vor – wir wollen nicht duften oder wirken wie der Nachbar oder der Kellner. Um von schlimmeren Vergleichen abzusehen. Wir wollen unseren Charakter unterstreichen. Stil fängt im Kleinen an. Dazu ist entscheidend, dass man weiss, wer man ist. Wir leben in Zeiten der Beliebigkeit und des erstbesten Angebots. Aber Stil bedarf der Zeit und der Abgrenzung. Anstatt bei Hilfiger oder Boss einzukaufen, lohnt sich der Blick auf die Nische, auch hinsichtlich der deutschen Mode- und Parfumindustrie, die ihrerseits Aus-

blicke bietet, die zuversichtlich stimmen. Doch den Anfang bilden zwangsläufig bekanntere Produkte, die ein erstes Herantasten an einen möglichen konservativen Stil erlauben. Zu einem Konservativen gehört die Bereitschaft, sich selbst zu veredeln und Beispiele zu setzen. Sei es hinsichtlich seiner Bildung oder eben seiner gesellschaftlichen Visitenkarte, aufgrund derer man sich ein erstes Urteil bildet. Es gibt nichts Schlimmeres als stillose Rechte, die ihre eigenen ästhetischen Ansprüche an sich selbst vernachlässigen und sie durch ihr eigenes Erscheinungsbild verraten.

Anbei sei ein erster Schritt empfohlen, der starke Akzente setzt. Nämlich der Klassiker von Chanel: Egoiste. Man kann Chanel sehr dankbar dafür sein, dass sie beinahe als einzige Marke ihren Klassikern treu bleibt und sie weiterhin vertreibt. Wer diesen Duft aufträgt, geht einen unzeitgemäßen Weg abseits von Kaugummi und femininer Süßlichkeit, der heute unter Jungen allgegenwärtig ist, und begibt sich auf erfrischend zeitloses und reifes Terrain, jenseits des Mainstreams. Dieser Duft bildet den Anfang einer olfaktorischen Reise zurück (vielleicht sogar voran?) in die Zeit, als medial gesehen Schwarzenegger, Stallone und Willis das beworbene Bild von Männlichkeit prägten. Daher, liebe junge Konservative: Seid bereit, euch auch modisch abzugrenzen ohne altbacken zu wirken. Seid Beispiele, die im Gedächtnis bleiben. Danach kommt die Nische und die Unverwechselbarkeit, die für einen rechtskonservativen ästhetischen Anspruch unerlässlich sind und nicht von „weibischer Eitelkeit" zeugen, sondern von maskuliner Selbstkontrolle und Esprit.

Die Autoren dieser Ausgabe

Prof. Dr. Dirsch, geb. 1967, betätigt sich seit längerer Zeit als Publizist im katholisch- konservativen Milieu und schreibt neben anderen für die „Junge Freiheit“ , die „Tagespost“ und die „Sezession“. Seit 2012 ist er Lehrbeauftragter an der Hochschule für Politik im Fachbereich Theorie der Politik. Auch im Schulbetrieb und in der Erwachsenenbildung ist Prof. Dirsch tätig. Seit 2013 ist Prof. Dr. Dirsch auch Professor für politische Wissenschaft an der Universität Gjumri/Armenien, wo er in Abständen Blockveranstaltungen hält.

Dr. Christian Böttger, geb. 1954, Facharbeiterausbildung als Gärtner für Zierpflanzenbau mit Abitur 1974, studierte von 1983-1988 Ethnographie, deutsche Geschichte und Volkskunde an der Humboldt-Universität zu Berlin. Danach arbeitete er bis Ende 1991 als wissenschaftlicher Mitarbeiter im Wissenschaftsbereich Kulturgeschichte/Volkskunde am Zentralinstitut für Geschichte (Akademie der Wissenschaften der DDR) an einem Forschungsprojekt auf dem Gebiet der Kulturgeschichte sozialer Reformbewegungen in Deutschland um 1900. Ende 1993 promovierte er an der Humboldt-Universität zum doctor philosophiae. Anschließend war er als wissenschaftlicher Mitarbeiter an verschiedenen Lexikonprojekten beschäftigt.

Klaus Kunze, seit 1984 selbständiger Rechtsanwalt in Uslar, von 1970-71 Herausgeber eines Science-Fiction-Fanmagazins, von 1977 bis 1979 Korrespondent der Zeitung student in Köln, seit 1978 diverse Beiträge in genealogischen und heimatkundlichen Fachzeitschriften, seit 1989 Beiträge für politische Zeitschriften wie die Wochenzeitung JUNGE FREIHEIT.

Dr. Martin Grosch, geboren 1969, Ministerialrat, Studium der Geschichte und Geographie in Marburg, Promotion zum Thema „Johann Victor Bredt. Konservative Politik zwischen Kaiserreich und Nationalsozialismus. Eine politische Biographie.“ Langjährige Tätigkeit als Lehrer für Geschichte, Erdkunde, Politik und Wirtschaft an Oberstufengymnasien. Dort Durchführung zahlreicher geo- und sicherheitspolitischer Seminare. Vorträge an der Universität Köln und an der Führungsakademie der Bundeswehr in Hamburg zu historischen und geo- bzw. sicherheitspolitischen Themen und Lehrauftrag 2009/10 an der Universität Köln zum Thema „Karten im Geschichtsunterricht.“ Mitglied der „Namibia Scientific Society “, der „Scientific Society Swakopmund“ und des „Arbeitskreises Militärgeschichte“. Oberstleutnant d.R., derzeit beordert beim Landeskommando Hessen als Pressestabsoffizier.

Dr. Jens Woitas, geboren 1968 in Wittingen (Niedersachsen), verheiratet, lebt (mit einigen Unterbrechungen) seit 1970 in Wolfsburg. Abitur 1988, dann Zivildienst und Tätigkeit als Gartenarbeiter. Studium der Physik in Clausthal-Zellerfeld und Tübingen, dann Promotion zum Doktor der Naturwissenschaften in Heidelberg (1999). Wissenschaftlicher Mitarbeiter an astronomischen Forschungsinstituten in Tübingen, Heidelberg und Tautenburg (1995-2005), dann Unternehmensberater. Seit 2011 Erwerbsunfähigkeitsrentner. Von Kindheit an lebhaft an Politik, Geschichte, Literatur und Religion interessiert, Mitglied der evangelisch-lutherischen Kirche und von 2017 bis 2020 Mitglied der Partei DIE LINKE. In den letzten Jahren intensive Beschäftigung mit dem Denken des Neomarxismus und der „Neuen Rechten“ unter Einbeziehung französischer Originaltexte, insbesondere von Alain de Benoist und Jean-Claude Michéa.

Dr. André Kruschke ist Rechtsanwalt, Publizist und Verleger. Er veröffentlicht laufend zu aktuellen rechtlichen und gesellschaftlichen Themen in ausgewählten Print- und Online-Medien des konservativen Spektrums. Mitte des Jahres 2024 gründete er den Verlag „Freyheit & Recht“, den er als Plattform für zahlreiche Publikationen aufbauen will, die sich aus rechtlicher und gesellschaftlicher Sicht mit der von elitären Kreisen forcierten Zerstörung freiheitlicher und demokratischer Nationalstaaten beschäftigen – und die nach Konzepten und Lösungen für deren Wiederaufbau suchen. Mehr über seine Person, seine Publikationen, seinen Verlag und seine Vorhaben sind seiner Homepage (www.andrekruschke.de) zu entnehmen.

Dr. Florian Sander ist Soziologe und Politikwissenschaftler. Er ist Mitglied der Landesprogrammkommission und des Landesfachausschusses Außen- und Sicherheitspolitik der AfD in NRW sowie Kreisvorsitzender der AfD Bielefeld und Mitglied des Rates der Stadt Bielefeld. Er schrieb u. a. für ‚Le Bohémien‘, ‚Rubikon‘, ‚Linke Zeitung‘, den ‚Jungeuropa‘-Blog und ‚PI News‘ und ´Arcadi`, ist inzwischen Autor für ‚Sezession‘, ‚Glauben und Wirken‘, ‚Wir selbst‘ und ‚Konflikt‘ und betreibt den Theorieblog ‚konservative revolution‘.

Dr. Winfried Knörzer, geboren 1958 in Leipzig, studierte in Tübingen Philosophie, Germanistik, Medienwissenschaften, Japanologie und promovierte über ein Thema aus der Geschichte der Psychoanalyse. Berufliche Tätigkeiten: Verlagslektor, EDV-Fachmann. Seit Anfang der 90er Jahre ist er mit Unterbrechungen publizistisch aktiv.

Alexander Heumann studierte nach einigen Semestern Philosophie und Betriebswirtschaftslehre letztlich Rechtswissenschaften in Berlin, Mannheim und zuletzt Heidelberg, wo er beide juristische Staatsexamen ablegte. Seither Zulassung als Rechtsanwalt, seit 1997 in eigener Kanzlei, seit 2000 auch Fachanwalt für Familienrecht. Engagierten Publikationen in familienrechtlichen Fachzeitschriften folgten Gastbeiträge über Gott und die Welt in Zeitungen wie Junge Freiheit, Tichys, Crisis-Journal etc. Politischer Blog: http://heumanns-brille.de.

Werner Olles, Jahrgang 1942, war bis Anfang der 1980er Jahre in verschiedenen Organisationen der Neuen Linken (SDS, Rote Panther, Jusos) politisch aktiv. Nach grundsätzlichen Differenzen mit der Linken Konversion zum Konservativismus und traditionalistischen Katholizismus sowie rege publizistische Tätigkeit in Zeitungen und Zeitschriften dieses Spektrums. Bis zu seiner Pensionierung Angestellter in der Bibliothek einer Fachhochschule, seither freier Publizist.

Hanno Borchert, geb. 1959, Cuxhavener Jung von der Elbmündung. Schon in jungen Jahren wurde durch die Weltenbummelei (Südtirol, Balkan, Skandinavien, Indien, Iran, Indonesien u.a.) die Begeisterung für die Sache der Völker geweckt. Ausgebildeter Handwerkergeselle mit abgeschlossenem Studium der Wirtschaftswissenschaften. Bücherwurm seit Kindheitstagen an, musiziert und malt gerne und beschäftigt sich mit der Kunst des Graphik-Designs. Freischaffend. „Alter Herr“ der schlagenden Studentenverbindung „Landsmannschaft Mecklenburgia-Rostock im CC zu Hamburg“. Parteilos. Redakteur der alten wie neuen „wir selbst“, zwischendurch Redakteur der „Volkslust“.

Heinz-Siegfried Strelow M.A., geb. 1965 in Hannover, studierte Mittlere und Neuere Geschichte, Volkskunde und Kommunikationswissenschaften in Göttingen. Berufliche Tätigkeit im Bereich Öffentlichkeitsarbeit und Journalismus. 1991 bis 200 Schriftleiter des Magazins „Ökologie“ der überparteilichen „Unabhängigen Ökologen Deutschlands“. 2014 Veröffentlichung des Buches „Weißer König der Indianer über den französischen Abenteurer und selbstgekrönten „König von Araukanien und Patagonien“, Orllie Antoine de Tounens.

Ingo Bading, geb. 1966, Historiker und Evolutionärer Anthropologe, Betreiber des Wissenschaftsblogs „Studium generale“ und des politischen Blogs „Gesellschaftlicher Aufbruch - jetzt!“.